AF275251

COLEX

Disfrute gratuitamente **DURANTE UN AÑO**
del eBook de esta obra

La prueba ilegalmente obtenida.
PASO A PASO

⊘ Acceda a la página web de la editorial **www.colex.es**

⊘ Identifíquese con su usuario y contraseña. En caso de no disponer de una cuenta regístrese.

⊘ Acceda en el menú de usuario a la pestaña «Mis códigos» e introduzca el que aparece a continuación:

RASCAR PARA VISUALIZAR EL CÓDIGO

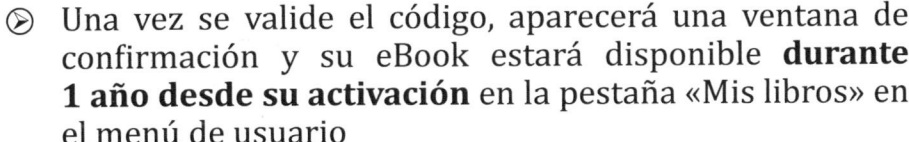

⊘ Una vez se valide el código, aparecerá una ventana de confirmación y su eBook estará disponible **durante 1 año desde su activación** en la pestaña «Mis libros» en el menú de usuario

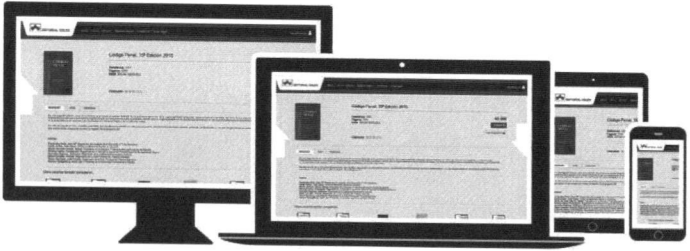

¡Gracias por confiar en Colex!

La obra que acaba de adquirir incluye de forma gratuita la versión electrónica. Acceda a nuestra página web para aprovechar todas las funcionalidades de las que dispone en nuestro lector.

Funcionalidades eBook

Acceso desde cualquier dispositivo

Idéntica visualización a la edición de papel

Navegación intuitiva

Tamaño del texto adaptable

Puede descargar la APP "Editorial Colex" para acceder a sus libros y a todos los códigos básicos actualizados.

Síguenos en: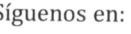

LA PRUEBA ILEGALMENTE OBTENIDA

LA PRUEBA ILEGALMENTE OBTENIDA

Guía práctica sobre los distintos medios de prueba admitidos en nuestro ordenamiento y análisis de la prueba ilícita.

EDICIÓN 2024

Obra realizada por el Departamento de Documentación de Iberley

COLEX 2024

© Editorial Colex, S.L.
Calle Costa Rica, número 5, 3.º B (local comercial)
A Coruña, 15004, A Coruña (Galicia)
info@colex.es
www.colex.es

I.S.B.N.: 978-84-1194-262-1
Depósito legal: C 58-2024

SUMARIO

ANEXO I. CASOS PRÁCTICOS

ANEXO II. FORMULARIOS

1.
CONCEPTO DE PRUEBA

Aproximación al concepto de prueba

Tradicionalmente la concepción de prueba es la que entiende a la misma como la demostración de la verdad de un hecho o como la exactitud de un hecho del que depende la existencia de un derecho y además de tener esa finalidad, la prueba también sirve como medio, en cuando a que es el conjunto de medios, recursos o mecanismos de los que puede valerse una parte para obtener la demostración de la veracidad de lo alegado.

El *Diccionario panhispánico del español* jurídico (DEJ RAE) define la prueba como: «Actuación procesal de parte, a través de los medios regulados en la norma procesal, por la que intenta acreditar los hechos que invoca como fundamento de su pretensión, con el propósito de acreditar al tribunal su certeza probatoria».

Al ser el acceso a una justicia efectiva un derecho constitucional, concretamente reconocido en el art. 24 de la Constitución, también tiene ese rango el derecho a utilizar los medios de prueba pertinentes para la defensa de los particulares, cuando este mismo artículo dispone que todos tienen derecho al juez ordinario predeterminado por la ley, a la defensa y a la asistencia de letrado, a ser informados de la acusación formulada contra ellos, a un proceso público sin dilaciones indebidas y con todas las garantías, a **utilizar los medios de prueba pertinentes para su defensa**, a no declarar contra sí mismos, a no confesarse culpables y a la presunción de inocencia.

> **CUESTIÓN**
>
> **¿El derecho a utilizar los medios de prueba protege frente a toda clase de denegación de prueba?**
>
> No, según la **sentencia del Tribunal Constitucional n.º 12/2023, de 6 de marzo, ECLI:ES:TC:2023:12**, *«(...) para que este tribunal pueda apreciar una vulneración del derecho a la prueba también se exige que el recurrente demuestre la relación entre los hechos que se quisieron y no se pudieron probar y las pruebas admitidas y no practicadas, y, por otro, que argumente de modo convincente que, si se hubiera practicado la prueba admitida, la resolución final del proceso hubiera podido ser distinta (SSTC 45/2000, de 14 de febrero, FJ 2, y 142/2012, de 2 de julio, FJ 6, entre otras muchas) (...)».*

Uno de los pilares básicos del proceso civil es el que viene constituido por el principio de aportación de parte, según el que los litigantes serán los encargados de introducir en el proceso los hechos en los que funden sus pretensiones y defensas, así como de aportar la prueba que los acredite. Así, será función del juez decidir sobre su admisión, valorarlos y resolver con base a ellos.

Ello se desprende del art. 217 de la LEC en el que se establece que si al tiempo de dictar sentencia o resolución semejante, el tribunal considerase dudosos unos hechos relevantes para la decisión, desestimará las pretensiones del actor o del reconviniente, o las del demandado o reconvenido, según corresponda a unos u otros la carga de probar los hechos que permanezcan inciertos y fundamenten las pretensiones, correspondiendo, salvo los casos en que se produzca una inversión en la carga probatoria, al actor y al demandado reconviniente la carga de probar la certeza de los hechos de los que ordinariamente se desprenda, según las normas jurídicas a ellos aplicables, el efecto jurídico correspondiente a las pretensiones de la demanda y de la reconvención, y así, de cumplirse lo mismo, incumbiría al demandado y al actor reconvenido la carga de probar los hechos que, conforme a las normas que les sean aplicables, impidan, extingan o enerven la eficacia jurídica de los hechos referidos con anterioridad.

El **principio de aportación de parte** está consagrado en el art. 216 de la LEC al señalar que los tribunales civiles decidirán los asuntos en virtud de las aportaciones de hechos, pruebas y pretensiones de las partes, excepto cuando la ley disponga otra cosa en casos especiales. Por su parte, el art. 282 de la misma norma establece que las pruebas se practicarán a instancia de parte, sin embargo, el tribunal podrá acordar de oficio que se practiquen determinadas pruebas o que se aporten documentos, dictámenes u otros medios e instrumentos probatorios, cuando así lo establezca la ley.

El principio de aportación de parte establece a quien corresponde la tarea de presentar los hechos al juicio, para delimitar el objeto del mismo, y la de procurar su acreditación a través de la actividad probatoria que es una actividad que han de asumir las partes litigantes. El principio de aportación de parte exige que la resolución del asunto concreto se realice dentro del ámbito fáctico y jurídico en que fue planteado por las partes (esto es, respetando la causa de pedir que fundamentó el proceso), y sobre los elementos aportados por los litigantes.

Por lo hasta ahora expuesto, podemos afirmar que la prueba es la actividad encaminada a convencer al juez de la verdad o falsedad de una afirmación.

Las instituciones comunitarias europeas, de un tiempo a esta parte, han venido elaborando una serie de normas que tienen como finalidad coordinar la actividad judicial de los diferentes Estados miembros en materia probatoria en la justicia civil. Esta materia es de importancia sobre todo en cuanto a garantizar que las resoluciones judiciales se notifiquen adecuadamente y surtan efectos en el resto de los países comunitarios.

Este **derecho constitucional a utilizar los medios de prueba** pertinentes es analizado, entre otras, en la **sentencia del Tribunal Constitucional n.°**

47/2022, de 24 de marzo, ECLI:ES:TC:2022:47, que resume la **consolidada** doctrina de este tribunal en los siguientes puntos:

a) Es un derecho que se refiere únicamente a pruebas pertinentes:

> «a) Este derecho fundamental, que opera en cualquier tipo de proceso en que el ciudadano se vea involucrado, no comprende un hipotético derecho a llevar a cabo una actividad probatoria ilimitada en virtud de la cual las partes estén facultadas para exigir cualesquiera pruebas que tengan a bien proponer, sino que atribuye solo el derecho a la recepción y práctica de las que sean pertinentes (SSTC 168/1991, de 19 de julio; 211/1991, de 11 de noviembre; 233/1992, de 14 de diciembre; 351/1993, de 29 de noviembre; 131/1995, de 11 de septiembre; 1/1996, de 15 de enero; 116/1997, de 23 de junio; 190/1997, de 10 de noviembre; 198/1997, de 24 de noviembre; 205/1998, de 26 de octubre; 232/1998, de 1 de diciembre; 96/2000, de 10 de abril, FJ 2), entendida la pertinencia como la relación entre los hechos probados y el thema decidendi (STC 26/2000, de 31 de enero, FJ 2)».

b) Es un derecho de configuración legal:

> «Puesto que se trata de un derecho de configuración legal, es preciso que la prueba se haya solicitado en la forma y momento legalmente establecidos (SSTC 149/1987, de 30 de septiembre; 212/1990, de 20 de diciembre; 87/1992, de 8 de junio; 94/1992, de 11 de junio; 1/1996; 190/1997; 52/1998, de 3 de marzo; 26/2000, FJ 2), siendo solo admisibles los medios de prueba autorizados por el ordenamiento (SSTC 101/1989, de 5 de junio; 233/1992, de 14 de diciembre; 89/1995, de 6 de junio; 131/1995; 164/1996, de 28 de octubre; 189/1996, de 25 de noviembre; 89/1997, de 10 de noviembre; 190/1997; 96/2000, FJ 2)».

c) El examen de la legalidad y pertinencia de las pruebas corresponde a los órganos judiciales:

> «Corresponde a los jueces y tribunales el examen sobre la legalidad y pertinencia de las pruebas, no pudiendo este Tribunal Constitucional sustituir o corregir la actividad desarrollada por los órganos judiciales, como si de una nueva instancia se tratase. Por el contrario, este tribunal solo es competente para controlar las decisiones judiciales dictadas en ejercicio de dicha función cuando se hubieran inadmitido pruebas relevantes para la decisión final sin motivación alguna o mediante una interpretación y aplicación de la legalidad arbitraria o irrazonable o cuando la falta de práctica de la prueba sea imputable al órgano judicial (SSTC 233/1992, de 14 de diciembre, FJ 2; 351/1993, de 29 de noviembre, FJ 2; 131/1995, de 11 de septiembre, FJ 2; 35/1997, de 25 de febrero, FJ 5; 181/1999, de 11 de octubre, FJ 3; 236/1999, de 20 de diciembre, FJ 5; 237/1999, de 20 de diciembre, FJ 3; 45/2000, de 14 de febrero, FJ 2; 78/2001, de 26 de marzo, FJ 3)».

d) Necesidad de que se trate de pruebas decisivas:

> «Es necesario asimismo que la falta de actividad probatoria se haya traducido en una efectiva indefensión del recurrente, o lo que es lo mismo,

que sea 'decisiva en términos de defensa' (SSTC 1/1996, de 15 de enero, FJ 2; 219/1998, de 17 de diciembre, FJ 3; 101/1999, de 31 de mayo, FJ 5; 26/2000, FJ 2; 45/2000, FJ 2). El ámbito material protegido por el derecho fundamental a utilizar los medios de prueba pertinentes no abarca las meras infracciones de la legalidad procesal que no hayan generado una real y efectiva indefensión (SSTC 185/2007, de 10 de septiembre, FJ 2; y 258/2007, de 18 de diciembre, FJ 2). A tal efecto, hemos señalado que la tarea de verificar si la prueba es decisiva en términos de defensa y, por tanto, constitucionalmente relevante, lejos de poder ser emprendida por este tribunal mediante un examen de oficio de las circunstancias concurrentes en cada caso concreto, exige que el recurrente haya alegado y fundamentado adecuadamente dicha indefensión material en la demanda, habida cuenta de que, como es notorio, la carga de la argumentación recae sobre los solicitantes de amparo (SSTC 1/1996, de 15 de enero; 164/1996, de 28 de octubre; 218/1997, de 4 de diciembre; y 45/2000, FJ 2)».

e) Necesidad de acreditar que se trata de pruebas que puedan incidir favorablemente en sus pretensiones:

«La anterior exigencia se proyecta en un doble plano: de una parte, el recurrente de razonar en esta sede la relación entre los hechos que se quisieron y no se pudieron probar y las pruebas inadmitidas (SSTC 149/1987, de 30 de septiembre, FJ 3, y 131/1995, de 11 de septiembre, FJ 2); y, de otra, quien en la vía de amparo invoque la vulneración del derecho a utilizar los medios de prueba pertinentes deberá, además, argumentar de modo convincente que la resolución final del proceso a quo podría haberle sido favorable, de haberse aceptado y practicado la prueba objeto de controversia (SSTC 116/1983, de 7 de diciembre, FJ 3; 147/1987, de 25 de septiembre, FJ 2; 50/1988, de 2 de marzo, FJ 3, y 357/1993, de 29 de noviembre, FJ 2), ya que solo en tal caso, comprobado que el fallo pudo, acaso, haber sido otro si la prueba se hubiera admitido, podrá apreciar se también el menoscabo efectivo del derecho de quien por este motivo busca amparo (SSTC 30/1986, de 20 de febrero, FJ 8; 1/1996, de 15 de enero, FJ 3; 170/1998, de 21 de julio, FJ 2; 129/1998, de 16 de junio, FJ 2, y 69/2001, de 17 de marzo, FJ 28)».

A TENER EN CUENTA. La prueba tendrá como objeto los hechos que guarden relación con la tutela judicial que se pretenda obtener en el proceso (artículo 281.1 de la LEC).

CUESTIONES

1. ¿Siempre es imprescindible haber agotado la vía judicial ordinaria para recurrir al amparo constitucional por denegación de pruebas?

El Tribunal Constitucional dispone que «*Este tribunal viene considerando que el agotamiento de la vía judicial ordinaria en los términos exigidos en los arts. 50.1 a) y 44.1 a) LOTC se malogra cuando no se hace uso de los recursos que son razonablemente exigibles a la parte. También cuando, aun haciendo valer los recursos exigibles, el modo de su utilización priva a los órganos judiciales de la efectiva posibilidad de*

*reparar la vulneración del derecho fundamental; lo que, tratándose de una preten-
sión de denuncia de vulneración del derecho fundamental a la prueba exige que
las pruebas denegadas o no practicadas en primera instancia sean reiteradas por la
parte en el recurso de apelación (vid. STC 93/2003, de 19 de mayo, FJ 2; en el mismo
sentido, SSTC 297/2000, de 11 de diciembre, FJ 2, y 271/2006, de 25 de septiembre,
FJ 3, y ATC 77/2006, de 13 de marzo, FJ 4)».* **STC n.º 180/2021, de 28 de octubre,
ECLI:ES:TC:2021:180.**

2. ¿Cuáles son las circunstancias determinantes para que se aprecie indefensión?

El juzgador constitucional ha destacado las siguientes circunstancias en su **STC
n.º 80/2011, de 6 de junio, ECLI:ES:TC:2011:80:**

- Denegación o inejecución de las pruebas imputables al órgano judicial.

- La prueba denegada o no practicada tiene que ser decisiva en términos de
  defensa.

- El recurrente tiene que demostrar la relación entre los hechos que no se pudieron probar y las pruebas inadmitidas o no practicadas.

- El recurrente tiene que argumentar de qué modo habría afectado la admisión
  y práctica de la prueba en la estimación de sus pretensiones.

A TENER EN CUENTA. En defecto de disposiciones en las leyes que regulan los
procesos penales, procesos contencioso-administrativos, procesos laborales y
procesos militares, serán de aplicación, a todos ellos, los preceptos de la Ley de
Enjuiciamiento Civil (artículo 4 de la LEC).

RESOLUCIONES RELEVANTES .

**Sentencia de la Audiencia Provincial de Jaén, n.º 823/2023, de 19 de julio,
ECLI:ES:APJ:2023:873**

*«De la regulación legal al respecto de la prueba, podemos extraer las siguientes con-
sideraciones previas:*

*a) la prueba es la actividad de las partes encaminada a convencer al Juez de la
veracidad de unos hechos o de unas afirmaciones que se alegan como existentes.
Para ello, es necesario que la prueba practicada tenga éxito. En orden a la valoración de
la prueba, tanto doctrina como jurisprudencia concluyen que el instrumento a utilizar es
el de las máximas de experiencia.*

*b) De entre los distintos sistemas que propone la doctrina en torno a la prueba de los
hechos constitutivos del derecho alegado por las partes en un proceso, destaca el de la
prueba legal o tasada, que impone al Juzgador un determinado criterio de valoración,
aún en contra de su convicción, y el de la libre apreciación de la prueba, conforme al
cual el Juez pondera el conjunto de las pruebas practicadas sobre los hechos objeto de
debate extrayendo aquellos que le merezcan la calificación de ciertos a los efectos de
dictar sentencia.*

*Formalmente, la ley establece la valoración tasada en la prueba de documentos públi-
cos (artículos 319 a 323 Ley de Enjuiciamiento Civil), documentos privados (artículos 325
y siguientes de la Ley Procesal Civil), e interrogatorio de las partes (artículo 316 Ley de
Enjuiciamiento Civil), dejando libertad en la valoración al Juez en las pruebas de peritos,
testigos y reconocimiento judicial.*

*c) Que la valoración de la prueba sea libre no significa que sea arbitraria, ni que no
existan reglas de valoración, sino que éstas no están contenidas en la ley. No obstante, el*

Tribunal Supremo viene desarrollando una jurisprudencia que tiende fundamentalmente a implantar la libre valoración de la prueba, lo que se traduce, en primer lugar, en la consagración de la valoración conjunta de la prueba y, en segundo lugar, en la afirmación de que la prueba de interrogatorio de las partes es prueba equiparable al resto sin que tenga especial relevancia respecto de las demás pruebas.

*Lo dicho nos lleva a la **doctrina de la carga de la prueba**, cuya finalidad es determinar para quien han de producirse las consecuencias desfavorables en el caso de que un hecho no resulte probado, carga que sin embargo sólo entra en juego cuando falta la necesaria prueba sobre los hechos controvertidos en el proceso.*

El sistema de la carga de la prueba en nuestro derecho civil se articula a través del artículo 217 de la Ley de Enjuiciamiento Civil, precepto que, en sus apartados 2 y 3, establece que corresponde al actor y al demandado reconviniente la carga de probar la certeza de los hechos de los que ordinariamente se desprenda, según las normas jurídicas a ellos aplicables, el efecto jurídico correspondiente a las pretensiones de la demanda y de la reconvención, e incumbe al demandado y al actor reconvenido la carga de probar los hechos que, conforme a las normas que les sean aplicables, impidan, extingan o enerven la eficacia jurídica de los hechos a que se refiere el apartado anterior; lo cual significa que corresponde a la parte actora acreditarlos hechos constitutivos del derecho cuyo reconocimiento y protección invoca y, a la parte demandada, los impeditivos o extintivos del mismo, sin que deba desconocerse, por un lado, que, conforme al apartado 1 del referido precepto, si al tiempo de dictar sentencia el Tribunal considera dudosos unos hechos relevantes para la decisión, habrá de desestimar las pretensiones del actor o del reconviniente o del demandado o reconvenido según corresponda a unos u otros la carga de probar los hechos que permanezcan inciertos y fundamenten las pretensiones, y, por otro que, a tenor del apartado 7 del tan repetido artículo, para la aplicación de lo dispuesto en los apartados anteriores, el Tribunal deberá tener presente la disponibilidad y facilidad probatoria que corresponda a cada una de las partes del litigio».

Sentencia de la Audiencia Provincial de Bizkaia, n.º 268/2022, de 15 de junio, ECLI:ES:APBI:2022:1614

*«La valoración de las pruebas constituye así un complejo proceso lógico o intelectual en el que acostumbran a diferenciarse conceptualmente, simplificando en extremo, principalmente dos operaciones diferentes: una primera, denominada de **apreciación o interpretación**; y una segunda, de **valoración en sentido estricto**.*

En el primer estadio —de apreciación— pueden diferenciarse, a su vez, dos momentos: a) En el primero, el juzgador ha de analizar separadamente todas y cada una de las pruebas aportadas o desenvueltas para establecer con la mayor fidelidad y exactitud cuáles sean los precisos elementos que proporcionan separadamente cada fuente de prueba, y desvelar cuáles sean las afirmaciones que cabe extraer como consecuencia de ese examen en función de su índole: lo declarado por las partes o por los testigos en los correspondientes interrogatorios.

Se trata de una labor intrincada que excede del simple examen semántico, en cuanto requiere constatar los extremos sobre los cuales se ha pronunciado el testigo y su correspondencia con las afirmaciones de hechos oportuna y tempestivamente introducidas por las partes.

b) En un segundo momento, debe calificar, asimismo de modo individualizado y en atención a las características particulares de cada medio y a las eventuales incidencias acaecidas durante su práctica —tachaduras, raspaduras o enmiendas en los documentos; existencia o no de firmas, sellos u otros medios de autenticación; contundencia, vacilaciones o contradicciones en las partes y los testigos al deponer, etc.—, la idoneidad objetiva y en abstracto de los resultados que arrojen para asentar sobre aquéllos su convicción».

|| La práctica y obtención de pruebas en el extranjero

La posibilidad de que en un procedimiento judicial tramitado en España se solicite la práctica y obtención de pruebas en el extranjero aparece regulada en el capítulo IV de la Ley 29/2015, de 30 de julio, de cooperación jurídica internacional en materia civil, que tal y como se recoge en su preámbulo «(...) contiene normas especiales sobre la práctica y la obtención de pruebas en el extranjero donde se acude a criterios de simplicidad y subsidiariedad con detalle del procedimiento, contenido y requisitos de tal actividad».

Se establece como requisito que la prueba solicitada tenga relación directa con un proceso ya iniciado o futuro (art. 29.2 de la mentada ley).

Las solicitudes de cooperación internacional en materia de obtención de pruebas deben contener la siguiente información (arts. 10 y 30 de la Ley 29/2015, de 30 de julio):

- Autoridad requirente y, si fuese conocida, la autoridad requerida.
- Nombre y dirección de las partes y, en su caso, de sus representantes procesales.
- Nombre y dirección de la persona a quien se refiera la diligencia, y los datos adicionales de identificación que fuesen conocidos y necesarios para el cumplimiento de la solicitud.
- Indicación del proceso judicial y el objeto del mismo, y también una exposición sumaria de los hechos.
- Descripción detallada de las diligencias de obtención de prueba solicitadas, y resoluciones o decisiones en que se fundamente.
- Documentos debidamente traducidos y, en su caso, debidamente legalizados o apostillados, y una relación detallada de los mismos.
- Indicación de si se solicita la práctica de la prueba conforme a un procedimiento previsto en la legislación del Estado requirente y las aclaraciones necesarias para su aplicación.
- Indicación de si se solicita el uso de medios tecnológicos de comunicación.
- Solicitud de las partes interesadas, de sus representantes, o de algún funcionario del Estado requirente para asistir a la ejecución de la diligencia solicitada.
- Además, en caso de estar sujeta la diligencia solicitada a plazo o ser de urgente realización, la indicación de los plazos precisos para el cumplimiento y una motivación de las razones que justifiquen la urgencia.

> **CUESTIÓN**
>
> **¿Qué debe contener la descripción de las diligencias de obtención de prueba que figure en la solicitud?**
>
> Las diligencias de obtención de prueba deben detallar:
>
> - Si se trata de una solicitud dirigida a tomar declaración a una persona, el nombre, y la dirección de la misma, las preguntas que deban de formularse o los hechos sobre los que verse. Además, en su caso, información sobre la

existencia del derecho a no prestar declaración con arreglo al ordenamiento jurídico del Estado requirente, así como la solicitud de recibir la declaración bajo juramento o promesa de decir la verdad o, en su caso, la fórmula que deba utilizarse. También contendrá cualquier otra información que el órgano jurisdiccional requirente considere necesaria.

– Cuando se trate de examen de testigos contendrá el nombre y apellidos, y demás datos de identificación y localización de los mismos de que se disponga. En su caso, también las preguntas que deberán formularse al testigo o exposición de los hechos sobre los que se efectuará su examen, el derecho a negarse a testificar según la legislación del Estado requirente y el ruego de que se examine al testigo bajo juramento o promesa o en forma de declaración y cualquier otra información que el órgano requirente considere necesaria.

– Cuando se trate de cualquier otra prueba, deberán detallarse los documentos u otros objetos que deban examinarse. Si lo que se solicita es la exhibición de documentos u otros soportes de información, deberán identificarse razonablemente. Además, también deberán especificarse los hechos o circunstancias que permiten sostener que los documentos pedidos se encuentran bajo el control o custodia de la persona a la que se requieren, y especificar, en su caso, el derecho a no aportarlos según la legislación del Estado requirente.

A TENER EN CUENTA. La Ley 29/2015, de 30 de julio, de cooperación jurídica internacional en materia civil, también regula la prueba del Derecho extranjero en su título II.

2.
MEDIOS DE PRUEBA EN EL PROCESO JUDICIAL. ESPECIAL REFERENCIA A LA LEC

Los diferentes medios de prueba admitidos en vía judicial

A la hora de analizar los distintos medios de prueba que se utilizan en los procesos judiciales hay que partir de la Constitución Española, que recoge el derecho a utilizar los medios de prueba pertinentes para su defensa (art. 24.2 de la CE).

Por su parte, el artículo 299 de la Ley de Enjuiciamiento Civil concreta cuales son los medios de prueba que podrán practicarse en el juicio y que serán los siguientes:

1.º Interrogatorio de las partes.

2.º Documentos públicos.

3.º Documentos privados.

4.º Dictamen de peritos.

5.º Reconocimiento judicial.

6.º Interrogatorio de testigos.

Además, en su apartado segundo, el artículo 299 también admite como prueba los medios de reproducción de la palabra, el sonido y la imagen, así como los instrumentos que permiten archivar y conocer o reproducir palabras, datos, cifras y operaciones matemáticas llevadas a cabo con fines contables o de otra clase, relevantes para el proceso.

A continuación, el numeral tercero del citado artículo contiene una cláusula de cierre según la cual: «Cuando por cualquier otro medio no expresamente previsto en los apartados anteriores de este artículo pudiera obtenerse certeza sobre hechos relevantes, el tribunal, a instancia de parte, lo admitirá como prueba, adoptando las medidas que en cada caso resulten necesarias», es decir, **no estamos antes una lista cerrada**, si no que podría emplearse cualquier medio, aunque no esté previsto, siempre y cuando ayude a aclarar hechos relevantes.

A TENER EN CUENTA. En el artículo 300 de la LEC, se establece el orden de práctica de los medios de prueba, disponiendo que las pruebas se practicarán en el juicio o vista por el siguiente orden, excepto cuando el tribunal, de oficio o a instancia de parte, acuerde otro distinto:

- Interrogatorio de las partes.

- Interrogatorio de testigos.

- Declaraciones de peritos sobre sus dictámenes o presentación de estos, cuando excepcionalmente se hayan de admitir en ese momento.

- Reconocimiento judicial, cuando no se haya de llevar a cabo fuera de la sede del tribunal.

- Reproducción ante el tribunal de palabras, imágenes y sonidos captados mediante instrumentos de filmación, grabación y otros semejantes.

CUESTIÓN

¿Cómo se procederá cuando alguna de las pruebas admitidas no pueda practicarse en la audiencia?

El artículo 300.2 de la LEC recoge que en caso de que no pudiera practicarse alguna de las pruebas admitidas en la audiencia, continuará esta con la práctica de las restantes en el orden que corresponda.

Si analizamos otros órdenes distintos, podemos destacar que la Ley 29/1998, de 13 de julio, reguladora de la Jurisdicción Contencioso-administrativa, no regula los distintos medios de prueba, si no que en el artículo 60.4 contiene una remisión a las normas generales establecidas para el proceso civil.

En el proceso penal, la Ley de Enjuiciamiento Criminal no contiene un listado taxativo de las pruebas admitidas, pero sí regula como medio de prueba, en los artículos 688 y siguientes, la declaración del acusado, la declaración de los testigos, los informes periciales y la prueba documental e inspección ocular, llevándose a cabo en el orden en el que hayan sido propuestas en los escritos de calificación, empezando por las propuestas del Ministerio Fiscal, a continuación las de las acusaciones personadas en el proceso, finalizando con las propuestas de las defensas (art. 701 de la LECrim).

En lo concerniente al ámbito laboral, la Ley 36/2011, de 10 de octubre, Reguladora de la Jurisdicción Social, dispone en su artículo 90 que las partes «(...) podrán servirse de cuantos medios de prueba se encuentren regulados en la Ley para acreditar los hechos controvertidos o necesitados de prueba, incluidos los procedimientos de reproducción de la palabra, de la imagen y del sonido o de archivo y reproducción de datos, que deberán ser aportados por medio de soporte adecuado y poniendo a disposición del órgano jurisdiccional los medios necesarios para su reproducción y posterior constancia en autos», mencionando específicamente el interrogatorio de las partes (art. 91 de la LRJS), el interrogatorio de testigos (art. 92 de la LRJS), la prueba pericial (art. 93 de la LRJS), la documental (art. 94 de la LRJS) y los informes de expertos (art. 95 de la LRJS).

Es muy importante tener en cuenta lo dispuesto en el artículo 4 de la Ley de Enjuiciamiento Civil, que regula el **carácter supletorio de la LEC**, estableciendo que «en defecto de disposiciones en las leyes que regulan los procesos penales, contencioso-administrativos, laborales y militares, serán de aplicación, a todos ellos, los preceptos de la presente Ley».

La **Sala de lo Social del Tribunal Supremo, en la sentencia n.° 706/2020, de 23 de julio, ECLI:ES:TS:2020:2925**, distingue entre medios de prueba y fuentes de prueba, y lo hace de la siguiente manera:

> «(...) **Medios de prueba** son los instrumentos de intermediación requeridos por el proceso para la constancia material de los datos existentes en la realidad exterior; mientras que la **fuente de prueba** se refiere a la fuente de información del mundo exterior que está en capacidad de ofrecer el medio de prueba. Las fuentes de prueba que se incorporan al proceso a través de los medios de prueba son ilimitadas (art. 299.3 de la Ley de Enjuiciamiento Civil —en adelante LEC—). La LEC sanciona el carácter de númerus apertus de las fuentes de prueba, pero los medios de prueba únicamente pueden ser los regulados en la LEC (...)».

2.1. Interrogatorio de las partes

El interrogatorio de las partes como medio de prueba en vía judicial

El *Diccionario del español jurídico de la* RAE define el interrogatorio de las partes como el «medio procesal de prueba por el que cada parte puede solicitar del tribunal la declaración de las demás partes en el proceso, formulando preguntas sobre hechos y circunstancias de los que tenga noticia y que guarden relación con el objeto del proceso».

La LEC regula el interrogatorio de las partes en los artículos que van del 301 al 316. Cada parte podrá solicitar el interrogatorio de las demás sobre hechos y circunstancias de los que tengan noticia y que estén relacionados con el objeto del juicio. Es decir, la parte puede solicitar el interrogatorio de las demás partes, pero esto no quiere decir que el mismo deba ser admitido por el juez en todo caso, si no que una vez propuesto será el juez el que decida sobre su admisión o inadmisión en función de si lo considera útil o no.

A este respecto podemos citar la **sentencia de la Audiencia Provincial de Jaén n.° 1391/2022, de 22 de diciembre, ECLI:ES:APJ:2022:1720**, que analiza la posibilidad de proponer el interrogatorio de parte, y como actuar en caso de inadmisión por el juez:

> «Hay que tener en cuenta en primer lugar que el art. 301 Lec dispone que "Cada parte podrá solicitar del tribunal el interrogatorio de las demás sobre hechos y circunstancias de los que tengan noticia y que guarden relación con el objeto del juicio", pero ello no quiere decir que una vez pro-

puesta una prueba se deba de admitir, y es que la admisión o inadmisión de la propuesta corresponde al Juez de instancia.

La inadmisión de la prueba es lógica, y es que habiéndose reconocido todos los hechos por el demandado, la prueba propuesta es del todo punto inútil, siendo de aplicación el art. 283.2 LEC, el cual dispone que: "Tampoco deben admitirse, por inútiles, aquellas pruebas que, según reglas y criterios razonables y seguros, en ningún caso puedan contribuir a esclarecer los hechos controvertidos".

No obstante ello, si la parte hubiera querido que se admitiera la propuesta, o como insiste, que se practicara en esta instancia, debería de haber procedido como dispone el art. 285 LEC, el cual dispone que: "1. El tribunal resolverá sobre la admisión de cada una de las pruebas que hayan sido propuestas.

2. Contra la resolución que admita o inadmita cada una de las pruebas sólo cabrá recurso de reposición, que se sustanciará y resolverá en el acto, y, si se desestimare, la parte podrá formular protesta al efecto de hacer valer sus derechos en la segunda instancia.".

La parte demandada no impugnó la resolución de inadmisión, no haciéndose constar protesta, por lo que no solo es que la prueba era inútil, sino que no se cumplen los requisitos exigidos para que la prueba pueda practicarse en ésta instancia».

CUESTIONES

1. ¿Puede un colitigante solicitar el interrogatorio de otro colitigante?

Sí, un colitigante podrá solicitar el interrogatorio de otro, siempre y cuando exista en el proceso oposición o conflicto de intereses entre ambos.

2. ¿Puede alegarse indefensión por la ausencia del interrogatorio de parte, aunque no se hubiese solicitado en primera instancia?

No, tal y como se recoge en la sentencia de la Audiencia Provincial de Valencia n.º 222/2022, de 6 de abril, ECLI:ES:APV:2022:1263:

«En segundo lugar, cabe recordar que el artículo 301 de la LEC regula la prueba de interrogatorio de parte como diligencia de prueba de la parte contraria al señalar que "cada parte podrá solicitar del Tribunal el interrogatorio de las demás sobre hechos y circunstancias de los que tengan noticia y que guarden relación con el objeto del juicio", por lo que era facultad de la parte demandada —Ministerio Fiscal o Abogada de la G.V— proponer el interrogatorio de parte; por tanto, ninguna indefensión puede causar a la parte actora la falta de interrogatorio si ese medio de prueba no fue propuesto de contrario».

Las preguntas que se hagan en el interrogatorio deberán reunir las siguientes características:

– Deben formularse de manera oral.

– Tienen que ser planteadas en sentido afirmativo.

– Deberán ser claras y precisas.

– No pueden incluir ni valoraciones ni calificaciones, y si se incluyen se tendrán por no realizadas.

En el caso de las respuestas, las características que deben de reunir son:

– Ser dadas por la propia parte interrogada, sin uso de borrador.

- Podrán consultarse documentos y notas o apuntes si se le permite.
- Respuestas afirmativas o negativas, o en su caso, precisas y concretas, pudiendo explicarse si guarda relación con lo planteado.

En el caso de que alguna pregunta se refiera a hechos que no sean personales del declarante, deberá responder según sus conocimientos y dar razón del origen de estos. El art. 308 de la LEC también recoge la posibilidad de que, en estos casos, proponga que la pregunta sea respondida por un tercero que tenga conocimiento personal de los hechos, por sus relaciones con el asunto, aceptando las consecuencias de la declaración.

CUESTIONES

1. ¿Puede la parte proponente oponerse a esta sustitución?

Sí, la LEC dispone que para que se admita la sustitución será necesario que la acepte la parte que hubiese propuesto la prueba.

2. ¿Qué puede hacer el declarante al que denieguen la sustitución?

Si la sustitución no hubiese sido admitida por la parte proponente, el declarante podrá solicitar que la persona mencionada sea interrogada en calidad de testigo, debiendo decidir el tribunal lo que considere procedente.

El tribunal, en el mismo acto en el que se lleve a cabo el interrogatorio, decidirá sobre la admisibilidad de las preguntas que se planteen. Esta admisibilidad podrá ser impugnada por la parte que haya de responder el interrogatorio o por su abogado.

Además, la parte que tenga que responder al interrogatorio, y su abogado, podrán impugnar en el acto no solo la admisibilidad de las preguntas, sino que también podrán hacer notar las valoraciones y calificaciones que a su criterio sean improcedentes y deban tenerse por no realizadas.

CUESTIÓN

¿Qué puede hacer la parte ante la inadmisión de alguna pregunta?

Si alguna de las partes entiende que la inadmisión de determinadas preguntas le haya supuesto una merma del derecho de defensa, podría formular la oportuna protesta a efectos de segunda instancia (sentencia de la Audiencia Provincial de A Coruña n.º 59/2022, de 28 de febrero, ECLI:ES:APC:2022:619).

Tal y como recoge la **sentencia de la Audiencia Provincial de Salamanca n.º 364/2011, de 13 de septiembre, ECLI:ES:APSA:2011:559**, tanto el juez como las partes juegan un papel importante a la hora de hacer valer la inadmisibilidad de alguna pregunta:

«Ciertamente, la LEC concede un importante papel de dirección del proceso al Juez, que debe ser el primero en estar atento a la forma que se produce el interrogatorio de las partes y testigos, debiendo decidir acerca de la admisibilidad de las preguntas, en base a lo dispuesto en el artículo 302 y siguientes de la LEC. Pero el artículo 303, en lo que se refiere al interrogatorio de las partes y el artículo 369 en lo relativo al interrogatorio de testigos, dejan muy claro que las partes, así como sus Abogados, en su caso, podrán impugnar en el acto la admisibilidad de las preguntas y harán notar las valoraciones y calificaciones que, contenidas en las mismas, sean, según su criterio, improcedentes, y deban tenerse por no realizadas. La parte que muestre su disconformidad, aún así, con la admisión de la pregunta, podrá poner de relieve y pedir que conste en acta su protesta».

La parte interrogada deberá responder a las preguntas que se formulen en el siguiente orden:

1.º - Preguntas formuladas por el abogado de quien solicitó la prueba.

2.º - Preguntas de los abogados de las demás partes.

3.º - Preguntas de su propio abogado.

Con relación a este derecho de la parte a ser preguntado por su propio abogado se ha pronunciado el Tribunal Constitucional en su **sentencia n.º 212/2013, de 16 de diciembre, ECLI:ES:TC:2013:212,** que en un supuesto en el que se le privó al abogado de la parte de realizarle preguntas tras haber respondido a las de contrario, entendió vulnerado el derecho de defensa reconocido en el art. 24.2 de la CE:

«También se denuncia la vulneración del derecho a un proceso con todas las garantías (art. 24.1) y del derecho de defensa (art. 24.2), en tanto que, en el acto del juicio oral, la juzgadora no permitió que el Letrado de la demandante formulará pregunta alguna a su cliente, una vez finalizado el interrogatorio que llevó a cabo el Letrado de la parte demandada. El art. 306.1 LEC, de aplicación supletoria al caso, reconoce al abogado de la propia parte el derecho a formular nuevas preguntas que se reputen conducentes para determinar los hechos, sin perjuicio de la facultad del juzgador para repeler las preguntas que no sean pertinentes o útiles. Este precepto supuso una innovación, que se corresponde con la pretensión del legislador de que la declaración de las partes en el procedimiento se produzca sobre las preguntas formuladas en un interrogatorio libre de las mismas.

Ciertamente, al Letrado de la parte demandante no le fue permitido efectuar ninguna pregunta a su cliente; es más, cuando la recurrente respondió a la primera de las preguntas que su Letrado hizo constar, de cara a la interposición de un recurso, la juzgadora le indicó que debía guardar silencio y no responder. En fin, **el órgano judicial privó de la posibilidad de ejercitar, a la parte demandante, un derecho reconocido por la normativa de aplicación, sin siquiera valorar la eventual pertinencia y utilidad de las preguntas formuladas** y, asimismo, sin ofrecer una argumentación razonada sobre los motivos en que basó su decisión.

Teniendo en cuenta la doctrina constitucional traída a colación en otros pasajes de esta Sentencia, y dado que las preguntas que el Letrado de la demandante pretendía realizar guardan relación con hechos concernidos por el debate procesal, especialmente con la pretendida vulneración del derecho a la intimidad, **debe reconocerse la vulneración del derecho defensa reconocido en el art. 24.2 CE** (...)».

A TENER EN CUENTA. El tribunal también podrá interrogar a la parte llamada a declarar para obtener aclaraciones y adiciones.

CUESTIONES

1. ¿Puede una parte interrogar a la otra cuando no sea preceptiva la intervención de abogado?

Sí, en estos casos y con la venia del tribunal, las partes podrán hacerse recíprocamente las preguntas y observaciones que sean convenientes para la determinación de los hechos relevantes en el proceso. Será el tribunal el que se encargue de que no se atraviesen la palabra ni se interrumpan, así como de repeler las intervenciones que sean impertinentes o inútiles, e incluso podrá el propio tribunal interrogar a la parte llamada a declarar (art. 306.2 de la LEC).

2. Cuando se vaya a interrogar a varios litisconsortes, ¿podrán conocer previamente lo que ha respondido el otro litisconsorte?

No, cuando hayan de declarar dos o más partes, o cuando deban ser interrogados varios litisconsortes sobre unos mismos hechos controvertidos, deberán adoptarse las medidas necesarias para evitar que puedan comunicarse y conocer previamente el contenido de las preguntas y las respuestas.

La incomparecencia de la parte y su negativa a declarar: la *ficta confessio* y *ficta admissio*

La Ley de Enjuiciamiento Civil recoge las consecuencias que podría traer para la parte el hecho de no comparecer al acto del juicio para responder al interrogatorio, o el negarse a declarar o hacerlo con respuestas evasivas o inconcluyentes, para evitar posibles obstrucciones al proceso.

Si la parte citada para el interrogatorio no comparece en el juicio, el tribunal podrá aplicar las siguientes consecuencias:

- Tener por reconocidos los hechos en los que dicha parte hubiese intervenido personalmente y cuya fijación como ciertos les sea enteramente perjudicial, es decir, tal y como se ha reconocido de forma frecuente por nuestras audiencias (por ejemplo la **SAP de Santa Cruz de Tenerife n.º 303/2023, de 29 de junio, ECLI:ES:APTF:2023:561**), la ley concede al juez la facultad discrecional de tener por reconocidos determinados hechos cuando se den las siguientes circunstancias:

  - Que la parte citada para el interrogatorio no haya comparecido.
  - Que la parte haya intervenido personalmente en los hechos cuya fijación como ciertos se pretenda.
  - Que la fijación como ciertos le sea a la parte enteramente perjudicial.

- Imponerle la multa por incomparecencia que se regula en el art. 292 LEC, y que va desde los 180 a los 600 euros.

CUESTIÓN

¿El juzgador debe motivar la decisión de tener por reconocidos los hechos si se cumplen las condiciones de la *ficta confessio*?

Sí, es una decisión que debe ser motivada, tal y como se recoge en la **sentencia de la Audiencia Provincial de Madrid n.º 142/2018, de 16 de abril, ECLI:ES:APM:2018:5398**:

«La presunta conformidad con los hechos de la parte, deducida de su incomparecencia ante el tribunal para la práctica de la prueba de interrogatorio, no es automá-

tica, ni reglada, sino que constituye una potestad o facultad del Juez cuyo ejercicio requiere una expresa justificación, pues la apreciación del reconocimiento de hechos exige un acto positivo de motivación, conforme resulta de la interpretación sistemática del artículo 304 de la Ley de Enjuiciamiento Civil y del artículo 316 LEC, expresando el primero que si la parte citada para el interrogatorio no compareciere al juicio, el tribunal podrá considerar reconocidos los hechos en que dicha parte hubiese intervenido personalmente y cuya fijación como ciertos le sea enteramente perjudicial; bien entendido, que esta facultad no puede suplir una total inactividad probatoria de la parte, sino que vendría a complementarla y a valorar según las reglas de la sana crítica (artículo 316.2 de la LEC)».

RESOLUCIÓN RELEVANTE

SAP de Málaga n.º 369/2023, de 25 de mayo, ECLI:ES:APMA:2023:868

«(...) El artículo 304 de LEC dispone que si la parte citada para el interrogatorio no compareciere al juicio, el Tribunal podrá considerar reconocidos los hechos en que dicha parte hubiese intervenido personalmente, y cuya fijación como ciertos le sea enteramente perjudicial. En esta norma pues se recoge la institución de la ficta confessio, en virtud de la cual el Juez puede tener por confesados unos hechos, aunque no hayan sido reconocidos por el litigante que no comparece al acto del juicio o vista. La nueva LEC introduce la posibilidad de hacer uso de la ficta confessio ante la mera incomparecencia del declarante al acto del juicio, pretendiéndose la agilización del proceso y la evitación de su interrupción por maniobras fraudulentas de alguna de las partes, contemplándose igual que en la legislación anterior la comparecencia del litigante al acto de su interrogatorio como una carga procesal, aunque se agrega a ella la consideración de su presencia como deber u obligación legal de inobservancia sancionable con multa. Para la aplicación de la ficta confessio se exige la concurrencia de dos requisitos: en primer lugar, la declaración debe versar sobre hechos en los que el litigante haya intervenido personalmente, y en segundo lugar, es preciso que la fijación de tales hechos como ciertos le sea enteramente perjudicial. En todo caso, deberá seguir manteniéndose la jurisprudencia según la cual es obligatorio efectuar el apercibimiento a la parte que pretende interrogarse respecto de poder tenerlo por confeso en el supuesto de no asistir al acto del juicio o vista; así como aquella que declara el carácter potestativo de la facultad que posee el Juez de aplicar la ficta confessio».

Nuestros tribunales se han pronunciado en numerosas ocasiones sobre la ficta confessio y sus principales características y requisitos, pudiendo destacar, por ejemplo, la **sentencia de la Audiencia Provincial de Alicante n.º 630/2022, de 19 de diciembre, ECLI:ES:APA:2022:3074, que se pronuncia en los siguientes términos:**

«(…) Aunque la aplicación de este precepto remite siempre a un notable casuismo, podemos esbozar, con el ánimo de clarificar su ámbito de aplicación, las siguientes ideas:

1° Ante todo, requiere el precepto *que se haya propuesto el interrogatorio* y la parte, consciente de ello, deje de asistir. Esta dinámica que se muestra con claridad en el juicio ordinario, en el que la prueba se habrá propuesto y admitido en la audiencia previa, se difumina en el verbal, pues en él las partes no conocerán si se propondrá o no su interrogatorio, lo que implicaría, en una aplicación rigorista del citado precepto, la necesidad de asistir, en todo caso, a la vista por si acaso se propone su interrogatorio, con el consiguiente dispendio de tiempo y dinero, que puede resultar inútil si, luego, no se solicita este medio de prueba. Ello ha llevado a algunas Audiencias a exigir, además de la expresión que en la citación a juicio previene el artículo 440.1 párrafo 2º de la Ley de Enjuiciamiento Civil, la solicitud de la parte que propone el interrogatorio de la contraria en el término de los tres días siguientes a la citación, de expresarlo así, conforme al artículo 440.1, párrafo 3º de la citada Ley (Sentencia de la Audiencia Provincial de Las Palmas de 6 de octubre de 2.011).

2º En todo caso, y aunque se considerase suficiente la simple citación ante la eventualidad de proposición del interrogatorio, la sanción de la denominada ficta confessio, se deriva de los **hechos "en que dicha parte hubiese intervenido personalmente".**

3º La posible ficta confessio exige que **la parte proponente haga consignar las preguntas que pretendía hacer al confesante incomparecido.** Sólo así podrá determinarse si se refieren a hechos personales y perjudiciales, y sólo así podrá valorarse otro presupuesto previo: la admisibilidad de la pregunta.

4º Expuesto así el interrogatorio, si el Juez decide acoger **el reconocimiento ficticio, se habrá de limitar, lógicamente, a aquellos hechos contenidos en las referidas preguntas.** Y no, por extensión, a otros o a la generalidad de los manifestados en las alegaciones de la proponente.

5º Finalmente, la consecuencia prevista en el artículo 394 **es una simple facultad, y en modo alguno una consecuencia automática ni menos aún imperativa.** En ello han abundado los pronunciamientos de los Tribunales. Así, la Sentencia de la Audiencia Provincial de Zamora 25 de octubre de 2011, al decir que "tratándose la "ficta confessio", contemplada en el artículo 304 Ley de Enjuiciamiento Civil, de una facultad discrecional que queda completamente sometida al prudente arbitrio judicial" el Juez "resolverá sobre esta cuestión de una manera libre y pertinente", o la de Alicante 21 de septiembre de 2.011, cuando declara que "tampoco puede estimarse en base a la institución de la "ficta confessio", que según reiterado criterio de este Tribunal (Sentencias del Tribunal Supremo 29.04.2004, 22.09.2005 y 12.09.2007, entre otras) es solamente una facultad concedida al órgano judicial por el artículo 304 de la misma Ley procesal, como indica el verbo "podrá" que utiliza, y en ningún caso exime a la parte de la obligación de probar debidamente los hechos en que sustenta su pretensión". Particularmente, esta Sección de la Audiencia Provincial de Madrid ha tratado con suma prudencia esa facultad, siendo expresión de ello, entre las más recientes, la Sentencia de 13 de abril de 2011, en la que decíamos que "la incomparecencia de la demandada al interrogatorio no constituye automáticamente la ficta confessio a que se refiere el artículo 304 de la Ley de Enjuiciamiento Civil . Tal precepto concede una facultad al Juez para llegar a esa conclusión, pero tal facultad ha de ejercerse en proporción a la necesidad o ineludibilidad de la prueba de interrogatorio, pues si el hecho puede probarse por otros medios, que no se intentan o no se agotan, no procede basar la sentencia en una simple ficción". En el mismo sentido se pronuncian las Sentencias de esta Sección de 2 de febrero de 2.010 y 21 de octubre de 2.009 ..."».

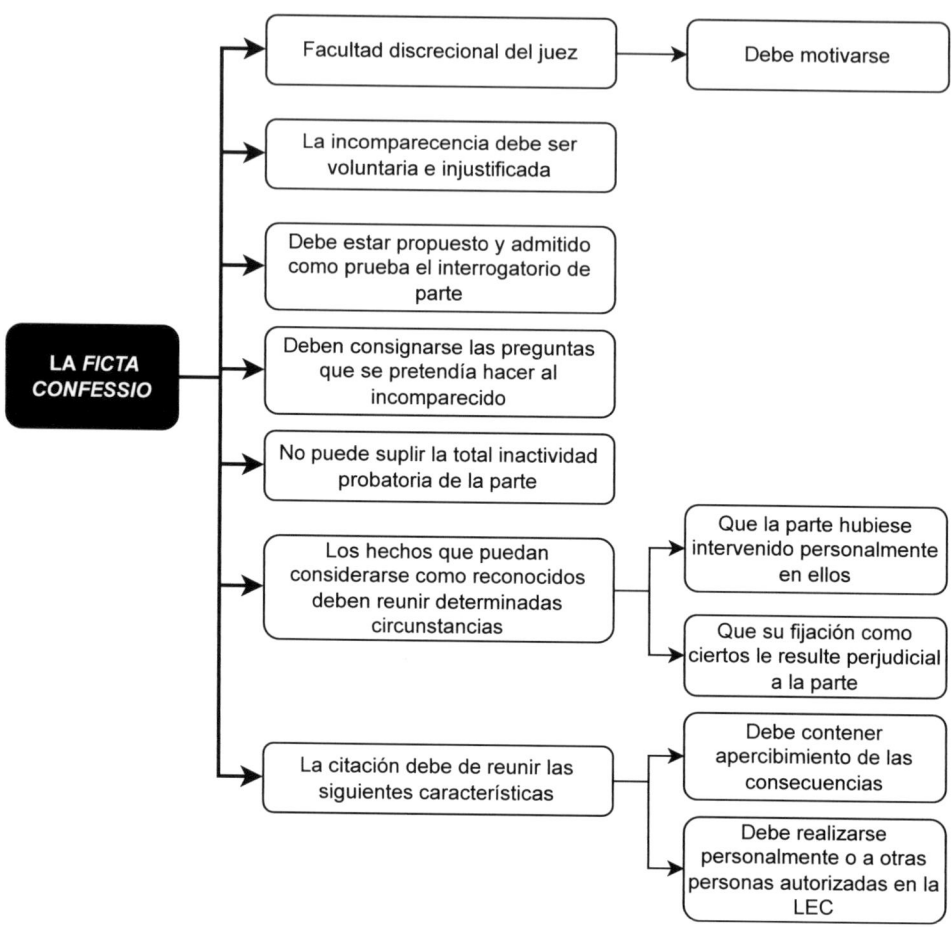

Por su parte, recoge el artículo 307 de la LEC que cuando la parte llamada a declarar se negara a hacerlo sin que concurriese obligación legal de guardar secreto, o utilizase respuestas evasivas o inconcluyentes, el tribunal le apercibirá de que podrán considerarse reconocidos como ciertos los hechos a los que se refieran las preguntas cuando el interrogado hubiese intervenido en ellos personalmente y su fijación como ciertos le resulte perjudicial.

Con relación a este artículo, se ha pronunciado el Tribunal Supremo en numerosas ocasiones, destacando la **STS n.º 21/2021, de 21 de enero, ECLI:ES:TS:2021:86** que, tras realizar un análisis de los antecedentes históricos del mencionado artículo, se centra en su aplicación actual citando la **STS n.º 588/2014, de 22 de octubre, ECLI:ES:TS:2014:4623**, en los siguientes términos:

> «La **"ficta admissio"** [admisión ficticia] prevista en los arts. 304 y 307 de la Ley de Enjuiciamiento Civil se configura, en consonancia con la doctrina jurisprudencial sobre la "ficta confessio" [confesión ficticia] sentada

durante la vigencia de la Ley de Enjuiciamiento Civil de 1881, como una facultad discrecional del juez, de uso tradicionalmente muy limitado.

Es una facultad del tribunal, no una regla de aplicación obligatoria, y precisa de la existencia de hechos relevantes para la decisión del litigio respecto de los que el interrogatorio de parte sea un medio adecuado de prueba.

Pero esas características no suponen que su uso por el Juez, bien para aplicarla, bien para denegar su aplicación, pueda ser arbitrario. Cuando no hay otras pruebas adecuadas para acreditar los hechos relevantes del litigio que son objeto de controversia, tal ausencia de pruebas no se debe a la desidia del litigante que propuso la prueba de interrogatorio de parte, y la prueba de interrogatorio de parte sea adecuada para acreditar los hechos de que se trate, la institución de la "ficta admissio" del art. 304 de la Ley de Enjuiciamiento Civil se revela como idónea para considerar acreditados tales hechos, por la naturaleza de los mismos y la intervención personal que en ellos tuvo la parte cuyo interrogatorio ha sido solicitado. En tales casos, al haber quedado los hechos sin prueba, o al menos sin prueba concluyente, la facultad del art. 304 de la Ley de Enjuiciamiento Civil ha de ser aplicada, prudente y razonablemente de modo que lleguen a considerarse acreditadas tesis absurdas o difícilmente creíbles. De no ser así, el juego de los principios de la carga de la prueba contenidos en el art. 217 de la Ley de Enjuiciamiento Civil beneficiaría a la parte que con su postura obstaculizadora de la práctica de la prueba, al no haber comparecido para ser interrogada, ha impedido que el interrogatorio pueda ser realizado.

Se trata de evitar que la falta de prueba de ciertos hechos por culpa de la postura obstruccionista de una de las partes le beneficie por la aplicación de las reglas de la carga de la prueba. Para ello se recurre a la ficción de una admisión tácita de tales hechos por la parte que no acudió al interrogatorio al que fue citada, lo que ha de engarzarse con la jurisprudencia, de origen constitucional, relativa a la obligación de colaboración de las partes en cuyo poder se encuentran las fuentes de la prueba, que se inició con la STC 7/1994, de 17 de enero».

|| El interrogatorio de parte de la persona jurídica

El artículo 309 de la LEC regula el **interrogatorio de parte cuando esta sea una persona jurídica o ente sin personalidad.** En este supuesto si el representante de la persona jurídica o ente sin personalidad no hubiera intervenido en los hechos controvertidos en el proceso habrá de alegarlo en la audiencia previa al juicio, facilitando la identidad de la persona que intervino en nombre de la persona jurídica o entidad interrogada, para que sea citada a juicio. En estos casos el representante podrá solicitar que la persona identificada sea citada en calidad de testigo si ya no formase parte de la persona jurídica o ente sin personalidad.

También dispone la LEC que cuando alguna pregunta se refiera a hechos en los que el representante no hubiese intervenido, deberá responder según sus conocimientos, e identificar a la persona que hubiese intervenido en aquellos, que podrá ser citada para ser interrogada fuera del juicio como diligencia final. Si no la identificase se aplicarán las consecuencias reconocidas a los casos en los que se utilicen respuestas evasivas o se negaran a declarar, es decir, podrán tenerse por reconocidos los hechos cuya fijación como ciertos les sea perjudicial.

Tal y como se resume en la **sentencia de la Audiencia Provincial de Alicante n.º 665/2019, de 11 de diciembre, ECLI:ES:APA:2019:4330**: «En definitiva, por la persona jurídica deberá comparecer, en principio, "su representante en juicio" (art. 309), esto es, la persona física que "legalmente la represente" (art. 7.4). En su defecto, el interrogatorio de parte se verificará con la persona que "hubiere intervenido en los hechos controvertidos", aun cuando carezca de poder de representación».

> **CUESTIÓN**
>
> **¿Cuándo no acude el representante legal de la empresa a declarar puede aplicarse el art. 304 de la LEC?**
>
> Sí, en estos casos podría darse por confesa a la demandante ante la incomparecencia del representante legal, pero tendrían que valorarse todos los requisitos de la *ficta confessio*.

|| El interrogatorio domiciliario

LLa LEC recoge en sus arts. 311 y siguientes la posibilidad de celebrar un interrogatorio por videoconferencia o domiciliario cuando por enfermedad o por otras circunstancias especiales la parte esté impedida y no pueda comparecer en la sede del tribunal, o el órgano judicial lo considere conveniente.

> **A TENER EN CUENTA.** Los arts. 311, 312 y 313 de la LEC han sido modificados por el Real Decreto-ley 6/2023, de 19 de diciembre, por el que se aprueban medidas urgentes para la ejecución del Plan de Recuperación, Transformación y Resiliencia en materia de servicio público de justicia, función pública, régimen local y mecenazgo, con entrada en vigor el 20 de marzo de 2024.

En estos casos, podrá realizarse la declaración mediante videoconferencia cuando las circunstancias concurrentes garanticen la validez de la declaración, o también podrá llevarse a cabo el interrogatorio ante el juez o el miembro del tribunal que corresponda, y en presencia del letrado de la Administración de Justicia (LAJ), en el domicilio o residencia del declarante. Podrán acudir también las demás partes y sus abogados cuando las circunstancias lo permitiesen, pero si el tribunal no lo considera pertinente atendiendo a las circunstancias de la persona y del lugar, podrá presentar la parte proponente un pliego de preguntas para que sean formuladas por el tribunal si las considera pertinentes. El LAJ debe extender acta suficientemente circunstanciada de las preguntas y de las respuestas, que tras su lectura (por el declarante o por el propio letrado), y después de darle la oportunidad al interrogado de agregar o variar algo, será firmada por el declarante y los demás asistentes.

A raíz de la última reforma, cuando se cuente con los medios necesarios el juez o tribunal podrá acordar la grabación del interrogatorio sin afectar a la protección de la intimidad o dignidad de la persona, pudiendo ser esta únicamente una grabación de audio.

CUESTIÓN

¿Quién puede solicitar que el interrogatorio se lleve a cabo en el domicilio del declarante?

Podrá solicitarse por las partes, o podrá acordarse por el juez de oficio, y antes de tomar la decisión, el órgano judicial deberá oír a las partes.

Si la parte que deba responder al interrogatorio residiera fuera de la demarcación judicial del tribunal, será examinada mediante videoconferencia en los términos del recientemente añadido artículo 137 bis, o podrá ser examinada por vía de auxilio judicial, cuando resulte imposible o muy gravosa la comparecencia de la parte por alguna de las siguientes circunstancias:

- Por razón de la distancia.
- Por la dificultad del desplazamiento.
- Por las circunstancias personales de la parte.
- Por cualquier otra causa de análogas características.

A TENER EN CUENTA. El artículo 315 de la LEC dispone que cuando sean parte en un proceso el Estado, una comunidad autónoma, una entidad local, u otro organismo público, y su declaración esté admitida, con anterioridad al juicio o vista, se les remitirá una lista con las preguntas que quiera plantear la parte proponente y que el tribunal declare pertinentes, que deberán ser respondidas por escrito y entregada la respuesta al tribunal antes de la fecha señalada para el mismo. Estas respuestas serán leídas en el acto del juicio o vista, y podrán plantearse preguntas complementarias que el tribunal estime pertinentes y útiles a la representación procesal. Si dicha representación justifica el no poder ofrecer respuesta a las mismas, se podrá proceder de nuevo a enviar interrogatorio por escrito como diligencia final.

La valoración del interrogatorio de las partes

En cuanto a la valoración del interrogatorio de las partes, se establece en el art. 316 la LEC que **serán considerados como ciertos los hechos reconocidos por las partes cuando hayan intervenido personalmente en ellos y su fijación como ciertos les sea perjudicial, siempre y cuando no contradigan el resultado de las demás pruebas**. En lo demás, será el tribunal el que valore las declaraciones de las partes según las reglas de la **sana crítica**.

CUESTIÓN

¿Qué se entiende por «sana crítica»?

El *Diccionario del español jurídico de la RAE* define la sana crítica como un criterio para la valoración de la prueba conforme a un raciocinio lógico. Por su parte, el Tribunal Supremo se ha pronunciado, por ejemplo, en la **STS n.° 484/2011, de 8 de julio, ECLI:ES:TS:2011:4869**, en la que resolviendo un recurso que, entre otros motivos, alegaba infracción de los arts. 316. 2, 334, 348, 376, 382.3 y 384.3 LEC, es decir, artículos de la LEC que aluden a la sana crítica en diversos medios de prueba, nos dice que: *«(...) no establecen criterios legales que obliguen a valorar de acuerdo con determinados parámetros, porque el juez debe efectuarla a su libre arbitrio, siempre que no llegue a resultados absurdos. Pero en ningún caso será arbitrario cuando sea contrario al interés que el recurrente tenía al litigar, porque la tutela judicial efectiva no otorga un derecho a obtener una sentencia favorable»*.

El Alto Tribunal se ha pronunciado en el sentido de entender que la valoración de la prueba, en concreto del interrogatorio de parte, no es motivo de recurso ante el mismo. Así, la **STS n.º 335/2013, de 7 de mayo, ECLI:ES:TS:2013:2615**, en un supuesto en el que uno de los motivos del recurso planteado era la valoración de la prueba documental, interrogatorio de parte y testifical, establece que: «(...) Los motivos que enumera el artículo 469.1 de la Ley de Enjuiciamiento Civil no incluye la revisión de la valoración de la prueba, salvo el caso excepcional en que se alegue el motivo cuarto, infracción del artículo 24 de la Constitución Española cuando se ha dado un error patente en la prueba practicada. Así lo ha manifestado reiteradamente la jurisprudencia (sentencias de 5 mayo del 1011, 24 junio 2011, 27 enero 2012, 4 abril 2012, 16 marzo 2013)».

En el mismo sentido, la **STS n.º 476/2012, de 20 de julio, ECLI:ES:TS:2012:6661**, que señala lo siguiente:

> «Que los errores en la valoración de la prueba no pueden ser denunciados en el recurso extraordinario por infracción procesal por la vía prevista en la norma del ordinal segundo del apartado 1 del artículo 469 de la Ley de Enjuiciamiento Civil —sentencias 198/2010, de 5 de abril, 973/2011, de 10 de enero de 2012, 758/2011, de 27 de octubre, entre otras muchas—, dado que dicho precepto está reservado al examen del cumplimiento de las normas procesales reguladoras de la sentencia y no permite fiscalizar la correcta aplicación de las reglas y principios que deben observarse en la valoración de los distintos medios de prueba. **Esta constituye función soberana y exclusiva de los Tribunales de las instancias, no revisable en este recurso extraordinario, salvo cuando, por ser manifiestamente arbitraria o ilógica, no supere el test de racionabilidad constitucionalmente exigible para entender respetado el derecho a la tutela judicial efectiva** que consagra el artículo 24 de la Constitución Española —caso en el que el recurso debe plantearse al amparo del artículo 469, apartado 1, ordinal cuarto, de la Ley de Enjuiciamiento Civil—».

También la **STS n.º 27/2022, de 18 de enero, ECLI: ES:TS:2022:34**, se pronuncia sobre la valoración de esta prueba, que debe realizarse por los juzgadores de instancia, y siguiendo esta línea recoge que:

> «(...) la parte recurrente discrepa de la conclusión jurídico-sustantiva del tribunal sentenciador sobre el carácter no residencial de la compraventa ofreciendo sus propias conclusiones sobre determinados medios de prueba (documental pública e interrogatorio de parte), **ninguno de los cuales es prueba tasada (pues respecto de los arts. 319.1 y 326.1 LEC se ha declarado, p.ej. en sentencia 351/2021, de 20 de mayo, que la expresión "prueba plena" no significa que el tribunal "no deba valorar el contenido de los documentos de acuerdo con las reglas de la sana crítica y conforme al conjunto de las pruebas aportadas (sentencia 507/2019, de 1 de octubre)"),** obviando que la sentencia recurrida se sustenta en una base fáctica que es fruto de la **valoración conjunta de la prueba.**

En consecuencia, en el planteamiento de los motivos no se respetan los límites de la función revisora de la prueba por esta sala, ya que la jurisprudencia viene declarando constantemente que "no es admisible un motivo que pretenda desarticular la valoración conjunta para que prevalezca un elemento probatorio sobre otros o intente plantear cuestiones que impliquen la total revisión probatoria (sentencia 635/2018, de 16 de noviembre), y menos aún mediante la cita de normas de prueba no tasadas [...]" (sentencia 572/2019, de 4 de noviembre, citada por las posteriores 116/2020, de 19 de febrero, 639/2020, de 25 de noviembre, 681/2020, de 15 de diciembre, y 351/2021, de 20 de mayo)».

2.2. Prueba documental

La prueba documental y la distinción entre documentos públicos y privados

Se puede definir la prueba documental como «Medio probatorio consistente en un escrito o un soporte material en que consten datos fidedignos o susceptibles de ser empleados para demostrar y hacer patente la verdad o falsedad de algo que se alega en una causa» (DEJ RAE).

Como todo medio de prueba, su finalidad es la de acreditar los hechos controvertidos en un procedimiento judicial, y aparece reconocido en el art. 299 de la LEC como parte de los medios de prueba de los que se podrá hacer uso en un juicio.

A la hora de profundizar en este medio de prueba, la LEC realiza una distinción entre los documentos públicos (arts. 317 a 323) y los documentos privados (arts. 324 a 327), para finalizar con las disposiciones comunes a ambos tipos de documentos en los arts. 328 a 334.

A TENER EN CUENTA. El art. 320 de la LEC ha sido modificado por el Real Decreto-ley 6/2023, de 19 de diciembre, por el que se aprueban medidas urgentes para la ejecución del Plan de Recuperación, Transformación y Resiliencia en materia de servicio público de justicia, función pública, régimen local y mecenazgo, con entrada en vigor el 20 de marzo de 2024.

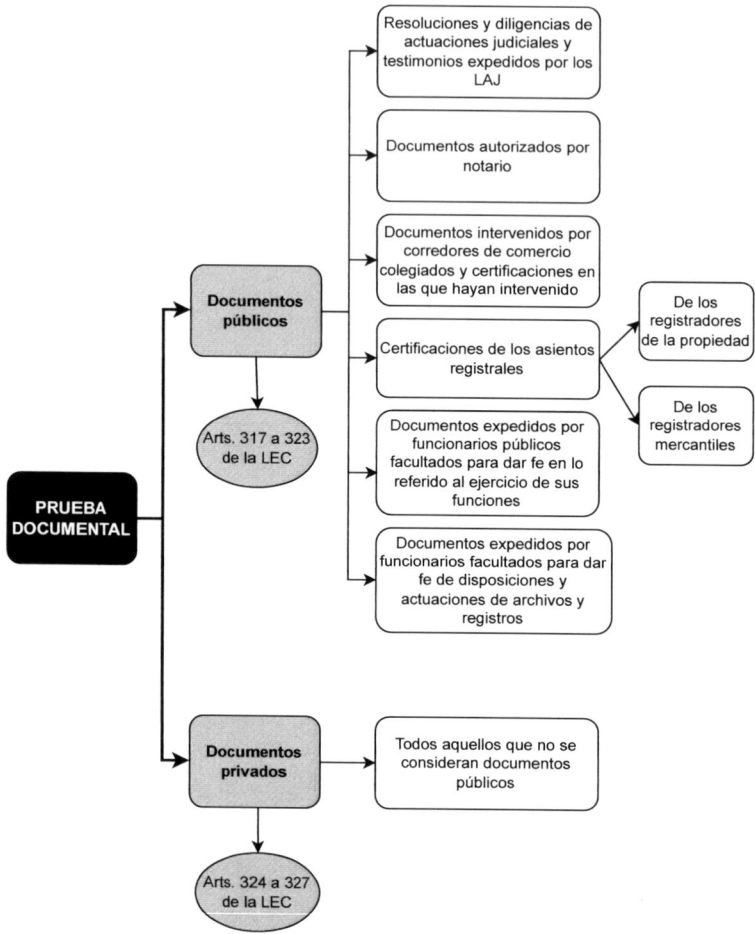

Documentos públicos como medio de prueba en la vía judicial

El artículo 317 de la LEC señala que se consideran documentos públicos a efectos probatorios en el proceso:

«1.º Las resoluciones y diligencias de actuaciones judiciales de toda especie y los testimonios que de las mismas expidan los Letrados de la Administración de Justicia.

2.º Los autorizados por notario con arreglo a derecho.

3.º Los intervenidos por Corredores de Comercio Colegiados y las certificaciones de las operaciones en que hubiesen intervenido, expedidas por ellos con referencia al Libro Registro que deben llevar conforme a derecho.

4.º Las certificaciones que expidan los Registradores de la Propiedad y Mercantiles de los asientos registrales.

5.º Los expedidos por funcionarios públicos legalmente facultados para dar fe en lo que se refiere al ejercicio de sus funciones.

6.° Los que, con referencia a archivos y registros de órganos del Estado, de las Administraciones públicas o de otras entidades de Derecho público, sean expedidos por funcionarios facultados para dar fe de disposiciones y actuaciones de aquellos órganos, Administraciones o entidades».

CUESTIONES

1. ¿Qué alcance tiene el valor probatorio del documento público consistente en una certificación registral?

La STS n.° 541/2017, de 4 de octubre, ECLI:ES:TS:2017:3532, con cita de la STS n.° 556/2011 de 13 de julio, ECLI:ES:TS:2011:4865, responde a esta cuestión entendiendo que *«(...) la fe pública del Registro asegura la existencia y contenido jurídico de los derechos reales inscritos, pero no garantiza la exactitud de los datos de mero hecho relativos a la inscripción de la finca quedando ello sometido al resultado de las pruebas practicadas (...)» y añadiendo que «(...) siguiendo la doctrina de la sala primera del Tribunal Supremo, la fe pública del registro asegura la existencia y contenido jurídico de los derechos reales inscritos, pero no garantiza la exactitud de los datos de mero hecho relativos a la inscripción de la finca quedando ello sometido al resultado de las pruebas practicadas (...)».*

2. ¿Es imprescindible aportar una certificación registral para que pueda probarse alguno de los datos contenidos en los asientos registrales?

No, si bien es cierto que a través de las certificaciones registrales se puede acreditar dicha información, también podría probarse a través de otros medios privados, y así lo reconoce la **sentencia de la Audiencia Provincial de Barcelona n.° 338/2023, de 7 de julio, ECLI:ES:APB:2023:8275**: *«Ciertamente, el documento público acreditativo erga omnes del contenido de los asientos registrales es la certificación que expida el Registrador de la propiedad (art. 317.4° LEC), pero no es menos cierto que todos los documentos que no se·incluyan en la enumeración del artículo 317 se consideran privados y, respecto de estos, aquellos cuya autenticidad no sea impugnada por la parte a quien perjudique, hacen prueba plena en el proceso (arts. 324 y 326.1 LEC)».*

3. ¿Una nota simple del registro de la propiedad tiene carácter de documento público?

No, solo tiene carácter de documento público la certificación expedida por el registrador de la propiedad. En este sentido podemos citar la **sentencia de la Audiencia Provincial de Córdoba n.° 582/2023, de 26 de junio, ECLI:ES:APCO:2023:601**: *«Además, ha de tenerse en cuenta que no encontrándose en ninguno de los casos del artículo 317 de la LEC que llevaría a otorgarle a la Nota Simple carácter de documento público (sólo la tienen las certificaciones expedidas por los Registradores de la Propiedad), como documento privado hará prueba plena en el proceso en los términos del artículo 319 cuando su autenticidad no sea impugnada por la parte que perjudique (artículo 326.1 LEC). De lo que resulta que en ausencia de impugnación de su autenticidad (que no de su valor probatorio, que es el caso) la nota simple hará prueba plena del hecho, acto o estado de cosas que documenten y de la identidad de los fedatarios y demás personas que, en su caso intervengan en ella (artículo 319.1 de la LEC)».*

4. Un atestado policial, ¿se considera documento público en virtud del art. 317.1.5.° de la LEC?

No, tal y como ha dicho la Audiencia Provincial de Valencia en su **sentencia n.° 326/2023, de 24 de julio, ECLI:ES:APV:2023:2264**: *«Es de precisar que el atestado policial no es a efectos del artículo 317 de la Ley Enjuiciamiento Civil un documento público y por ende cae fuera de la regla tasada del artículo 319 de la Ley Enjuicia-*

miento Civil y su autor (policía local, carece de la facultad de dar fe al no estar entre sus funciones) y por tanto dicho documento está sometido a las reglas generales de valoración de la prueba, con independencia de la cualificación profesional de los agentes de policía local, cuyo testimonio está sometido a las reglas de la sana crítica ex artículo 376 de la Ley Enjuiciamiento Civil».

5. ¿Y si estamos ante un documento autorizado por el Servicio de Correos y Telégrafos?

En este caso también se trataría de un documento público, y así lo recoge la **sentencia de la Audiencia Provincial de Barcelona n.º 393/2023, de 6 de julio, ECLI:ES:APB:2023:7309:** *«(...) Y, únicamente son documentos públicos, según los artículos 1216 del Código Civil y 317 de la Ley de Enjuiciamiento Civil, los autorizados por un Notario o empleado público competente, con las solemnidades requeridas por la ley, lo cual incluye no sólo el documento notarial que, según doctrina reiterada (Sentencia del Tribunal Supremo de 13 de diciembre de 2000; RJA 9333/2000) subsiste en la esfera de la verdad y legitima para el tráfico lo en él convenido, dentro de la legalidad, bajo la garantía de la fe pública, por ser el Notario depositario de la fe pública, de acuerdo con el artículo 1 de la Ley del Notariado, sino también los documentos autorizados en el marco de un servicio público como puede ser el Servicio de Correos y Telégrafos».*

Se estipula que los documentos públicos deben aportarse al proceso en original o por copia o certificación fehaciente, admitiendo tanto el soporte papel, como el documento electrónico.

CUESTIÓN

¿Qué ocurre cuando se aporta como prueba el documento mediante una copia simple?

En el supuesto de que se aporte el documento mediante una copia simple, en soporte papel o imagen digitalizada, si no se impugna su autenticidad, tendrá la misma fuerza probatoria que el original.

La ley les atribuye a los documentos públicos la facultad de hacer prueba plena de los siguientes puntos:

- El hecho, acto o estado de cosas que documenten.
- La fecha en la que se produce esa documentación.
- La identidad de los fedatarios y demás personas que, en su caso, intervengan en ella.

CUESTIÓN

Cuando se entiende que un documento hace prueba plena, ¿el tribunal ya no debe entrar el resto de las pruebas?

No, en reiteradas ocasiones el Tribunal Supremo se ha pronunciado en el sentido de entender que *«(...) la expresión "prueba plena" no significa que el tribunal "no deba valorar el contenido de los documentos de acuerdo con las reglas de la sana crítica y conforme al conjunto de las pruebas aportadas (sentencia 507/2019, de 1 de octubre)" (...)»* (STS n.º 27/2022, de 18 de enero, ECLI:ES:TS:2022:34).

Cuando se trate de un documento administrativo, no comprendido en los números 5.º y 6.º del artículo 317, a los que las leyes les atribuyan el carácter de público, tendrá la fuerza probatoria que le reconozca la ley que le atribuyó el citado carácter de público. En su defecto, se tendrán por ciertos los hechos, actos o estados de cosas que consten en los referidos documentos, salvo que se desvirtúen mediante otros medios de prueba.

Podemos citar, en este punto, la **sentencia del Tribunal Supremo n.º 405/2021, de 15 de junio, ECLI:ES:TS:2021:2361**, en la que, analizando un documento público consistente en una escritura notarial de subrogación, señala qué es lo que se puede entender por «hecho» a los efectos del artículo 319.1 de la LEC, y lo hace estableciendo lo siguiente:

> «Conforme a reiterada jurisprudencia, "hecho" es todo lo que abarca la unidad de acto, desde la comparecencia hasta la lectura y suscripción del documento, incluyendo las manifestaciones de los otorgantes, pero sin que respecto a éstas la autenticidad vaya más allá de considerar probado que se han realizado o emitido en presencia del fedatario y sin afectar a su veracidad intrínseca, porque este aspecto excede de la percepción notarial. De tal manera que lo que resulta probado es lo que el fedatario público ve, oye o percibe sensorialmente, pero no la verdad de lo restante, respecto de lo que cabe prueba en contrario o apreciación en conjunto con el resto de la prueba (sentencia 976/2005, de 14 de diciembre, y las que cita).
>
> 2.- Por esta razón, la jurisprudencia de esta sala es unánime al considerar que no cabe aislar una sola prueba para pretender dar por probados los hechos que exceden del ámbito del art. 319.1 LEC, ni tampoco permite a los tribunales valorar los documentos públicos de manera independiente del resto del material probatorio, puesto que no gozan de prevalencia sobre los demás medios de prueba (sentencia 976/2004, de 18 de octubre, y las que en ella se citan). Como declaró la sentencia 919/2011, de 15 de diciembre:
>
> "las normas relativas a la fuerza probatoria de los documentos públicos, que son las que se denuncian como infringidas, no excluyen la necesidad de que los tribunales entre a valorar las declaraciones que en ellos se contienen"».

En consecuencia, en este caso, el Tribunal Supremo considera que a pesar de que la escritura de subrogación contenía una cláusula que limitaba la variabilidad del tipo de interés, esta no era conocida por la parte, sin que esto suponga una infracción del art. 319.1 de la LEC, que «(...) no contiene una regla tasada de valoración probatoria, ni implica supremacía respecto de otros medios probatorios, sino que forma parte de las facultades de los tribunales de instancia apreciar la prueba en su conjunto» y, por tanto, desestima el recurso por infracción procesal.

El artículo 267 de la LEC regula la forma de presentación de los documentos públicos, que podrán presentarse por copia simple, en soporte papel o bien en soporte electrónico a través de imagen digitalizada conforme a la normativa técnica del Comité Técnico Estatal de la Administración Judicial Electrónica sobre imagen electrónica.

La LEC, en sus arts. 267 y 320, establece que cuando se **impugna la autenticidad de un documento público** podrá llevarse a los autos el original, copia o certificación del documento, y para que pueda hacer prueba plena deberá procederse de la siguiente forma:

— Si se trata de copias, certificaciones o testimonios fehacientes se cotejarán o comprobarán con los originales, dondequiera que se encuentren.

- Si se trata de pólizas intervenidas por corredor de comercio colegiado, se comprobarán los asientos de su libro registro.

- Si se trata de documentos electrónicos, se verificará la validez de la firma electrónica.

En estos supuestos, el cotejo o la comprobación con los originales se realizarán por el letrado de la Administración de Justicia en el archivo o local donde se halle el original o matriz, o cuando se trate de documentos públicos en soporte electrónico, el cotejo con los originales se practicará también por el LAJ, pero en la oficina judicial. En los dos casos podrán estar presentes las partes y sus defensores, que serán citados al efecto.

Si se trata de un documento público electrónico, el LAJ deberá comprobar la validez de la firma electrónica, verificándola, en su caso, a través del Código Seguro de Verificación. El art. 320.2 de la LEC también recoge la posibilidad de valerse de la asistencia de un experto que emita informe, de inicio a cargo del impugnante, sin perjuicio de lo que se determine sobre imposición de costas.

CUESTIÓN

¿Quién asume el coste que se genere por el cotejo o comprobación de un documento público?

Se establece en el artículo 320.3 de la LEC que, si del cotejo o comprobación resulta la autenticidad o exactitud de la copia o testimonio impugnado, las costas, gastos y derechos que origine el cotejo o la comprobación serán a cargo exclusivo de quien hubiese formulado la impugnación. Además, recoge la posibilidad del tribunal de imponer una multa, de entre 120 y 600 euros, cuando considere que la impugnación ha sido temeraria.

2.º Las copias ulteriores, libradas por mandato judicial, con citación de los interesados.

3.º Las que, sin mandato judicial, se hubiesen sacado en presencia de los interesados y con su conformidad.

A falta de las copias mencionadas, harán prueba cualesquiera otras que tengan la antigüedad de treinta o más años, siempre que hubiesen sido tomadas del original por el funcionario que lo autorizó u otro encargado de su custodia.

Las copias de menor antigüedad, o que estuviesen autorizadas por funcionario público en quien no concurran las circunstancias mencionadas en el párrafo anterior, sólo servirán como un principio de prueba por escrito.

La fuerza probatoria de las copias de copia será apreciada por los Tribunales según las circunstancias».

Con relación a los **documentos públicos extranjeros**, la LEC considera como documentos públicos, con los efectos probatorios correspondientes, a aquellos que tengan la fuerza probatoria atribuida en función de tratados o convenios internacionales o de leyes especiales. Cuando no sea aplicable ningún tratado o convenio internacional, para poder considerarse documentos públicos deberán reunir dos requisitos:

1. Que en el otorgamiento o en la confección del documento se hayan observado los requisitos exigibles en el país donde se hayan otorgado para que el documento haga prueba plena en juicio.
2. Que contenga la legalización o apostilla y los demás requisitos exigidos para su autenticidad en España.

A TENER EN CUENTA. El testimonio o certificación fehacientes de solo una parte de un documento no hará prueba plena mientras no se complete con las adiciones que solicite el litigante a quien pueda perjudicarle (art. 321 de la LEC). Es decir, *«(...) el art. 321 de la Ley de Enjuiciamiento Civil, invocado por los recurrentes, no hace sino reflejar esa situación en un ámbito concreto como es la prueba en el proceso, propiciando que la parte a quien perjudique el testimonio o certificación fehaciente parcial del documento pida que se complete con las adiciones que estime convenientes, privando al documento de su valor de prueba plena mientras no se complete, al margen del valor probatorio cuando la parte perjudicada no cuestione o plantee la necesidad de que la certificación parcial se complete»* (STS de 7 de julio de 2008, n.º de recurso 77/2007, ECLI:ES:TS:2008:3928).

Documentos privados como medio de prueba en vía judicial

El *Diccionario del español jurídico de la RAE* define el documento privado como aquel documento realizado entre particulares y en cuya elaboración no ha intervenido ningún funcionario público. La LEC los regula en los artículos 324 y siguientes y considera como documentos privados, a efectos probatorios, aquellos que no se encuentren en ninguno de los casos del artículo 317, que es el que contiene el listado de documentos públicos.

Este tipo de documentos se aportarán en original o mediante copia autenticada por fedatario público competente, y se unirán a los autos o se dejará testimonio de ellos, devolviendo los originales o las copias fehacientes si lo solicitaran los interesados. También podrán presentarse mediante imágenes digitalizadas conforme a la normativa técnica del Comité Técnico Estatal de la Administración Judicial Electrónica sobre imagen electrónica y, si se impugnara su autenticidad, podrá llevarse a los autos original, copia o certificación del documento con los requisitos necesarios para que surta sus efectos probatorios.

Cuando la parte que quiere presentar el documento solamente posee copia simple del mismo, podrá presentarla, tanto en papel como mediante imagen digitalizada, y surtirá los mismos efectos que si se tratase del original siempre que no se cuestione por cualquiera de las demás partes la conformidad de dicha copia con el original.

En el caso de que el original del documento se encuentre en un expediente, protocolo, archivo o registro público, podrá presentarse una copia auténtica, o bien, si no se pudiese obtener dicha copia, designar el archivo, protocolo o registro.

La LEC **equipara su fuerza probatoria a la de los documentos públicos siempre y cuando su autenticidad no sea impugnada por la parte a quien perjudiquen,** es decir, harán prueba plena del hecho, acto o estado de cosas que documenten, de la fecha en que se produce esa documentación y de la identidad de las personas que intervengan en los mismos siempre y cuando los mismos no sean impugnados.

CUESTIÓN

La expresión genérica utilizada habitualmente de «se niegan e impugnan expresamente todos los hechos, documentos…», ¿se considera suficiente para entender por impugnado un documento privado y privar de la aplicación del art. 326 de la LEC?

No, tal y como se recoge en la **sentencia de la Audiencia Provincial de Barcelona n.º 408/2023, de 26 de julio, ECLI:ES:APB:2023:9090,** deben alegarse las razones por las que se impugna dicho documento:

«Y tampoco impugnó la autenticidad de la factura ni del requerimiento extrajudicial hecho por CLIMATROL, limitándose a indicar "Se niegan e impugnan expresamente todos los hechos, documentos…". Tal genérica expresión no puede entenderse como impugnación de la autenticidad de los documentos a que alude el art 326 LEC en que se asienta la Sentencia de instancia para estimar la demanda. Dicho precepto exige en su apartado 1º una impugnación expresa de autenticidad " 1. Los documentos privados harán prueba plena en el proceso, en los términos del artículo 319, cuando su autenticidad no sea impugnada por la parte a quien perjudiquen."

Por tanto tal vaguedad impugnatoria, en oposición firmada por letrado, impide tener por impugnada la autenticidad de las facturas. Sobre todo porque al no aportar según debía "razones" al oponerse, no alude ni siquiera a que no se hicieron los trabajos, o a que sean falsas tales facturas, etc., de modo que pudiera enlazarse la expresión "se impugnan" con una impugnación de "autenticidad" del citado art 326.1 LEC».

Sobre esto se ha pronunciado el Tribunal Supremo en su **sentencia n.º 558/2011, de 15 de julio, ECLI:ES:TS:2011:5082,** que realiza un análisis del valor probatorio del documento privado en los siguientes términos:

«Para que un documento privado no sea idóneo para constituir medio de prueba es preciso que sea inauténtico, es decir, no provenga de su autor, de modo que no haya coincidencia entre el autor aparente y el autor real. Cuando un documento privado sea impugnado por la parte contraria a quien lo presentó, que lo estima perjudicial a sus intereses, **a la parte que lo aportó al proceso le incumbe la carga de probar la autenticidad,** lo que no obsta a que la otra parte pueda también intentar acreditar la inautenticidad. Si se demuestra la falta de autenticidad el documento carece de eficacia probatoria y si se acredita que es auténtico es plenamente idóneo para probar "per se". Cuando no se pudiere deducir la autenticidad o no se hubiere propuesto prueba alguna, esto es, no consta que sea auténtico, pero tampoco inauténtico, el tribunal lo valorará conforme a las reglas de la sana crítica. Para acreditar la autenticidad puede utilizarse cualquier medio de prueba e incluso presunciones, en cuyo caso, la naturaleza de la prueba es la propia del medio empleado y no la del documento objeto de prueba».

También la **STS n.º 497/2021, de 9 de junio, ECLI:ES:TS:2021:2274**, que recoge que:

> «(...) Las certificaciones de los impagos incorporadas a las actuaciones no han sido impugnadas en momento alguno por aquéllos. Por ello deben considerarse auténticos. Y conforme señala el art. 326.1 LEC "Los documentos privados harán prueba plena en el proceso, en los términos del artículo 319, cuando su autenticidad no sea impugnada por la parte a quien perjudiquen". Por ello, **hacen prueba plena del hecho, acto o estado de cosas que documenten, salvo que otros medios de prueba desvirtúen la certeza de lo documentado**».

Si se impugna la autenticidad de un documento privado, quien lo presentó podrá solicitar el cotejo pericial de letras o proponer cualquier otro medio de prueba que pueda resultar útil y pertinente al efecto.

> **CUESTIÓN**
>
> **¿A quién le corresponde asumir el coste que puedan suponer los medios de prueba que confirmen la autenticidad de un documento privado cuya autenticidad ha sido cuestionada?**
>
> En estos casos, si del cotejo o de los otros medios de prueba empleados en su caso, se confirmase su autenticidad, serán de cargo de quién los impugnó las costas, gastos y derechos que origine el cotejo. Además, igual que en el caso de los documentos públicos, podrá imponerse una multa que irá de los 120 a los 600 euros, si el tribunal considera que la impugnación ha sido temeraria.

Con relación a la fuerza probatoria de los documentos, podemos citar la **sentencia del Tribunal Supremo n.º 351/2021, de 20 de mayo, ECLI:ES:TS:2021:1994**, que citando la **STS n.º 647/2019, de 28 de noviembre, ECLI:ES:TS:2019:3796**, establece que:

> «(...) la valoración de la prueba documental no está sometida a un sistema tasado. Al contrario, la valoración de los documentos, tanto públicos como privados, debe hacerse en relación con el conjunto de los restantes medios de prueba (sentencias 458/2009, de 30 de junio, 163/2016, de 16 de marzo, y 642/2016, de 26 de octubre), puesto que en nuestro ordenamiento procesal rige el **principio de valoración conjunta de la prueba** (sentencia 356/2016, de 30 de mayo).
> "Una cosa es el valor probatorio de los documentos en cuanto a la autenticidad, fecha o personas que intervinieron, y otra distinta la interpretación acerca del contenido de los documentos (por todas, sentencia 235/2018, de 23 de abril), puesto que **la expresión 'prueba plena' de los arts. 319.1 y 326.1 LEC no significa que el tribunal no deba valorar el contenido de los documentos de acuerdo con las reglas de la sana crítica y conforme al conjunto de las pruebas aportadas** (sentencia 507/2019, de 1 de octubre)"».

Y conviene también citar la **STS n.º 169/2019, de 28 de marzo, ECLI:ES:TS:2019:1360**, que en un procedimiento penal, con relación a unos pantallazos en los que se ven unas conversaciones de Facebook, establece que:

> «En su escrito de conclusiones provisionales, la defensa no solo no impugnó los citados documentos, sino que dio por reproducida toda la documental obrante en las actuaciones. Tampoco efectuó manifestación alguna al respecto en el trámite de cuestiones previas al inicio del juicio oral.
>
> Se trata de fotocopias cuya aportación al proceso se ha realizado en los términos establecidos en el artículo 268.2 de la Ley de Enjuiciamiento Civil, de aplicación supletoria en el proceso penal por disposición del artículo 4 de la Ley de Enjuiciamiento Civil, conforme al cual "Si la parte sólo posee copia simple del documento privado, podrá presentar ésta, ya sea en soporte papel o mediante imagen digitalizada en la forma descrita en el apartado anterior, que surtirá los mismos efectos que el original, siempre que la conformidad de aquélla con éste no sea cuestionada por cualquiera de las demás partes". Y su eficacia probatoria resulta de lo dispuesto en los artículos 324 y siguientes de la Ley de Enjuiciamiento Civil . Por lo que conforme a lo dispuesto en el artículo 326 de la Ley de Enjuiciamiento Civil "harán prueba plena en el proceso, en los términos del artículo 319, cuando su autenticidad no sea impugnada por la parte a quien perjudiquen".
>
> En consecuencia, la documentación comentada constituye prueba lícita y obtenida con las garantías legales, por lo que podía ser valorada en conciencia por el Tribunal junto al resto de la prueba practicada en el acto del juicio oral».

CUESTIÓN

¿Qué ámbito de aplicación tienen las reglas de valoración de la prueba documental?

El Tribunal Supremo en su **STS n.º 803/2023, de 23 de mayo, ECLI:ES:TS:2023:2218**, en un supuesto en el que se cuestiona la valoración realizada tanto de documentos públicos como privados ha recogido que: *«Las reglas de valoración de las pruebas sirven para fijar hechos controvertidos, pero no para fijar los criterios jurídicos que determinan qué hechos son relevantes para la decisión del litigio y qué valoración sustantiva ha de hacerse de los hechos que se consideren relevantes»*.

A TENER EN CUENTA. El artículo 326.3 de la LEC se refiere a la prueba de la autenticidad de los documentos electrónicos en los siguientes términos: «Cuando la parte a quien interese la eficacia de un documento electrónico lo solicite o se impugne su autenticidad, integridad, precisión de fecha y hora u otras características del documento electrónico que un servicio electrónico de confianza no cualificado de los previstos en el Reglamento (UE) 910/2014 del Parlamento Europeo y del Consejo, de 23 de julio de 2014, relativo a la identificación electrónica y los servicios de confianza para las transacciones electrónicas en el mercado interior, permita acreditar, se procederá con arreglo a lo establecido en el apartado 2 del presente artículo y en el Reglamento (UE) n.º 910/2014». Continúa el 326.4 disponiendo que «Si se hubiera utilizado algún servicio de confianza cualificado de los previstos en el Reglamento citado en el apartado anterior, se presumirá que el documento reúne la característica cuestionada y que el servicio de confianza se ha prestado correctamente si figuraba, en el momento relevante a los efectos de la discrepancia, en la lista de confianza de prestadores y servicios cualificados». En este último supuesto, si aun así se impugna el documento electrónico, será quien presente la impugnación quien deba realizar la comprobación, y si esta resulta negativa, serán a su cargo las costas, gastos y derechos que originara la comprobación. Además, el tribunal podrá imponer una multa que oscilará entre los 300 y los 1200 euros, cuando considere que la impugnación fue temeraria.

Disposiciones comunes a documentos públicos y documentos privados (arts. 328 a 334 LEC)

La Ley de Enjuiciamiento Civil contiene una serie de artículos que serían aplicables tanto a los documentos privados como a los públicos.

En primer lugar, analiza la facultad de las partes de solicitar de las demás la exhibición de los documentos que, o bien se refieran al objeto del proceso, o bien a la eficacia de los medios de prueba, y que no se hallen a su disposición. Cuando se proceda a solicitar esta exhibición, deberá acompañarse una copia simple del documento cuando se dispone de la misma, o en caso contrario indicar el contenido del documento de la forma más exacta posible.

> **CUESTIÓN**
>
> **¿Hasta dónde podrá extenderse la solicitud de exhibición cuando se trate de procesos por infracciones de un derecho de propiedad industrial o propiedad intelectual cometida a escala comercial?**
>
> En estos supuestos, la LEC establece que la solicitud de exhibición podrá extenderse, en particular, a los documentos bancarios, financieros, comerciales o aduaneros producidos en un determinado período de tiempo y que se presuman en poder del demandado (art. 328.3 de la LEC).

Recoge la LEC, en su art. 329, que cuando la parte a la que se ha solicitado la exhibición se niegue injustificadamente a cumplir con la misma, el tribunal podrá atribuirle valor probatorio a la copia simple presentada por el solicitante de la exhibición o a la versión que del contenido del documento se hubiese dado. Además, el tribunal, cuando lo considere oportuno por las características de dichos documentos, las restantes pruebas aportadas, el contenido de las pretensiones formuladas por el solicitante y lo alegado para fundamentarlas, podrá formular un requerimiento mediante providencia, para que los documentos cuya exhibición se solicitó, sean aportados al proceso.

La aplicación de este artículo de la Ley de Enjuiciamiento Civil no se encuadra en la aplicación de las reglas de la carga de la prueba, sino en la práctica y valoración de la prueba, puesto que han de determinarse qué hechos pueden tenerse por probados por esa no exhibición de los documentos. En este sentido, la **sentencia del Tribunal Supremo n.º 313/2015, de 21 de mayo, ECLI:ES:TS:2015:2222**, recoge que:

> «El art. 329 de la Ley de Enjuiciamiento Civil permite que en caso de negativa injustificada a la exhibición de documentos prevista en el art. 328 (esto es, que una parte requiera a la otra para que los exhiba), el tribunal, tomando en consideración las restantes pruebas, podrá atribuir valor probatorio a la copia simple presentada por el solicitante de la exhibición o a la versión que del contenido del documento hubiese dado.
>
> Se trata de un precepto legal que permite tener por probados determinados hechos como consecuencia de la práctica de una prueba documental por parte de una de las partes, cuando la parte que tiene en su poder los documentos y es requerida para exhibirlos, no los exhibe. Si el tribunal vulnera dicho precepto, porque no hace uso de esa previsión de una forma injustificada o arbitraria, y debió tener por probados determinados hechos, está infringiendo reglas relativas a la práctica y valoración de la prueba, en cuanto que el modo en que ha determinado el sustrato fáctico de la resolución (esto es, qué considera probado y qué considera no probado) no se ajustará a la normativa legal que lo regula. Pero no está vulnerando las reglas de la carga de la prueba».

La **sentencia del Tribunal Supremo n.º 644/2017, de 24 de noviembre, ECLI:ES:TS:2017:4119**, se pronuncia sobre los requisitos del art. 328 de la LEC y las consecuencias que le atribuye el art. 329, en los siguientes términos:

> «El deber de exhibición documental entre partes, recogido en el art. 328 LEC, es consecuencia directa del principio de buena fe procesal e impone la obligación de las partes de colaborar para la correcta resolución de la controversia. Para que se admita esta prueba, la parte requirente deberá (i) justificar que el documento no se halla a su disposición y la imposibilidad de obtenerlo salvo que medie cooperación de la requerida; (ii) acreditar y justificar que el documento se refiere al objeto del proceso o a la eficacia de los medios de prueba; y (iii) aportar copia del documento o, en su defecto, indicar en los términos más exactos posibles su contenido.
>
> A su vez, el art. 329.1 LEC establece la sanción al deber de exhibición documental, al decir que el tribunal podrá atribuir valor probatorio a la copia simple presentada por el solicitante de la exhibición o a la versión que del contenido del documento hubiese dado».

Es importante tener en cuenta atribuir valor probatorio a la copia simple o a la versión del contenido dada por el solicitante es una facultad del juez, y así lo recoge, por ejemplo, la **sentencia de la Audiencia Provincial de Bizkaia n.º 122/2022, de 30 de marzo, ECLI:ES:APBI:2022:600**, que establece que cuando «(...) nos encontráramos ante una negativa injustificada a su aportación sólo podríamos asumir la versión de los hechos del actor sí fuera lógica, coherente y viniera apoyada por el resto de medios probatorios».

También se recoge en la LEC —art. 330— la posibilidad de **requerir a terceros no litigantes** la exhibición de documentos de su propiedad cuando se den dos requisitos:

– Que lo solicite una de las partes.

– Que el tribunal considere que resulta trascendente para dictar sentencia.

No tendrán la consideración de terceros, a estos efectos, los titulares de la relación jurídica controvertida o de las que sean causa de ella, aunque no sean partes en el juicio.

En estos casos, el tribunal ordenará la comparecencia personal de aquel que tenga en su poder los documentos, y tras oírle, resolverá lo procedente. Esta resolución no será susceptible de recurso, pero la parte interesada podrá repetir su petición en segunda instancia. Sobre esto se pronuncia la **sentencia de la Audiencia Provincial de Girona, n.º 62/2023, de 30 de enero, ECLI:ES:APGI:2023:161**, que realiza el siguiente análisis:

> «La única opción que tenía la demandante era su petición al Juzgador, como así hizo, y el momento correcto es el de la demanda.
>
> Tal petición debe resolverse mediante providencia como así indica el precepto, sin que exija audiencia alguna y sin que la providencia que se dicte sea recurrible, por lo que las alegaciones sobre su intención de recurrirla de haber conocido su contenido carecen de sustento, pues en ningún caso podía hacerlo, pues lo prohíbe la ley.
>
> Evidentemente, como dice el precepto, si se deniega, puede ser reproducida la petición en segunda instancia y si se admite no hay duda de que la parte contraria podría alegar la improcedencia de haber admitido la exhibición del documento, sosteniendo la posibilidad de que la parte demandante podía haber aportado con la demanda el documento. Pero, como ya hemos razonado, ello no era posible».

CUESTIONES

1. ¿Es obligatorio presentar los documentos en la oficina judicial?

No, la LEC establece que cuando estuvieran dispuestos a exhibirlos voluntariamente no se les obligará a presentarlos en la oficina judicial, sino que, cuando lo exijan, será el LAJ el que se desplace a su domicilio para testimoniarlos.

2. ¿Puede la persona que tiene en su poder el documento que debe de exhibirse quedarse con el mismo tras su exhibición?

Cuando la persona que tiene el documento no está dispuesta a desprenderse de él y, por tanto, no puede incorporarse a los autos, puede el exhibente solicitar que el LAJ extienda testimonio en la sede del tribunal o se digitalizará por funcionario competente bajo la fe del LAJ.

3. ¿Pueden negarse a expedir certificaciones o testimonios, así como a exhibir documentos, las dependencias del Estado, comunidades autónomas, provincias, entidades locales, y demás entidades de Derecho público?

Como regla general, las dependencias del Estado, comunidades autónomas, provincias, entidades locales y demás entidades de Derecho público no podrán negarse a expedir las certificaciones y testimonios que sean solicitados por los tribunales ni oponerse a exhibir los documentos que obren en sus dependencias y archivos, salvo que se trate de documentación legalmente declarada o clasificada como de carácter reservado o secreto. Esta norma resulta también aplicable a las entidades y empresas que realicen servicios públicos o estén encargadas de actividades del Estado, cuando no exista un especial deber legal de secreto o reserva.

Además, hay que destacar que el Real Decreto-ley 6/2023, de 19 de diciembre, ha añadido un nuevo art. 268 bis a la LEC, regulando la presentación de documentos por medios electrónicos, y en el mismo se recoge que la presentación de documentos por medios electrónicos, deberá ajustarse a lo que determine la ley que regule el uso de las tecnologías en la Administración de Justicia.

> **A TENER EN CUENTA.** De los artículos 1228 y 1229 del Código Civil se desprende que cuando una parte pretenda valerse del contenido favorable de un documento, tendrá que aceptar también la parte que le perjudique.

2.3. Prueba pericial

Los dictámenes periciales como medios de prueba en la jurisdicción civil

El dictamen pericial aparece definido en el *Diccionario del español jurídico de la RAE* como el informe emitido por expertos en una materia para la que se requieren conocimientos científicos, artísticos, técnicos o prácticos para explicar y valorar hechos relevantes al objeto de la *litis*.

Tal y como se recoge en la **sentencia de la Audiencia Provincial de Girona, n.° 621/2023, de 20 de septiembre, ECLI:ES:APGI:2023:1551**: «(...) debemos recordar que la prueba pericial, regulada en los artículos 335 y ss. LEC, tiene por objeto ilustrar al Juzgador acerca de determinadas materias que, por la especificidad de las mismas, requieren unos conocimientos especializados de los técnicos en tales ámbitos del conocimiento y de los que, como norma general, carece el órgano jurisdiccional (...)».

En este mismo sentido la LEC regula los dictámenes periciales como medio de prueba en los artículos 335 y siguientes, disponiendo que: «Cuando sean necesarios conocimientos científicos, artísticos, técnicos o prácticos para valorar hechos o circunstancias relevantes en el asunto o adquirir certeza sobre ellos, las partes podrán aportar al proceso el dictamen de peritos que posean los conocimientos correspondientes o solicitar, en los casos previstos en esta ley, que se emita dictamen por perito designado por el tribunal».

> **A TENER EN CUENTA.** Los arts. 337.1, 342.3 y 346 de la LEC han sido modificados por el Real Decreto-ley 6/2023, de 19 de diciembre, por el que se aprueban medidas urgentes para la ejecución del Plan de Recuperación, Transformación y Resiliencia en materia de servicio público de justicia, función pública, régimen local y mecenazgo, con entrada en vigor el 20 de marzo de 2024.

Cuando se emita el dictamen, el perito deberá prestar juramento o promesa de los siguientes aspectos:

- De que ha actuado, y actuará, en su caso, con la mayor objetividad posible.

– Que ha tomado en consideración tanto lo que pueda favorecer, como lo que pueda perjudicar a cualquiera de las partes.

– Que conoce las sanciones penales en las que podría incurrir si incumple sus obligaciones como perito.

CUESTIÓN

Un perito que ha intervenido en una mediación o arbitraje, ¿podrá a *posteriori* elaborar dictamen de parte?

La LEC establece que, en estos casos, no se podrá solicitar dictamen a un perito que ya hubiese intervenido en una mediación o arbitraje relacionados con el mismo asunto, salvo acuerdo en contrario de las partes.

El dictamen pericial del que intenten valerse las partes deberá ser aportado por estas, bien en la demanda o bien en la contestación, salvo que se acredite la imposibilidad de aportarlos en ese momento, en cuyo caso, habrá de indicar los dictámenes de los que pretendan valerse, que deberán ser aportados en cuanto se disponga de los mismos, en todo caso 5 días antes de la fecha prevista para la audiencia previa al juicio ordinario o en treinta días desde la presentación de la demanda o de la contestación en el juicio

verbal. Este plazo podrá ser prorrogado por el tribunal cuando así lo exija la naturaleza de la prueba pericial y exista una causa que lo justifique.

También habrán de aportarse con al menos cinco días de antelación a la celebración del juicio o de la vista, los dictámenes periciales cuya necesidad o utilidad derive de las alegaciones realizadas en la contestación a la demanda, o por lo alegado y pretendido en la audiencia previa al juicio.

En ambos casos las partes tendrán que poner de manifiesto si desean que los peritos que han elaborado los dictámenes comparezcan al juicio, indicando si deberán exponer o explicar el dictamen o responder a preguntas, objeciones o propuestas de rectificación o intervenir de cualquier otra forma útil para entender y valorar el dictamen.

CUESTIÓN

¿El beneficiario del derecho a la asistencia jurídica gratuita tiene que asumir el coste del dictamen pericial?

No, en estos casos el beneficiario de la justicia gratuita, en su demanda o contestación, únicamente tendrá que anunciar la intención de valerse de un dictamen pericial, a los efectos de que se proceda a su designación judicial (art. 339.1 de la LEC).

La LEC también regula la posibilidad de que las partes, en su escrito de demanda o de contestación, puedan solicitar la designación judicial de un perito cuando lo consideren conveniente a sus intereses. El tribunal procederá a la designación en el plazo de 5 días desde la presentación de la contestación de la demanda, y la parte que lo solicitó será la que deba asumir el coste del mismo, sin perjuicio de lo que pudiera acordarse en materia de costas. Cuando ambas partes solicitasen la designación judicial de perito, el tribunal podrá designar un único perito, si las partes están conformes, y se asumirían los costes por mitad.

No podrá solicitarse informe pericial elaborado por perito designado judicialmente con posterioridad a la demanda o a la contestación, salvo que el mismo se refiera a alegaciones o pretensiones no contenidas en la demanda. Cuando se trate de un juicio ordinario, si, como consecuencia de las alegaciones o pretensiones complementarias permitidas en la audiencia, las partes solicitasen la designación por el tribunal de un perito que dictamine, lo acordará éste así, siempre que considere pertinente y útil el dictamen. En el caso del juicio verbal, cuando las partes solicitasen la designación del perito en la vista, el tribunal, si lo considera pertinente y útil interrumpirá la vista hasta que se realice el dictamen.

> **A TENER EN CUENTA.** En los procesos sobre declaración o impugnación de la filiación, paternidad y maternidad, sobre la capacidad de las personas o en procesos matrimoniales, el tribunal podrá designar perito de oficio cuando la pericia sea pertinente.

En cuanto a los **requisitos que deben de reunir los peritos**, la LEC establece que deberán estar en posesión del título oficial que corresponda a la materia objeto de dictamen y a la naturaleza de este. Cuando la materia no se encuentre incluida en ningún título profesional oficial, deberá nombrarse a una persona entendida en la materia. Podrá solicitarse el dictamen a alguna academia o institución cultural y científica que se dediquen al estudio de las materias objeto de la pericia, así como personas jurídicas habilitadas para ello.

CUESTIONES

1. ¿Cómo se realiza la designación judicial del perito?

El art. 341 de la LEC regula el procedimiento para la designación judicial de perito, disponiendo que:

«1. En el mes de enero de cada año se interesará de los distintos Colegios profesionales o, en su defecto, de entidades análogas, así como de las Academias e instituciones culturales y científicas a que se refiere el apartado segundo del artículo anterior el envío de una lista de colegiados o asociados dispuestos a actuar como peritos. La primera designación de cada lista se efectuará por sorteo realizado en presencia del Letrado de la Administración de Justicia, y a partir de ella se efectuarán las siguientes designaciones por orden correlativo.

2. Cuando haya de designarse perito a persona sin título oficial, práctica o entendida en la materia, previa citación de las partes, se realizará la designación por el procedimiento establecido en el apartado anterior, usándose para ello una lista de personas que cada año se solicitará de sindicatos, asociaciones y entidades apropiadas, y que deberá estar integrada por al menos cinco de aquellas personas. Si, por razón de la singularidad de la materia de dictamen, únicamente se dispusiera del nombre de una persona entendida o práctica, se recabará de las partes su consentimiento y sólo si todas lo otorgan se designará perito a esa persona».

2. ¿Debe aceptar el cargo el perito designado judicialmente?

Sí, y así se establece en el art. 342 de la LEC. El mismo día de la designación, o al siguiente hábil el LAJ le comunicará al perito su designación, y le requerirá para que acepte el cargo en el plazo de dos días. Si lo acepta se realiza el nombramiento y el perito realizará los juramentos o promesas oportunas. Si el perito alega justa causa para no aceptar la designación y el LAJ la considerase suficiente, se designará al siguiente de la lista.

3. ¿El perito designado judicialmente podría solicitar una provisión de fondos?

Sí, la LEC le faculta a solicitar la provisión de fondos que considere necesaria, a cuenta de la liquidación final, en los tres días siguientes a su nombramiento nombramiento, y, a partir del 20 de marzo de 2024, con presentación de un presupuesto de lo que sería su futura factura. Será el LAJ el que decida sobre la misma mediante decreto.

4. ¿Qué plazo tienen los solicitantes para realizar el pago de la provisión de fondos?

Cuando la parte o partes proponentes no tuviesen derecho a la asistencia jurídica gratuita deberán proceder al abono de la cantidad fijada como provisión en la cuenta de depósitos y consignaciones del tribunal en el plazo de 5 días.

5. ¿Qué consecuencias tiene el no abonar la provisión en el plazo establecido?

En el caso de que no se deposite la cantidad establecida el perito quedará eximido de emitir el dictamen y no podrá designarse a un nuevo perito. Si el perito hubiese sido designado por acuerdo de las partes, y uno de los litigantes no consignase su parte, el LAJ le dará a la otra parte la posibilidad de completar la cantidad que falta, pudiendo en este caso indicar los puntos sobre los que deba pronunciarse el dictamen, o bien recuperar la cantidad depositada, quedando en este caso el perito exento de emitir el dictamen.

6. ¿Cuándo puede el perito presentar su factura?

El perito puede presentar su factura o minuta de honorarios una vez terminada la práctica de la prueba pericial, y se le dará la tramitación prevista en cuanto a las impugnaciones de tasaciones de costas por honorarios excesivos que proceda, y firme que sea la resolución que recaiga se procederá a su pago.

El artículo 343 de la LEC regula la **tacha de los peritos**, diferenciando esta figura de la de la recusación. Se establece que solamente podrán ser objeto de recusación los peritos designados judicialmente. Cuando no pueda recusarse un perito, podrá ser objeto de tacha si concurre alguna de las siguientes circunstancias:

«1.º Ser cónyuge o pariente por consanguinidad o afinidad, dentro del cuarto grado civil de una de las partes o de sus abogados o procuradores.

2.º Tener interés directo o indirecto en el asunto o en otro semejante.

3.º Estar o haber estado en situación de dependencia o de comunidad o contraposición de intereses con alguna de las partes o con sus abogados o procuradores.

4.º Amistad íntima o enemistad con cualquiera de las partes o sus procuradores o abogados.

5.º Cualquier otra circunstancia, debidamente acreditada, que les haga desmerecer en el concepto profesional».

CUESTIONES

1. ¿Cuándo puede formularse una tacha?

La tacha de un perito no puede realizarse después del juicio o de la vista en los juicios verbales. En los juicios ordinarios podrán proponerse las tachas en la audiencia previa al juicio.

2. ¿Puede la parte interesada contradecir la tacha?

Sí, cualquier parte interesada podrá dirigirse al tribunal a fin de negar o contradecir la tacha, y aportar los documentos que considere pertinentes a tal efecto. Cuando la tacha menoscabe la consideración profesional o personal del perito, este podrá solicitar al tribunal que, mediante providencia al final del proceso, declare que la tacha carece de fundamento (art. 344.1 de la LEC).

Tanto la tacha, como en su caso la negación o contradicción de la misma, serán tenidas en cuenta por el tribunal a la hora de valorar la prueba. Cabe citar aquí la **sentencia de la Audiencia Provincial de Ourense, n.º 202/2023, de 27 de marzo, ECLI:ES:APOU:2023:209**, que sobre la valoración de la tacha dice que:

«A mayores, aun admitiendo la posibilidad de existencia de causa de tacha o que la misma pudiera ser tenida en cuenta al haberse presentado en plazo, no debemos obviar debe tenerse en cuenta al respecto que incluso ante un testigo o perito tachados, la valoración por el Tribunal de su declaración o dictamen es perfectamente posible para fundamentar la acogida de la pretensión de quien los propuso, si bien teniendo en consideración la tacha y su eventual negación o contradicción (art. 344.2 de la Lec.) y de acuerdo con las reglas de la sana crítica (arts. 376 y 378 de la Lec.)».

Además, la LEC también le otorga al tribunal la facultad de apreciar temeridad o deslealtad procesal en la tacha, atendiendo a su motivación y al tiempo en el que se formuló, y en estos casos podrá imponerse al responsable una multa de 60 a 600 euros, previa audiencia.

La LEC permite que cuando la realización del dictamen requiera algún reconocimiento de lugares, objetos o personas o la realización de operaciones análogas, las partes y sus respectivas defensas puedan presenciar los mismos, si no se impide o estorba la labor del perito, ni se influye en la imparcialidad del dictamen. Cuando una parte solicita hacer uso de esta posibilidad, el tribunal decidirá al respecto, y para el caso de que la admita dará orden al perito de avisar directamente a las partes del día, hora y lugar en el que se realizarán las operaciones, con una antelación mínima de 48 horas. En este sentido la **Audiencia Provincial de Palencia, en su sentencia n.º 108/2023, de 27 de junio, ECLI:ES:APP:2023:241**, establece con respecto a esta posibilidad de las partes que: «(...) la ley procesal deja en manos del juez o tribunal que haya acordado la práctica de la prueba pericial poder autorizar o negar la presencia de las partes en el reconocimiento del lugar de objeto litigioso, que es lo que en el presente caso ha hecho. Lógicamente tal decisión debe estar motivada, pero que en el caso ante el acuerdo judicial para negar la presencia de las partes no se hizo objeción alguna».

El perito designado judicialmente deberá emitir su dictamen por escrito y hacerlo llegar al tribunal en el plazo establecido. El LAJ dará traslado del mismo a las partes a efectos de que estas puedan valorar la necesidad de que el perito concurra al juicio o vista para realizar las oportunas aclaraciones o explicaciones. También el propio tribunal podrá considerar necesaria la presencia del perito para comprender y valorar mejor el dictamen.

Tras la reforma llevada a cabo por el Real Decreto-ley 6/2023, de 19 de diciembre, cuando el perito que deba intervenir en el juicio resida fuera de la demarcación judicial del tribunal, la declaración se hará preferentemente a través de videoconferencia.

Las partes podrán solicitar la intervención de los peritos en el juicio o en la vista, en concreto, el art. 347 de la LEC recoge que las partes y sus defensores podrán pedir:

- La exposición completa del dictamen, cuando esta requiera de realizar otras operaciones, complementarias del escrito aportado, mediante el empleo de los documentos, materiales y otros elementos adecuados para exponer el parecer del perito sobre lo que haya sido objeto de la pericia.
- La explicación del dictamen o de alguno de sus puntos cuando el significado del mismo no se considerase suficiente a efectos de prueba.
- La respuesta a preguntas y objeciones sobre el método, las premisas, las conclusiones y otros aspectos del dictamen.
- La respuesta a solicitudes de ampliación del dictamen a otros puntos conexos, por si pudiera llevarse a cabo en el mismo acto, y con la finalidad, en cualquier caso, de conocer la opinión del perito sobre la posibilidad y la utilidad de la ampliación, así como también del plazo que sería necesario para hacerla.
- La crítica del dictamen de que se trate por el perito de la parte contraria.
- La formulación de las tachas que le pudiesen afectar al perito.

Solamente podrá denegarse por parte del tribunal la solicitud de intervención del perito en dos casos:

- Cuando por su finalidad y contenido se estimen impertinentes o inútiles.
- Cuando exista un deber de confidencialidad derivado de la intervención del perito en un procedimiento de mediación anterior entre las partes.

CUESTIÓN

¿Puede el tribunal solicitar de oficio una ampliación del informe pericial?

La LEC establece que si bien el tribunal también puede formular preguntas a los peritos y requerirles explicaciones, no podrá acordar de oficio que se amplíe el dictamen salvo que se trate de peritos designados de oficio, en los casos recogidos en el art. 339.5 de la LEC (aquellos en los que se hubiera designado al perito de oficio por considerar que la pericia era pertinente en procesos sobre declaración o impugnación de la filiación, paternidad y maternidad, sobre la capacidad de las personas o en procesos matrimoniales).

Resulta interesante traer a colación en este punto la **sentencia de la Audiencia Provincial de Barcelona, n.º 553/2022, de 10 de octubre, ECLI:ES:APB:2022:10786**, que se pronuncia sobre la intervención de los peritos en el juicio o vista: «(...) Al respecto debe indicarse que la práctica de la prueba pericial no se concluye con la mera aportación del dictamen y la simple ratificación de su contenido, pues difícilmente un perito va a negarse a ratificar un informe elaborado por él. De ahí que en el acto del juicio a los peritos se les puede pedir que efectúen aclaraciones respecto de su dictamen, las precisiones sobre aspectos del mismo, la comparación de su dictamen con el dictamen de la otra parte, si lo hubiere, la posibilidad de examinar las conclusiones de los informes de otros peritos, etc. (...)». Añadiendo que «(...) en el acto del juicio el Juez debe permitir a las partes que efectúen las aclaraciones que se consideren necesarias, que pidan una exposición completa del dictamen emitido, la explicación de los puntos, especialmente como han obtenido sus conclusiones; los métodos de peritaje empleados por los peritos, así como cuantas se deriven en dicho acto procesal (...)».

|| La valoración de los dictámenes periciales

A la hora de regular la **valoración del dictamen pericial**, la LEC nuevamente se refiere a la **sana crítica**, afirmando que: «El tribunal valorará los dictámenes periciales según las reglas de la sana crítica».

El Tribunal Supremo se ha pronunciado en numerosas ocasiones sobre la valoración de los dictámenes periciales, por ejemplo, en el reciente **auto del Tribunal Supremo, rec. 3462/2021, de 28 de junio de 2023, ECLI:ES:TS:2023:8954A**, que recuerda la doctrina de la sala y mentando distintas sentencias recoge los **aspectos que deben de ser tenidos en cuenta a la hora de valorar los informes periciales:**

«(...) En nuestro sistema procesal, como es sabido, viene siendo tradicional sujetar la valoración de prueba pericial a las reglas de la sana crítica. El artículo 632 de la LEC anterior establecía que los jueces y tribunales valorasen la prueba pericial según las reglas de la sana crítica, sin estar obligados a someterse al dictamen de peritos, y la nueva LEC, en su artículo 348 de un modo incluso más escueto, se limita a prescribir que el Tribunal valorará los dictámenes periciales según las reglas de la sana crítica, no cambiando, por tanto, los criterios de valoración respecto a la LEC anterior.

"Aplicando estas reglas, el Tribunal, al valorar la prueba por medio de dictamen de peritos, deberá ponderar, entre otras cosas, las siguientes cuestiones:

" 1°.-Los **razonamientos que contengan los dictámenes y los que se hayan vertido en el acto del juicio o vista** en el interrogatorio de los peritos, pudiendo no aceptar el resultado de un dictamen o aceptarlo, o incluso aceptar el resultado de un dictamen por estar mejor fundamentado que otro: STS 10 de febrero de 1.994. "

2°.-Deberá también tener en cuenta el tribunal **las conclusiones conformes y mayoritarias** que resulten tanto de los dictámenes emitidos por peritos designados por las partes como de los dictámenes emitidos por peritos designados por el Tribunal, motivando su decisión cuando no esté de acuerdo con las conclusiones mayoritarias de los dictámenes: STS 4 de diciembre de 1.989. "

3°.-Otro factor a ponderar por el Tribunal deberá ser **el examen de las operaciones periciales que se hayan llevado a cabo** por los peritos que hayan intervenido en el proceso, **los medios o instrumentos empleados y los datos en los que se sustenten sus dictámenes**: STS 28 de enero de 1.995. "

4°-También deberá ponderar el tribunal, al valorar los dictámenes, **la competencia profesional de los peritos** que los hayan emitido así como todas las circunstancias que hagan presumir su objetividad, lo que le puede llevar en el sistema de la nueva LEC a que dé más crédito a los dictámenes de los peritos designados por el tribunal que a los aportados por las partes: STS 31 de marzo de 1.997».

También ha analizado el Tribunal Supremo aquellos supuestos en los que se entendería que se han vulnerado las reglas de la sana crítica al valorar un dictamen pericial, y en este sentido podemos citar, por ejemplo, la **STS n.° 471/2018, de 19 de julio, ECLI:ES:TS:2018:2848**, o el **ATS rec. 7024/2020, de 26 de abril del 2023, ECLI:ES:TS:2023:4939A**:

«La jurisprudencia entiende que en la valoración de la prueba por medio de dictamen de peritos **se vulneran las reglas de la sana crítica**:

"1°.-Cuando **no consta en la sentencia valoración alguna en torno al resultado del dictamen pericial** STS 17 de junio de 1.996.

" 2°.-Cuando **se prescinde del contenido del dictamen**, omitiendo datos, alterándolo, deduciendo del mismo conclusiones distintas, valorándolo incoherentemente, etc. STS 20 de mayo de 1.996.

" 3°.-Cuando, **sin haberse producido en el proceso dictámenes contradictorios, el tribunal en base a los mismos, llega a conclusiones distintas de las de los dictámenes**: STS 7 de enero de 1.991.

"4°. Cuando los razonamientos del tribunal en torno a los dictámenes **atenten contra la lógica y la racionalidad; o sean arbitrarios, incoherentes y contradictorios o lleven al absurdo.**

"5°. Cuando los razonamientos del tribunal en torno a los dictámenes **atenten contra la lógica y la racionalidad**: STS 11 de abril de 1.998.

"6°.- Cuando los razonamientos del Tribunal en torno a los dictámenes **sean arbitrarios, incoherentes y contradictorios**: STS 13 de julio de 1995.

"7° .Cuando los razonamientos del tribunal en torno a los dictámenes **lleven al absurdo**: STS 15 de julio de 1.988.

" Así, en conclusión, las partes, en virtud del principio dispositivo y de rogación, pueden aportar prueba pertinente, siendo su valoración competencia de los Tribunales, sin que sea lícito tratar de imponerla a los juzgadores. Por lo que se refiere al recurso de apelación debe tenerse en cuenta el citado principio de que el juzgador que recibe prueba puede valorarla aunque nunca de manera arbitraria. "».

En resumen, tal y como recoge la **sentencia de la Audiencia Provincial de Valencia n.° 354/2023, de 5 de septiembre, ECLI:ES:APV:2023:2459**:

«(...) la prueba pericial, se ha de valorar según las reglas de la sana crítica (artículo 348 de la Ley de Enjuiciamiento Civil de 2000), es decir, tomando en cuenta su ajuste a la realidad del pleito y sus peticiones, la relación entre el resultado de esa pericial y los demás medios probatorios obrantes en autos, sin estar obligado a sujetarse a la misma, y sin que se permita la impugnación casacional por esta valoración a menos que la misma sea contraria, en sus conclusiones, a la racionalidad y se conculquen las más elementales directrices de la lógica (entre otras, SSTS de 13 de febrero de 1990EDJ 1990/1415 y 29 de enero de 1991 EDJ 1991/802, 11 de octubre de 1994 EDJ 1994/7987 y 1 de marzo de 2004 EDJ 2004/7010».

A TENER EN CUENTA. La LEC dedica los artículos 349 y siguientes a analizar el peritaje consistente en el cotejo de letras, que se llevará a cabo cuando la autenticidad de un documento privado se niegue o se ponga en duda por la parte a quién perjudique, o en el caso de documentos públicos cuando carezcan de matriz y de copias fehacientes, y no sea posible el reconocimiento por el funcionario que lo hubiese expedido o por quien aparezca como fedatario.

Especial referencia a la pericial informática

Cuando hablamos de periciales informáticas nos referimos a un informe pericial emitido por un perito informático en el que se realiza un estudio sobre alguna circunstancia relevante y relacionada con el objeto del proceso, empleando los conocimientos técnicos o científicos propios del ámbito de la ingeniería informática.

CUESTIÓN

¿Qué se entiende por perito informático?

El perito informático sería el profesional con conocimientos, habilidad y práctica en el ámbito de la ingeniería informática que auxilia al juzgador en la valoración de las pruebas digitales. En atención a lo recogido en los artículos 340.1 de la LEC («Los peritos deberán poseer el título oficial que corresponda a la materia objeto del dictamen y a la naturaleza de éste. Si se tratare de materias que no estén comprendidas en títulos profesionales oficiales, habrán de ser nombrados entre personas entendidas en aquellas materias»), e incluso el artículo 458 de la LECrim («El Juez se valdrá de peritos titulares con preferencia a los que no tuviesen título»), para ejercer como perito informático oficial, es necesario contar con la titulación oficial universitaria de ingeniería técnica informática o titulación homologable.

Pueden referirse a temas tan diversos como la verificación de correos electrónicos, el análisis de un ordenador y su contenido, análisis de supuestos de suplantación de identidad o *phishing*, o la verificación de la autenticidad de archivos audiovisuales entre otros. El ámbito de este tipo de periciales en los procesos judiciales no deja de aumentar, ya que cada vez es más habitual que se empleen medios de prueba susceptibles de ser analizados en estas periciales como por ejemplo conversaciones mantenidas a través de sistemas de mensajería instantánea tipo WhatsApp, historiales de navegación en Internet, páginas web, discos duros y memorias USB, datos GPS, etc.

Es importante resaltar que en los supuestos en los que se impugna una prueba digital y no se realice una pericial informática, el tribunal puede entrar a valorar dicho documento según las reglas de la sana crítica, tal y como se recoge en el artículo 326.2 de la LEC que en su inciso final establece que:

«Cuando no se pudiere deducir su autenticidad o no se hubiere propuesto prueba alguna, el tribunal lo valorará conforme a las reglas de la sana crítica».

En este sentido, se ha pronunciado, entre otras, la **sentencia de la Audiencia Provincial de Asturias n.º 1/2019, de 10 de enero, ECLI:ES:APO:2019:16**, que establece, con relación a unos correos electrónicos no firmados electrónicamente, respecto de los cuales no se ha presentado pericial informática alguna, deben aplicarse las reglas generales de valoración conforme a las reglas de la sana crítica:

> «(...) de manera que **la ausencia de un informe pericial informático tendente a comprobar la autenticidad y efectiva procedencia de un correo electrónico impreso en papel no determina, por sí solo, que se prive de todo valor probatorio al documento privado impugnado**, según se deriva de la doctrina jurisprudencial sobre la materia, señalando al respecto la sentencia del Tribunal Supremo de 15 de julio de 2011 que "... para que un documento privado no sea idóneo para constituir medio de prueba es preciso que sea inauténtico, es decir, no provenga de su autor, de modo que no haya coincidencia entre el autor aparente y el autor real. Cuando un documento privado sea impugnado por la parte contraria a quien lo presentó, que lo estima perjudicial a sus intereses, a la parte que lo aportó al proceso le incumbe la carga de probar la autenticidad, lo que no obsta a que la otra parte pueda también intentar acreditar la inautenticidad. Si se demuestra la falta de autenticidad el documento carece de eficacia probatoria y si se acredita que es auténtico es plenamente idóneo para probar *"per se"*. **Cuando no se pudiere deducir la autenticidad o no se hubiere propuesto prueba alguna, esto es, no consta que sea auténtico, pero tampoco inauténtico, el tribunal lo valorará conforme a las reglas de la sana crítica.** Para acreditar la autenticidad puede utilizarse cualquier medio de prueba e incluso presunciones, en cuyo caso, la naturaleza de la prueba es la propia del medio empleado y no la del documento objeto de prueba"».

2.4. Reconocimiento judicial

El reconocimiento judicial como medio de prueba en vía judicial

El reconocimiento judicial según se establece por la RAE sería un «medio de prueba que consiste en el examen personal del juez, de algún lugar, objeto o persona, cuando para el esclarecimiento y apreciación de los hechos resulte necesario o conveniente, y al que podrán comparecer a instancia de la parte interesada personas técnicas o prácticas en la materia, peritos o testigos».

La LEC regula este medio de prueba en los artículos que van desde el 353 al 359. El tribunal podrá examinar por sí mismo algún lugar, objeto o persona, cuando lo considere necesario o conveniente para el esclarecimiento y apreciación de los hechos, es decir, es el propio órgano juzgador personalmente el que percibe la prueba.

Tal y como se recoge en la **sentencia de la Audiencia Provincial de Salamanca, n.º 370/2023, de 30 de junio, ECLI:ES:APSA:2023:465**:«El elemento esencial de la prueba de reconocimiento es la percepción sensorial directa del juez de cualquier información útil al proceso, que proporcionan determinados lugares, cosas o personas».

La parte que solicite el reconocimiento judicial debe indicar los extremos principales sobre los que quiere que este se refiera, y si pretende concurrir al mismo con alguna persona técnica o práctica en la materia. La contraparte también podrá proponer otros extremos que le interesen, y manifestar si asistirá también con alguna persona técnica o práctica en la materia. Las partes, sus procuradores o sus abogados podrán concurrir al reconocimiento judicial y de palabra realizar las observaciones que estimen oportunas. Cuando el tribunal considere conveniente oírlas les recibirá previamente juramento o promesa de decir la verdad.

CUESTIÓN

Cuando no se permite la entrada al lugar en el que ha de realizarse el reconocimiento, ¿qué puede hacer el tribunal?

La LEC establece en el artículo 354.1 que: «*El tribunal podrá acordar cualesquiera medidas que sean necesarias para lograr la efectividad del reconocimiento, incluida la de ordenar la entrada en el lugar que deba reconocerse o en que se halle el objeto o la persona que se deba reconocer*».

Cuando el reconocimiento judicial se refiera a una persona, el tribunal realizará un interrogatorio a la misma, que deberá adaptarse a las necesidades del caso concreto, y podrá celebrarse a puerta cerrada o fuera de la sede del tribunal si este lo considera oportuno. Podrán intervenir las partes si el tribunal no lo considera perturbador para el buen fin de la diligencia.

El art. 355.2 de la LEC dispone que en el caso de reconocimiento judicial de personas deberán respetarse la dignidad e intimidad de la persona.

Se recoge, en la LEC, la posibilidad de que el reconocimiento judicial y el pericial, cuando se realicen sobre el mismo lugar, objeto o persona, puedan realizarse conjuntamente en un mismo acto.

También existe la posibilidad de que la parte pueda solicitar al tribunal que el interrogatorio de la parte contraria o de los testigos se lleve a cabo acto continuo al reconocimiento judicial, cuando la vista del lugar o de las cosas o personas pueda contribuir a la claridad de su testimonio (art. 357 de la LEC).

El letrado de la Administración de Justicia deberá levantar acta detallada del reconocimiento judicial, consignando en la misma:

- Las percepciones y apreciaciones del tribunal.
- Las observaciones hechas por las partes, sus procuradores y sus abogados.
- El resultado de las demás actuaciones de prueba que se hubieran practicado en el mismo acto del reconocimiento judicial.

Tal y como se recoge en el art. 358 de la LEC, tras la reforma llevada a cabo por el RD-ley 6/2023, de 19 de diciembre, no será necesario levantar este acta cuando se cuente con los medios tecnológicos necesarios, y el LAJ garantice la autenticidad e integridad de lo grabado o reproducido mediante la utilización de la firma electrónica u otro sistema de seguridad que conforme a la ley ofrezca tales garantías.

En cuanto al empleo de medios técnicos de constancia del reconocimiento judicial, el artículo 359 de la LEC dispone que:

«Se utilizarán medios de grabación de imagen y sonido u otros instrumentos semejantes para dejar constancia de lo que sea objeto de reconocimiento judicial y de las manifestaciones de quienes intervengan en él.

Siempre que sea posible, se garantizará la autenticidad e integridad de lo grabado o reproducido mediante la utilización de la firma electrónica u otro sistema de seguridad.

Si no se pudiere garantizar la autenticidad e integridad de lo grabado o reproducido mediante la utilización de la firma electrónica u otro sistema de seguridad, se confeccionará acta escrita y se consignará en ella cuanto sea necesario para la identificación de las grabaciones, reproducciones o exámenes llevados a cabo, que habrán de incorporarse al expediente judicial electrónico, o en su defecto, conservarse por el letrado o letrada de la Administración de Justicia, de modo que no sufran alteraciones.

Cuando sea posible la copia, con garantías de autenticidad, de lo grabado o reproducido por los antedichos medios o instrumentos, la parte a quien interese, a su costa, podrá pedirla y obtenerla del tribunal».

A TENER EN CUENTA. El art. 359 de la LEC ha sido modificado por el Real Decreto-ley 6/2023, de 19 de diciembre, con entrada en vigor el 20 de marzo de 2024.

Con relación a los requisitos que debe reunir el acta levantada del reconocimiento judicial podemos citar la **sentencia de la Audiencia Provincial de Navarra n.º 190/2023, de 3 de marzo, ECLI:ES:APNA:2023:462**, que a la hora de valorar la validez de la misma es importante tener en cuenta si se realizaron o no denuncia de las irregularidades al momento de levantarse la misma:

«Se insiste en el recurso también como motivos de oposición al contenido de la sentencia en lo que se considera incorrecta realización del reconocimiento judicial, por no dejarse constancia en el acta levantada ni de las apreciaciones del juez ni las declaraciones de letrados ni peritos. En todo caso, en relación con la prueba del reconocimiento judicial y más concretamente con el contenido del Acta levantada, entendemos que ninguna infracción se ha producido del art 353 y siguientes de la LEC, añadiendo que **si bien es cierto que el contenido del acta no refleja con la claridad que se pudiera esperar todo lo acontecido durante la realización de la prueba, es un hecho relevante que no consta denuncia alguna de la parte al tiempo de levantarse la misma**».

CUESTIÓN

En materia de diseño, ¿puede considerarse reconocimiento judicial el hecho de que el tribunal lleve a cabo una confrontación de los distintos objetos o productos?

El Tribunal Supremo se ha pronunciado sobre esta cuestión en la **STS n.º 537/2020, de 16 de octubre, ECLI:ES:TS:2020:3329**, en la que en un juicio que versaba sobre la impresión general ofrecida por el aspecto formal de dos planchas de asar, consideró imprescindible que el tribunal confronte los distintos objetos en relación con el diseño protegido, sin que eso pueda considerarse un reconocimiento judicial:

«Esta percepción sensorial por parte del tribunal de los elementos configuradores o distintivos de las marcas o los diseños en conflicto no supone que practique una prueba de reconocimiento judicial, en los términos previstos en los arts. 353 a 359 LEC, sino que se trata de una valoración jurídica a partir de los elementos fácticos de los que dispone el tribunal».

2.5. Prueba testifical

El interrogatorio de testigos como medio de prueba en el proceso civil

El interrogatorio de los testigos puede definirse como el: «Medio de prueba que consiste en la formulación de preguntas a las personas, distintas de las partes, que tengan noticia de los hechos objeto del procedimiento» (Diccionario del español jurídico de la RAE).

La Ley de Enjuiciamiento Civil dedica los artículos 360 a 381 a regular este medio de prueba consistente en la proposición de las partes para que declaren como testigos las personas que tengan noticia de hechos controvertidos sobre los que verse el juicio.

A TENER EN CUENTA. Los arts. 364 y 374 de la LEC ha sido modificado por el Real Decreto-ley 6/2023, de 19 de diciembre, con entrada en vigor el 20 de marzo de 2024.

CUESTIONES

1. ¿Quiénes pueden declarar como testigos?

Puede ser testigo cualquier persona que tenga conocimiento de hechos relativos al objeto del juicio, salvo las que se encuentren permanentemente privadas de razón o del uso de sentidos cuando se trate de hechos que únicamente pueda conocer por dichos sentidos. En el caso de menores de 14 años, podrán declarar cuando tengan el discernimiento necesario para conocer y para declarar verazmente a juicio del tribunal.

2. ¿Existe un número máximo de testigos para un juicio?

No, las partes pueden proponer cuantos testigos consideren convenientes, si bien el tribunal, cuando haya escuchado al menos a 3 testigos con relación al mismo hecho discutido, podrá obviar las declaraciones que faltasen con relación a ese hecho si considera que ya ha quedado suficientemente claro. Además, la LEC también recoge que serán en todo caso por cuenta del proponente los gastos de los que excedan de tres por cada hecho discutido. En este sentido la **Audiencia Provincial de Barcelona en su sentencia n.º 356/2023, de julio, ECLI:ES:APB:2023:6991** recoge lo siguiente:

«El derecho a proponer declaraciones testificales no es un derecho infinito. El art. 363 de la Lec señala que las partes podrán proponer cuantos testigos estimen conveniente pero los gastos de los que excedan de tres por cada hecho discutido serán en todo caso de cuenta de la parte que los haya presentado. Por tanto, es cierto que no existe un límite legal al número de testigos pero es el Juez de instancia el que debe valorar la pertinencia de la prueba propuesta y conjugarla con el adecuado desarrollo del procedimiento judicial».

3. ¿Puede un testigo declarar desde su domicilio?

Sí, pero solo cuando la declaración no pueda realizarse por videoconferencia y el tribunal considere que no puede comparecer en su sede por enfermedad u otro motivo de los recogidos en el art. 169.4 (por razón de la distancia, dificultad del desplazamiento, circunstancias personales del testigo, o por cualquier otra causa de análogas características resulte imposible o muy gravosa la comparecencia de las personas citadas en la sede del juzgado o tribunal). En estos casos podrá llevarse a cabo bien directamente, o bien a través de auxilio judicial, y la LEC recoge la posibilidad de las partes y sus abogados de asistir, y si no pudieran, podrán presentar previamente el interrogatorio escrito con las preguntas que desean formular al testigo. Si el tribunal considera prudente no permitir a las partes y sus abogados acudir a la declaración domiciliaria, les dará vista de las respuestas obtenidas y podrán solicitar que se formulen nuevas preguntas complementarias, o que realicen aclaraciones, en el plazo de 3 días.

4. ¿Puede declarar el testigo mediante videoconferencia?

Sí, el art. 364.1 de la LEC dispone que la declaración se hará preferentemente a través de videoconferencia cuando el testigo resida fuera de la demarcación judicial del tribunal. Además, la Ley Orgánica del Poder Judicial recoge en su art. 229.3 que las declaraciones, interrogatorios, testimonios, careos, exploraciones, informes, ratificación de las periciales... *«(...)podrán realizarse a través de videoconferencia u otro sistema similar que permita la comunicación bidireccional y simultánea de la imagen y el sonido y la interacción visual, auditiva y verbal entre dos personas o grupos de personas geográficamente distantes, asegurando en todo caso la posibilidad de contradicción de las partes y la salvaguarda del derecho de defensa, cuando así lo acuerde el juez o tribunal».*

Nuestro Alto Tribunal, en el orden penal, se ha pronunciado sobre esta cuestión, reconociendo en su **STS n.º 331/2019, de 27 de junio, ECLI:ES:TS:2019:2163**, que: *«El uso de la videoconferencia permite la total conexión en los puntos de origen y destino como si estuvieran presentes en el mismo lugar, con lo que se da cumplimiento a la premisa de que se celebre la actuación judicial en unidad de acto. No se vulnera ningún principio procesal al poder dirigir las partes a los testigos las preguntas que sean declaradas pertinentes con contradicción y sin que pueda existir indefensión ni vulneración de la tutela judicial efectiva. (...) la videoconferencia no es más que un instrumento técnico que permite que la prueba acceda al proceso, una modalidad de práctica de la prueba, de modo que será el medio de prueba de que se trate, y de acuerdo con sus propias reglas, el que deberá ser analizado en cuanto a las garantías que deben concurrir en su práctica. Y puede asegurarse que **la utilización de la videoconferencia y de los demás medios técnicos que establece el art. 230 de la***

LOPJ no es una posibilidad facultativa o discrecional a disposición del juez o tribunal, sino un medio exigible ante el Tribunal y constitucionalmente digno de protección».

Las declaraciones de los testigos deben de cumplir los siguientes **requisitos:**

- Tendrán que prestar juramento o promesa de decir verdad antes de declarar, informándole el tribunal de las penas establecidas para el delito de falso testimonio si el testigo las ignorara. En el caso de menores de edad penal no se les exigirá este requisito.

- Deberán declarar por separado.

- Seguirán el orden por el que hubieran sido propuestos, excepto cuando el tribunal encuentre motivo para alterarlo.

- No podrán comunicarse entre sí, ni podrán asistir unos a las declaraciones de otros.

El tribunal, antes de entrar en las preguntas sobre el tema objeto del procedimiento, realiza unas preguntas generales al testigo para que las partes, a la vista de las respuestas, puedan manifestar cuestiones relativas a la imparcialidad. El listado de estas preguntas generales se recoge en el artículo 367.1, y consistiría en preguntar:

«(...) 1.º Por su nombre, apellidos, edad, estado, profesión y domicilio.

2.º Si ha sido o es cónyuge, pariente por consanguinidad o afinidad, y en qué grado, de alguno de los litigantes, sus abogados o procuradores o se halla ligado a éstos por vínculos de adopción, tutela o análogos.

3.º Si es o ha sido dependiente o está o ha estado al servicio de la parte que lo haya propuesto o de su procurador o abogado o ha tenido o tiene con ellos alguna relación susceptible de provocar intereses comunes o contrapuestos.

4.º Si tiene interés directo o indirecto en el asunto o en otro semejante.

5.º Si es amigo íntimo o enemigo de alguno de los litigantes o de sus procuradores o abogados.

6.º Si ha sido condenado alguna vez por falso testimonio».

Sobre las posibles consecuencias de no formular estas preguntas generales podemos citar la **sentencia de la Audiencia Provincial de Barcelona, n.º 494/2023, de 22 de septiembre, ECLI:ES:APB:2023:9589**, que en su fundamento de derecho segundo contiene la siguiente afirmación:

«Añade la recurrente que no se formularon a los testigos las preguntas generales de la ley previstas en el art. 367 LEC. Ciertamente la Juez a quo no realizó este interrogatorio previo cuyo objeto es valorar la imparcialidad de los testigos, ahora bien, no consta que la parte actora formulara protesta u objeción alguna a tal omisión ni ha especificado en su recurso qué indefensión pudiera derivarse de la misma, a salvo, como queda dicho, de la valoración que el Tribunal efectúe de las declaraciones de los testigos y de su tacha, la cual no exige pronunciamiento expreso al respecto (art. 377 y concordantes)».

Las preguntas planteadas a los testigos deberán reunir las características siguientes:

- Deberán ser formuladas oralmente.

- Tendrán que ser claras y precisas.
- No podrán contener valoraciones ni calificaciones, y si se incorporasen, se tendrán por no realizadas.

El tribunal debe decidir que preguntas admite, teniendo en cuenta que las mismas sean pertinentes para la averiguación de los hechos y circunstancias controvertidos, y que guarden relación con el objeto del juicio. También se inadmitirán las preguntas que no se refieran a los conocimientos propios del testigo. Si la parte no se encuentra conforme con la inadmisión de alguna pregunta, podrá ponerlo de manifiesto y pedir que conste en acta su protesta.

CUESTIONES

1. ¿Qué ocurre si se ha respondido una pregunta que ha sido inadmitida por el tribunal?

La LEC nos dice que, en estos casos, la respuesta no constará en el acta.

2. ¿Pueden las partes impugnar la admisión de alguna pregunta?

Sí, en el acto del interrogatorio las partes distintas a la que formuló la pregunta podrán impugnar su admisión, y hacer notar valoraciones y calificaciones que estimen improcedentes y que, a su juicio, debieran tenerse por no realizadas.

La Audiencia Provincial de Granada, en su **sentencia n.º 205/2019, de 19 de marzo, ECLI:ES:APGR:2019:864**, analiza la necesidad de realizar protesta a efectos de un recurso posterior señalando que:

«Y el artículo 369 de dicho Texto Legal dice que:

(...)

2. La parte que se muestre disconforme con la inadmisión de preguntas, podrá manifestarlo así y pedir que conste en acta su protesta.

Por su parte, el artículo 459 de la LEC dispone que:

" En el recurso de apelación podrá alegarse infracción de normas o garantías procesales en la primera instancia. Cuando así sea, el escrito de interposición deberá citar las normas que se consideren infringidas y alegar, en su caso, la indefensión sufrida. Asimismo, el apelante deberá acreditar que denunció oportunamente la infracción, si hubiere tenido oportunidad procesal para ello" .

Pues bien, no consta en la grabación del acto del juicio ninguna protesta formulada por el Sr. Letrado de la parte actora-apelante ante ninguna de las interrupciones de que fue objeto, tanto durante el interrogatorio del testigo como en la formulación de sus conclusiones(...).

Debemos partir, pues, de la inexistencia de protesta alguna por parte del Sr. Letrado de la parte actora, ni tampoco de la manifestación de que se estuviera conculcando el derecho de defensa, sin que en sus conclusiones hiciera el Sr. Letrado manifestación alguna al respecto.

Pero lo principal, a los efectos del ejercicio del derecho de defensa, es la constatación de que se haya impedido a los Letrados de algunas de las partes, realizar preguntas que tuvieran relación directa con los hechos objeto de debate o impedirles formular sus conclusiones sobre los mismos.

Pues bien, tras el análisis de la grabación esta Sala no ha constatado tal vulneración del derecho de defensa, pues se le permitió al Sr. Letrado de la parte actora la realización de las preguntas relacionadas con los hechos objeto de debate, aunque, a la vista de la ingente cantidad de cláusulas nulas invocadas, se le limitó la posibilidad de reiterarlas, pero no la de preguntar al testigo sobre cada una de ellas, como de hecho así se hizo y consta en la grabación.

En definitiva, no se aprecia actuación alguna por parte de la Magistrada "a quo" que excediera de las atribuciones que le otorga el artículo 186 de la LEC de agilizar el desarrollo de las vistas, a cuyo efecto llamará la atención del abogado o de la parte que en sus intervenciones se separen notoriamente de las cuestiones que se debatan, instándoles a evitar divagaciones innecesarias».

El orden en el que el testigo deberá responder a las preguntas de las partes será el siguiente:

- En primer lugar, será interrogado por la parte que le hubiese propuesto, y si hubiese sido propuesto por ambas partes, comenzará por responder a las preguntas del demandante.
- A continuación, responderá a las cuestiones de las demás partes.
- El tribunal también podrá interrogar al testigo para obtener aclaraciones y adiciones.

Sobre la parcialidad del juzgador por plantear preguntas al testigo se pronuncia entre otras la **sentencia de la Audiencia Provincial de Madrid, n.º 307/2017, de 9 de octubre, ECLI:ES:APM:2017:12753**, en los siguientes términos: «Planteada en tales términos la cuestión en esta alzada no acaba de entenderse la fundamentación del primer motivo de recurso que imputa falta de parcialidad a la Juzgadora de instancia en base a que la misma formuló motu proprio preguntas al testigo y que ello supone una extralimitación de sus funciones, con lo que es obvio que la parte desconoce el contenido del art. 372.2 LEC que expresamente establece que "con la finalidad de obtener aclaraciones y adiciones también podrá el Tribunal interrogar al testigo", con lo que es claro que al formular tales cuestiones se actuó de forma plenamente ajustada a la legalidad, procediendo por lo tanto al desestimación de tal motivo de recurso».

En todo caso el testigo deberá responder por sí mismo, de palabra, y sin valerse de borradores de respuesta. Se le permitirá consultar documentos cuando la pregunta se refiera a cuentas, libros o documentos. Además, el testigo tendrá que expresar la razón de ciencia de lo que diga.

Se regula también en la ley la figura del **testigo-perito** (art. 370 de la LEC), que consiste en que cuando el testigo posee conocimientos científicos, técnicos, artísticos o prácticos sobre la materia a la que se refieren las preguntas, el tribunal admitirá las manifestaciones que añada el testigo a sus respuestas en virtud de dichos conocimientos. En estos casos las partes podrán alegar ante el tribunal cualquiera de las circunstancias de tacha recogidas para los testigos.

Cuando el testigo tenga **deber de guardar secreto**, por su estado o profesión, deberá manifestarlo razonadamente, debiendo decidir el tribunal, mediante providencia si el testigo queda libre de responder, en cuyo caso se hará constar en el acta. Si el testigo alega que los hechos pertenecen a materia clasificada como reservada o secreta, podrá el tribunal solicitar el documento oficial que acredite dicho carácter al órgano competente, uniendo dicho documento a los autos.

El testigo responderá en primer lugar a las preguntas que realice el abogado de la parte que lo propuso, pudiendo los abogados de las demás partes preguntar a continuación. El tribunal también podrá interrogar al testigo para obtener aclaraciones y adiciones.

El tribunal, de oficio o a instancia de parte, podrá acordar un **careo entre testigos** cuando existan graves contradicciones, o incluso con alguna de las partes. Estos careos podrán solicitarse al terminar el interrogatorio y, en este caso, deberá advertirse al testigo que no se ausente para que el careo pueda practicarse a continuación. Hay que tener en cuenta que el Tribunal Supremo se ha pronunciado en el sentido de entender que «(...) la decisión de su práctica corresponde exclusivamente a los Jueces y Tribunales en función de las exigencias derivadas del transcurso del juicio, sin que sea revisable en casación» (STS n.º 1031/2003, de 8 de septiembre, ECLI:ES:TS:2003:5423).

CUESTIONES

1. ¿Puede el testigo solicitar algún tipo de compensación económica?

Los testigos tienen derecho a obtener una indemnización por los gastos y perjuicios en los que hayan incurrido como causa de su comparecencia, que serán a cargo de la parte que los propuso, sin perjuicio de lo que pueda acordarse con relación a las costas. Cuando haya sido propuesto por varias partes, la indemnización se prorrateará entre ellas.

2. ¿Quién fija el importe de la indemnización?

El importe lo fijará el LAJ teniendo en cuenta los datos y circunstancias que se hubiesen aportado. Se hará mediante decreto que se dictará una vez que haya finalizado el juicio o la vista.

3. ¿Qué ocurre si la parte no abona la indemnización en plazo?

Cuando la parte, o partes, no abonan la indemnización fijada por el LAJ en el plazo de 10 días desde la firmeza del decreto que la fija, el testigo podrá acudir directamente al procedimiento de apremio.

En cuanto a la valoración que harán los tribunales del interrogatorio de los testigos, nuevamente se alude en la LEC a las reglas de la **sana crítica**, debiendo tener en cuenta:

– La razón de ciencia que hubiesen dado.

– Las circunstancias que en ellos concurran.

– Las tachas formuladas y los resultados de la prueba practicada sobre las mismas.

A modo de resumen, se ha reiterado por numerosas audiencias provinciales, por todas ellas la **SAP de Valencia n.º 165/2023, de 5 de abril, ECLI:ES:APV:2023:1146**, que:

«El art. 376 L.E.C, establece que los tribunales valorarán la fuerza probatoria de las declaraciones de los testigos conforme a las reglas de la sana crítica, tomando en consideración la razón de ciencia que hubieren dado, las circunstancias que en ellos concurran y, en su caso, las tachas formuladas y los resultados de la prueba que sobre éstas se hubiere practicado, precepto que ha de ser puesto en relación con el contenido de los arts. 360 y 361 de dicha L.E.C, el primero de los cuales, al explicitar el contenido de esta prueba, apunta que las partes podrán solicitar que declaren como testigos las personas que tengan noticia de hechos controvertidos relativos a lo que sea objeto del juicio; infiriéndose del segundo, relativo a la idoneidad para ser testigos, que podrán serlo todas las personas, salvo las que se hallen permanentemente privadas de razón o del uso de sentidos respecto de hechos sobre los que únicamente quepa tener conocimiento por dichos sentidos».

|| La tacha de los testigos

Los artículos 377 y siguientes de la LEC regulan la tacha de los testigos, partiendo de que las causas por las que la parte podrá tachar los testigos de la adversa serán las siguientes:

- Ser o haber sido cónyuge o pariente por consanguinidad o afinidad hasta el cuarto grado de la parte que lo presenta o de su abogado o procurador, o hallarse relacionado con ellos por vínculo de adopción, tutela u otro análogo.
- Ser dependiente del que lo hubiere propuesto o de su procurador o abogado o estar a su servicio o hallarse ligado con alguno de ellos por cualquier relación de sociedad o intereses.
- Tener interés directo o indirecto en el asunto de que se trate.
- Ser amigo íntimo o enemigo de alguna de las partes, de su abogado o de su procurador.
- Haber sido condenado por falso testimonio.

CUESTIÓN

¿Puede la parte que ha propuesto al testigo realizar la tacha?

Sí, podrá realizarla cuando con posterioridad a la proposición conozca la existencia de alguna de las causas de tacha establecidas en el apartado anterior.

Las tachas se formularán desde el momento de admisión de la prueba testifical hasta el comienzo del juicio o vista, sin perjuicio de la obligación de los testigos de reconocer cualquier causa de tacha cuando el tribunal realice las preguntas generales al testigo conforme a lo previsto en el art. 367 de la LEC.

La parte que alegue la tacha podrá proponer la prueba conducente a justificarlas, salvo la testifical que aparece expresamente excluida en la LEC. Las demás partes podrán oponerse a la tacha en el plazo de tres días, pudiendo aportar documentos, y en caso de no hacerlo se entenderá que reconocen el fundamento de la tacha.

CUESTIÓN

¿Puede valorarse la declaración de un testigo sobre el que se haya formulado una tacha?

Sí, las tachas serán tenidas en cuenta a la hora de valorar la prueba testifical, pero esto no conlleva automáticamente que la declaración del testigo carezca de valor, si no que será el juez el que decida. En este sentido podemos citar la sentencia de la Audiencia Provincial de La Rioja, n.º 242/2023, de 1 de junio, ECLI:ES:APLO:2023:293, que señala:

«(…) El Tribunal Supremo tiene dicho que no está sujeta a reglas legales de valoración, de forma que el testimonio de un solo testigo o el testimonio de un testigo susceptible de ser tachado, pueden inducir válidamente a formar el convencimiento del juez sobre la veracidad de sus manifestaciones. Son las reglas de la sana crítica a las que deberá acudirse para realzar tal valoración, debiéndose entender las mismas como las más elementales directrices de la lógica humana (v. STS de 11 de abril de 1998). Siguiendo esta línea, el artículo 376 de la Ley de Enjuiciamiento Civil remite para la valoración de la prueba testifical a las reglas de la sana crítica, matizando que deberán tenerse en cuenta la razón de conocimiento del testigo, circunstancias que en ellos concurran y, en su caso, las tachas formuladas y los resultados de la prueba que sobre ésta se hubiere practicado, esto es, sin que incluso la tacha sea obstáculo para la valoración de la ciencia que hubieren dado los testigos tachados, conforme a las reglas de la sana crítica».

El interrogatorio a autores de informes escritos y las respuestas escritas a cargo de personas jurídicas

Cuando se hubiesen aportado a los autos informes sobre hechos y éstos no hubiesen sido reconocidos como ciertos por todas las partes a quienes pudiesen perjudicar, se interrogará como testigos a los autores de los informes, recogiendo el art. 380 unas especialidades para estos supuestos:

- Si el informe hubiera sido elaborado por encargo de una de las partes, no podrá realizarse la tacha del testigo por razón de interés en el asunto.

- Antes de que se le realicen las preguntas pertinentes, el autor del informe deberá acreditar su habilitación profesional, reconocer el informe, y ratificarse en su contenido.

- El interrogatorio solo se realizará sobre los hechos consignados en el informe.

A TENER EN CUENTA. En aquellos casos en los que los informes contengan valoraciones fundadas en conocimientos científicos, artísticos, técnicos o prácticos de los autores, se atenderá a lo establecido para el testigo-perito en el art. 370.4 de la LEC.

Por otra parte, para el caso de que sea necesario el informe de personas jurídicas y/o entidades públicas, sin poder individualizarse en personas físicas determinadas, se podrá proponer que se responda por escrito sobre los hechos cuyo informe se requiere.

Esta proposición deberá recoger con precisión los extremos sobre los que debe versar la declaración o informe escrito, y las demás partes podrán alegar lo que consideren conveniente, indicando si desean añadir otros extremos a la petición, o solicitando que se rectifiquen o complementen los que hubiese expresado el proponente de la prueba.

Una vez que haya oído a las partes, el tribunal resolverá sobre la pertinencia y utilidad de la propuesta, determinando los términos de la cuestión o cuestiones que hayan de ser objeto de la declaración de la persona jurídica o entidad y requiriéndola para que la preste y la remita al tribunal en el tiempo establecido. Además, el tribunal deberá apercibir de multa de 150 a 600 euros, y de procedimiento por desobediencia a la autoridad contra quien resultara personalmente responsable de la omisión.

> **CUESTIÓN**
>
> **¿La práctica de esta prueba suspende el curso del procedimiento?**
>
> No, el art. 381.2 de la LEC establece que la práctica de esta prueba no suspenderá el curso del procedimiento salvo que el juez lo considere necesario para impedir la indefensión de una o de las dos partes.

Una vez vistas las respuestas escritas, o la negativa u omisión de éstas, el tribunal podrá disponer que la persona o personas cuyo testimonio sea pertinente y útil para aclarar o completar la declaración de la persona jurídica o la entidad, sea citada a juicio. La LEC también recoge la posibilidad de que se admitan cualquier prueba pertinente y útil propuesta por las partes para contradecir tal declaración.

A TENER EN CUENTA. El apartado 4 del art. 381 de la LEC dispone que: *«Lo dispuesto en los apartados anteriores no será de aplicación a las entidades públicas cuando, tratándose de conocer hechos de las características establecidas en el apartado 1, pudieran obtenerse de aquéllas certificaciones o testimonios, susceptibles de aportarse como prueba documental».*

2.6. Medios de reproducción de la palabra, el sonido o la imagen e instrumentos de archivo

Los medios de reproducción de la palabra, el sonido y la imagen como medios de prueba en el proceso civil

Los artículos 382 y 383 de la LEC regulan la reproducción de la palabra, el sonido y la imagen y su valor probatorio. Las partes del proceso podrán proponer la reproducción de palabras, imágenes y sonidos, captados mediante instrumentos de filmación, grabación y otros semejantes, como medio de prueba.

A TENER EN CUENTA. Antes de la publicación de la referida norma procesal civil, el Tribunal Constitucional ya se había pronunciado sobre la eficacia probatoria de las «cintas magnetofónicas», de modo que *«Con carácter general, debe reconocerse que toda grabación magnetofónica presenta una posibilidad cierta de manipulación, trucaje y distorsión del contexto global en el que tuvieron lugar las manifestaciones reproducidas, siendo perfectamente concebible que en ella se imite la voz de una persona al objeto de atribuirle unas declaraciones de las que no fue autor y que, incluso, nunca se produjeron. Mas una cosa es que, para*

> *evitar la proliferación de "pruebas" artificiosamente conseguidas, se recomiende proceder con suma cautela a la hora de admitir como tales las manifestaciones contenidas en uno de estos soportes, y otra bien distinta es que deba negárseles radicalmente toda eficacia probatoria. Por el contrario, la misma existencia de intervenciones telefónicas legalmente autorizadas con fines de investigación judicial avala la consideración como medio de prueba de las conversaciones así grabadas pues, de otro modo, semejante procedimiento resultaría inútil a los pretendidos efectos. Partiendo, pues, del valor probatorio que, con las debidas precauciones, cabe otorgar al contenido de una cinta magnetofónica, deberá comprobarse a continuación si, en el caso de autos, dichas precauciones fueron observadas por los órganos judiciales».* (STC n.º 190/1992, de 16 de noviembre, ECLI:ES:TC:1992:190).

Cuando la parte proponga este tipo de prueba deberá acompañar una transcripción escrita de las palabras contenidas en el soporte de que se trate y que resulten relevantes para el caso. También podrá aportar los dictámenes y medios de prueba instrumentales que considere convenientes, derecho que también podrán ejercitar las otras partes aportando dictámenes y medios de prueba para cuestionar la autenticidad y exactitud de lo reproducido.

Una vez más a la hora de hablar del valor probatorio de este medio de prueba, la LEC se refiere a las reglas de la **sana crítica**.

Resulta relevante aquí la **sentencia de la Audiencia Provincial de Alicante n.º 9/2023, de 13 de enero, ECLI:ES:APA:2023:345**, y el análisis que realiza del art. 382 de la LEC en un supuesto en el que se aportaron como prueba unos correos electrónicos en soporte papel:

> «En cuanto a la validez en soporte el papel como prueba documental, suele ser una mera impresión del correo electrónico o incluso en ocasiones una transcripción, por tanto conforme a las reglas generales acerca del valor probatorio, el mismo dependerá de las conductas de las partes y del criterio judicial. Si no es impugnado su contenido, harán prueba plena en el proceso (art 326 LEC), en caso contrario, si una de las partes objeta acerca de su valía, la interesada podrá servirse de otros medios probatorios que lo ratifique, en este caso, lo conveniente y recomendable sería una prueba pericial. En todo caso, el Tribunal lo valorará conforme a las reglas de la sana crítica.
>
> (...)
>
> En relación a ello, debemos señalar que la mayor parte de la doctrina y jurisprudencia señalan que **la falta de un informe pericial que acredite la autenticidad no conlleva inexorablemente que ese documento privado impugnado pierda su eficacia y valor probatorio**, así resulta de lo que dispone el artículo 326.2 de la LEC y de la jurisprudencia que lo interpreta. En esa línea se pronuncia la SAP de La Rioja, de 17 de abril de 2020, núm. 178/2020, que a su vez recoge la doctrina que emana de la sentencia de la AP de Las Palmas de 7 de mayo de 2018 y de la sentencia del Tribunal Supremo, Sala 1ª, de 15 de julio 2011, que indica: "(...)... para que un documento privado no sea idóneo para constituir medio de prueba es preciso que sea inauténtico, es decir, no provenga de su autor, de modo que no haya coincidencia entre el autor aparente y el autor real. Cuando un docu-

mento privado sea impugnado por la parte contraria a quien lo presentó, que lo estima perjudicial a sus intereses, a la parte que lo aportó al proceso le incumbe la carga de probar la autenticidad, lo que no obsta a que la otra parte pueda también intentar acreditar la inautenticidad. Si se demuestra la falta de autenticidad el documento carece de eficacia probatoria y si se acredita que es auténtico es plenamente idóneo para probar "per se". Cuando no se pudiere deducir la autenticidad o no se hubiere propuesto prueba alguna, esto es, no consta que sea auténtico, pero tampoco inauténtico, el tribunal lo valorará conforme a las reglas de la sana crítica. Para acreditar la autenticidad puede utilizarse cualquier medio de prueba e incluso presunciones, en cuyo caso, la naturaleza de la prueba es la propia del medio empleado y no la del documento objeto de prueba".

En virtud de esta doctrina, podemos afirmar, en concordancia con la doctrina mayoritaria, que **aunque la parte no haya propuesto una prueba pericial tendente a acreditar la autenticidad de ese correo electrónico, ello no es óbice para que pueda valorarse conforme a las reglas de la sana crítica atendiendo a criterios de racionalidad y lógica** según lo establecido en el artículo 326 de la LEC, pudiendo el juzgador otorgarle relevancia de acuerdo con el restante acervo probatorio y en particular con aquellos otros elementos de prueba susceptibles de ser valorados conjuntamente con aquél».

Cuando se haga uso de este medio de prueba, deberá levantarse acta, en donde se consignará cuanto sea necesario para la identificación de las filmaciones, grabaciones y reproducciones llevadas a cabo, y, en su caso, las justificaciones y dictámenes aportados y las pruebas practicadas.

Será el LAJ el encargado de conservar el material que contenga la palabra, la imagen o el sonido reproducidos, de modo que no sufra alteraciones, referenciando los autos del juicio. En su caso, podrán incorporarse al expediente judicial electrónico.

Con relación a este tipo de pruebas, el Tribunal Supremo se ha pronunciado en numerosas ocasiones, entre las que podemos citar, por ejemplo, la **STS n.º 622/2004. de 2 de julio, ECLI:ES:TS:2004:4734**, que afirma que:

«La jurisprudencia de esta Sala (sentencias de 30 de noviembre de 1992, 2 de diciembre de 1996 y 12 de junio de 1999) ha venido admitiendo como medios probatorios las cintas magnéticas, videos y cualquier otro medio de reproducción hablada o representación visual, y hoy el art. 382 de la Ley 1/2000, de 7 de enero, de Enjuiciamiento Civil regula, entre los medios de prueba, "la reproducción ante el tribunal de palabras, imágenes y sonidos captados mediante instrumentos de filmación, grabación y otros semejantes", e igualmente admite estos medios de prueba el art. 299.2 de esta Ley. De ahí la licitud de la obtención de estos medios de prueba siempre que esa abstención no se haya realizado en forma contraria a Derecho o con vulneración de los derechos fundamentales de las personas a que tales grabaciones o filmaciones se refieran, y de ahí que el art. 102 del Real Decreto 2364/1994 ponga como límite a la actuación de los detectives privados el que "en ningún caso podrán utilizar para sus investigaciones medios personales o técnicos que atenten contra la derecho al honor, intimidad personal o familiar, a la propia imagen o al secreto de las comunicaciones" (art. 102)(...)».

> **A TENER EN CUENTA.** El apartado segundo del art. 383 de la LEC ha sido modificado por el Real Decreto-ley 6/2023, de 19 de diciembre, con entrada en vigor el 20 de marzo del 2024.

Instrumentos que permiten archivar y conocer o reproducir palabras, datos, cifras y operaciones matemáticas como medios de prueba en vía judicial

El artículo 384 de la LEC establece en su apartado primero que: «Los instrumentos que permitan archivar, conocer o reproducir palabras, datos, cifras y operaciones matemáticas llevadas a cabo con fines contables o de otra clase, que, por ser relevantes para el proceso, hayan sido admitidos como prueba, serán examinados por el tribunal por los medios que la parte proponente aporte o que el tribunal disponga utilizar y de modo que las demás partes del proceso puedan, con idéntico conocimiento que el tribunal, alegar y proponer lo que a su derecho convenga».

La parte que proponga este tipo de prueba podrá aportar los dictámenes y medios de prueba instrumentales que considere convenientes, derecho del que también podrá hacer uso la otra parte, aportando dictámenes y medios de prueba cuando cuestionen la autenticidad y exactitud de la prueba.

El letrado de la Administración de Justicia documentará en autos la prueba del modo más apropiado a la naturaleza del instrumento, y adoptará las medidas necesarias para garantizar la custodia.

Este medio de prueba será valorado por el tribunal, una vez más, conforme a las reglas de la **sana crítica**.

2.7. Presunciones legales

Presunciones legales y judiciales en la LEC

Las presunciones no son medios de prueba propiamente, ni actividades de prueba, **son un método de prueba**. Si bien cuentan con gran importancia en el ámbito de la jurisprudencia, no por ello se las debe considerar pruebas. El *Diccionario del Español Jurídico* las define como: «Sistema o mecanismo para la fijación de los hechos que, sin constituir propiamente un medio de prueba, está integrado por operaciones intelectuales, autorizadas por la norma o practicadas de acuerdo con el recto sentido de una persona con experiencia, que permiten tener como cierto un hecho (hecho presunto) a partir de la determinación formal como cierto de otro hecho (indicio o base)».

Las presunciones están **formadas por un hecho base o indicio, y por un hecho** que se presume y un enlace entre ambos.

Existen presunciones **legales y judiciales.** Las primeras reguladas en el artículo 385 de la LEC y las segundas en el artículo 386.

Las **presunciones legales** las establece la ley, dispensando de la prueba del hecho presunto a la parte que el mismo favorezca. Estas, solo serán admisibles cuando la certeza del hecho indicio del que parte la presunción haya quedado establecida mediante admisión o prueba.

Las presunciones establecidas por la ley admitirán la prueba en contrario, salvo en los casos en que aquélla expresamente lo prohíba. En estos casos en los que se admita prueba en contrario, esta prueba podría dirigirse:

– A probar la inexistencia del hecho presunto.

– A demostrar que no existe el enlace que ha de haber entre el hecho que se presume y el hecho probado o admitido y que fundamentó la presunción.

> **CUESTIÓN**
>
> **¿En qué se diferencian las presunciones *iuris tantum* de las presunciones *iuris et de iure*?**
>
> Las presunciones *iuris tantum* son aquellas que admiten prueba en contra, mientras que las presunciones *iuris et de iure* son presunciones absolutas que no admiten prueba en contrario.

Cabe destacar aquí la **sentencia de la Audiencia Provincial de Oviedo n.º 6/2023, de 18 de enero, ECLI:ES:APO:2023:102**, que al analizar las presunciones recoge que:

«(...) Las presunciones, sobre las que doctrina y jurisprudencia no son unánimes a la hora de considerarlas una verdadera prueba procesal "de indicios o conjeturas" o un medio para orientar el arbitrio judicial, son encasilladas y divididas desde distintos criterios, si bien la LEC las incluye sistemáticamente al final de las demás pruebas tradicionales. Se caracterizan por **valerse de un determinado acontecimiento previo, conexo o derivado,** para convencer al tribunal de la verdad o falsedad de un dato procesal. Se trata de hacer llegar el razonamiento judicial a una determinada deducción a través de lo que se denomina **hecho base o hecho indiciario** (art. 385.1 LEC), que se busca conectar en **relación causal** con el dato cuya existencia quiere probarse por deducción lógica. Se trata de presunciones de las calificadas como "hominis"» que acepta el órgano judicial por iniciativa, normalmente, de una parte, distintas de las presunciones "iuris" o establecidas por la ley que desplazan el objeto de la prueba. La doctrina insiste en que, por su componente de apreciación personal, la prueba de presunciones no se rige por las reglas comunes de la prueba en cuanto al tiempo o lugar de su realización y no es una prueba tasada.

Otra forma casi idéntica de clasificación o denominación es la de **presunciones simples o judiciales** (art. 385 LEC) y legales (art. 386 LEC). Las simples, llamadas también judiciales o del hombre, se encuentran sometidas al criterio del juez sin reglas preestablecidas, sino de acuerdo con los principios de la sana crítica Las presunciones legales se prevén en la norma y pueden ser, a su vez, "iuris tantum" y "iuris et de iure", según que admitan o no prueba en contrario. Ambas exoneran a la parte beneficiada por la presunción de la carga de probar el hecho deducido por la ley, pero mientras las primeras tienen el efecto de invertir la carga de la prueba, transfiriéndola a la parte contraria, las segundas no admiten prueba alguna.

En todo caso las presunciones deben partir de un indicio debidamente comprobado y, singulares o plurales, deben ser aptas, precisas y suficientes para producir la convicción unívoca y razonada del juez sobre la verdad de un hecho».

Las **presunciones judiciales** se refieren a que el tribunal, a partir de un hecho admitido o probado, podrá presumir la certeza de otro hecho, si entre el hecho admitido y demostrado y el hecho presunto existe un enlace preciso y directo según las reglas del criterio humano.

> **A TENER EN CUENTA.** La sentencia a la que se aplique lo dispuesto en el párrafo anterior deberá incluir el razonamiento en virtud del cual el tribunal ha establecido la presunción.

Frente a la posible formulación de una presunción judicial, el litigante perjudicado por ella siempre podrá practicar la prueba en contrario a que se refiere el apartado 2 artículo 385 de la LEC, es decir, la prueba tendente a probar la inexistencia del hecho presunto, o a demostrar la inexistencia del enlace entre el hecho presunto y el hecho probado o admitido que fundamentó la presunción.

Sobre las presunciones judiciales se ha pronunciado la **Audiencia Provincial de Jaén en su sentencia n.º 1254/2022, de 17 de noviembre, ECLI:ES:APJ:2022:1713**:

«En el caso que nos ocupa es evidente que no estamos ante ningún tipo de presunción legal, de las que el Código Civil nos ofrece muchos ejemplos y de entre ellos muchos regulados en el ámbito de los derechos y obligaciones (1127, 1138, 1189, 1191, 1262, 1277,1355, 1361, 1453, ó 1562 entre otros muchos, algunos de ellos en sentido contrario a la presunción como por ejemplo el artículo 1827). Por lo tanto la invocación se refiere a la presunción judicial en cuanto **el tribunal aprecia que entre el hecho admitido o demostrado y el presunto existe un enlace preciso y directo según las reglas del criterio humano.**

Es cierto que en la doctrina jurisprudencial se admite la posibilidad de acudir en supuestos como el que nos ocupa, en el que se pretende demostrar la simulación negocial, dadas las dificultades de acreditarla, a la prueba de presunciones (…).

En cualquier caso la doctrina jurisprudencial **permite acudir a dicho medio de prueba como supletorio respecto de los demás medios, y cuando el Juzgador pueda realizar el enlace lógico y preciso según los hechos demostrados y los que tratan de probarse.** Los tres elementos característicos de la presunción judicial aparecen reflejados en el artículo 1253 del Código Civil, hoy 368 LEC: la afirmación base: "el hecho demostrado"; la afirmación presumida:" el hecho que se trate de deducir"; y el "enlace preciso y directo según las reglas del criterio humano».

También nuestro Alto Tribunal ha analizado estas presunciones y su valor en distintas ocasiones, pudiendo citar como ejemplo la **STS n.º 599/2015, de 3 de noviembre, ECLI:ES:TS:2015:4585**:

> «Se ha dicho que las presunciones son operaciones intelectuales que consisten en tener como cierto un hecho, denominado hecho presunto, a partir de la fijación formal de otro hecho denominado hecho base, que debe haber sido probado. Como afirma la sentencia de 23 febrero 2010, '[I] la elaboración de las presunciones judiciales forma parte del procedimiento de valoración de la prueba y del conjunto de operaciones de carácter epistemológico y jurídico-institucional que deben llevarse a cabo para fijar los hechos en los que debe fundarse la decisión [...]',de modo que, según la sentencia de 6 noviembre 2009, las presunciones judiciales admitidas como medio de prueba en el art. 386 LEC deducen 'a partir de un hecho admitido o probado, la certeza de otro hecho siempre que entre el primero y el segundo exista un enlace preciso y directo según las reglas del criterio humano' y añade dicha sentencia que 'solo cuando sentada la realidad del hecho-base, el tribunal se aparta de tales reglas para llegar a conclusiones ilógicas en su proceso deductivo, puede entenderse que se ha vulnerado el derecho fundamental a la tutela judicial efectiva (art. 24 CE) [...]'».

Añadiendo la **STS n.º 806/2010, de 15 de diciembre, ECLI:ES:TS:2010:6693**, que:

> «(...) Por tanto, a pesar de que la valoración de la prueba corresponde al juzgador de instancia, esta Sala ha admitido la revisión en casación de las reglas del criterio humano recogidas antes en el art. 1253 CC (STS 29-9-2006), o del art. 386 LEC, en cuyo caso, según la sentencia de 16 marzo 2010, con cita de otras sentencias, "[...]lo que se somete al control casacional es, en definitiva, la sumisión a la lógica de la operación deductiva, quedando reservada a la instancia la opción discrecional entre los diversos resultados posibles" (asimismo, la STS de 28 junio 2002)».

2.8. Proposición y admisión de la prueba en el derecho civil

Proposición y admisión de la prueba según la LEC

La proposición de los diferentes medios de prueba se realizará expresándolos con separación, además, se consignará el domicilio o residencia de las personas que hayan de ser citadas, en su caso, para la práctica de cada medio de prueba.

No obstante, en el caso del juicio ordinario si las partes no dispusieran de algunos datos relacionados a las referidas personas en el momento de la proposición de la prueba, tendrán la posibilidad de aportarlos al tribunal dentro de los 5 días siguientes (artículo 284 de la LEC).

El tribunal resolverá sobre la admisión de cada una de las pruebas que hayan sido propuestas, y contra esta decisión solo cabrá recurso de reposición, que se sustanciará y resolverá en el acto y, si se desestimare, la parte podrá formular protesta al efecto de hacer valer sus derechos en la segunda instancia.

A TENER EN CUENTA. En todo tipo de procedimiento, se respetarán las reglas de la buena fe y no surtirán efecto las pruebas obtenidas, directa o indirectamente, violentando los derechos o libertades fundamentales (artículo 11.1 de la LOPJ).

CUESTIÓN

¿En qué supuestos podrá presentarse un escrito de ampliación de hechos?

En el caso de que, precluidos los actos de alegación establecidos en la LEC, y antes de iniciarse el plazo para dictar sentencia, ocurriera o se conociera algún hecho relevante para el pleito, las partes podrán hacer valer ese hecho, alegándolo inmediatamente a través de escrito de ampliación de hechos, salvo que la alegación pudiera realizarse en el acto del juicio o vista. En ese caso, se dará traslado a la parte contraria, y si no reconociese el hecho como cierto, se propondrá y se practicará la prueba pertinente y útil cuando fuese posible por el estado de las actuaciones. En otro caso se estará a lo dispuesto en las diligencias finales.

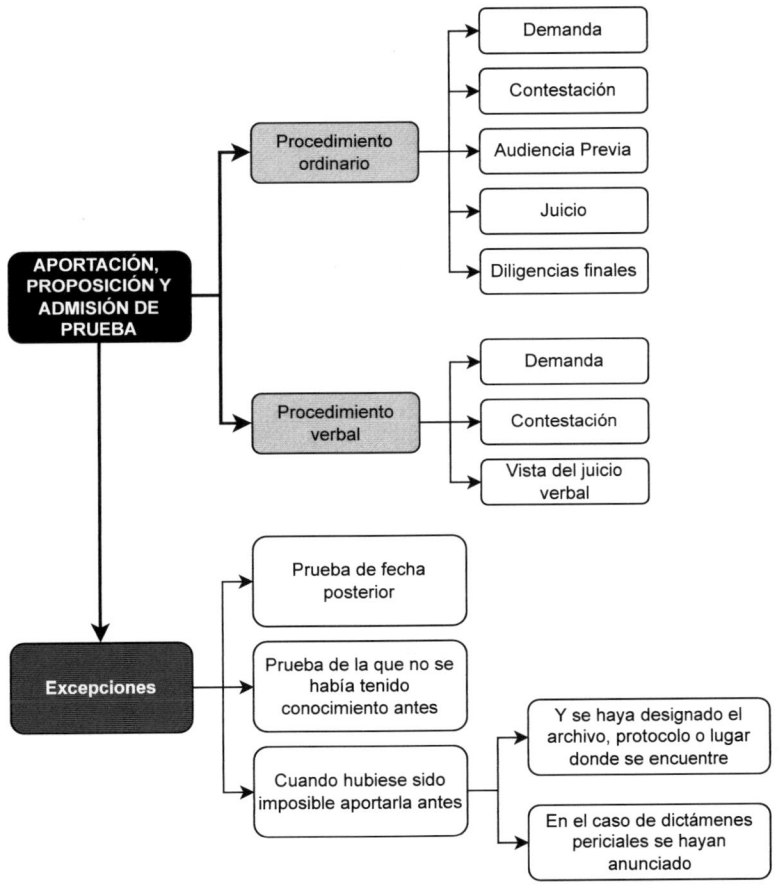

A lo largo del proceso civil existen distintos momentos en los que la LEC prevé que se pueda proponer y aportar prueba, destacamos los siguientes:

|| La demanda y la contestación

Con la demanda o la contestación, el recientemente modificado art. 264 de la LEC establece que deberán aportarse:

- La certificación del registro electrónico de apoderamientos judiciales o referencia al número asignado por dicho registro.

- Los documentos que acrediten la representación que el litigante se atribuya.

- Los documentos o dictámenes que acrediten el valor de la cosa litigiosa (a efectos de competencia y procedimiento).

Además, el artículo 265 de la LEC establece que con la demanda o contestación deberán de acompañarse:

1. Los documentos en que las partes funden su derecho a la tutela judicial que pretenden.

2. Los medios e instrumentos de reproducción de la palabra, el sonido y la imagen, así como los instrumentos que permiten archivar y conocer o reproducir palabras, datos, cifras y operaciones matemáticas llevadas a cabo con fines contables o de otra clase, si en ellos se fundaran las pretensiones de tutela formuladas por las partes.

3. Las certificaciones y notas sobre cualesquiera asientos registrales o sobre el contenido de libros registro, actuaciones o expedientes de cualquier clase.

4. Los dictámenes periciales en que las partes apoyen sus pretensiones, sin perjuicio de se permita anunciarlos con la demanda o contestación cuando no puedan ser aportados, o bien solicitar la designación judicial de perito si lo consideran conveniente. Cuando alguna de las partes sea titular del derecho de asistencia jurídica gratuita no tendrá que aportar los dictámenes periciales, sino anunciarlos, a los efectos de que se proceda a la designación judicial de perito (art. 339.1 de la LEC).

5. Los informes, elaborados por profesionales de la investigación privada legalmente habilitados, sobre hechos relevantes en que aquellas apoyen sus pretensiones. Sobre estos hechos, si no fueren reconocidos como ciertos, se practicará prueba testifical.

CUESTIÓN

¿Qué pueden hacer las partes cuando no puedan disponer de los documentos, medios e instrumentos nombrados en los tres primeros apartados de la anterior lista?

En estos casos, podrán designar el archivo, protocolo o lugar en que se encuentren, o el registro, libro registro, actuaciones o expediente del que se pretenda obtener una certificación, salvo que lo que pretenda aportarse al proceso se encontrara en archivo, protocolo, expediente o registro del que se puedan pedir y obtener copias fehacientes, en cuyo caso se entiende que dispondrán de ellos y deberán acompañarlos.

El apartado 3 del citado artículo establece una excepción que permite al actor presentar en la audiencia previa al juicio o en la vista del juicio verbal, los documentos, medios, instrumentos, dictámenes e informes, relativos al fondo del asunto, cuyo **interés o relevancia sólo se ponga de manifiesto a consecuencia de alegaciones efectuadas por el demandado en la contestación a la demanda**.

Como bien resume la **Audiencia Provincial de Barcelona en su sentencia n.º 434/2023, de 29 de septiembre, ECLI:ES:APB:2023:10706**: «El artículo 265 de la Ley de Enjuiciamiento Civil, citado en el recurso como infringido, dispone que a toda demanda o contestación deberán acompañarse, entre otros, los documentos en que las partes funden su derecho. Esa obligación, según jurisprudencia reiterada, alcanza a los documentos estrictamente fundamentales y no a los meramente accesorios o complementarios, que pueden presentarse en un momento posterior. Al margen de todo ello, es posible aportar después de la demanda y la contestación los documentos que se encuentren en alguno de los casos previstos en el artículo 270 y, por otro lado, el apartado tercero del artículo 265 permite al demandante presentar en la audiencia previa al juicio los documentos, medios, instrumentos, dictámenes e informes, relativos al fondo del asunto, cuyo interés o relevancia sólo se ponga de manifiesto a consecuencia de alegaciones efectuadas por el demandado en la contestación a la demanda».

> **CUESTIÓN**
>
> **En una demanda de juicio ordinario derivado de un monitorio en el que se planteó oposición, ¿puede tenerse por presentada la documentación aportada con la petición inicial de procedimiento monitorio?**
>
> Sí, en numerosas ocasiones nuestra jurisprudencia abordó este tema, pudiendo citar, como ejemplo, la sentencia de la **Audiencia Provincial de Santa Cruz de Tenerife n.º. 427/2022, de 16 de diciembre, ECLI:ES:APTF:2022:2553**, que recoge la postura de distintas audiencias al respecto, y concluye que: «*En el presente caso, en que los documentos están aportados a la reclamación monitoria previa, seguida en el mismo órgano judicial y a la que se hace remisión desde el hecho primero de la demanda, con referencia expresa a los documentos en ella aportados, dejando, por demás, designados los citados autos del monitorio, lo cierto es que, solo con un rigorismo innecesario generador de indefensión y por tanto inadmisible, puede apreciarse que los documentos no han sido debidamente traídos a la causa, máxime cuando, la parte demandada ha tenido acceso a los mismos desde la reclamación monitoria, es decir, con todas las garantías precisas para poder acceder a su defensa. En este punto debe atribuirse sólo a una táctica de defensa, que pudiera incidir en la mala fe procesal, la manifestación de la demandada de que ignora la reclamación monitoria, habida cuenta de la efectiva oposición que consta (...)*».

La LEC dedica su art. 266 a los documentos que habrán de acompañar a la demanda en casos especiales, sin los cuales las mismas no se admitirán:

«(...) 1.º Los documentos que justifiquen cumplidamente el título en cuya virtud se piden alimentos, cuando éste sea el objeto de la demanda.

2.º Los documentos que constituyan un principio de prueba del título en que se funden las demandas de retracto y, cuando la consignación del precio se exija por ley o por contrato, el documento que acredite haber consignado, si fuere conocido, el precio de la cosa objeto de retracto o haberse constituido caución que garantice la consignación en cuanto el precio se conociere.

3.º El documento en que conste fehacientemente la sucesión mortis causa en favor del demandante, así como la relación de los testigos que puedan declarar sobre la ausencia de poseedor a título de dueño o usufructuario, cuando se pretenda que el Tribunal ponga al demandante en posesión de unos bienes que se afirme haber adquirido en virtud de aquella sucesión.

4.º Aquellos otros documentos que esta u otra ley exija expresamente para la admisión de la demanda».

Cuando no se presente con la demanda o contestación o, en su caso, en la audiencia previa al juicio, alguno de los documentos, medios, instrumentos, dictámenes e informes que corresponde no podrá ser presentado *a posteriori*, ni solicitar que se traiga a los autos, excepto en los casos previstos en el art. 270 de la LEC:

- Cuando sean de fecha posterior a la demanda o a la contestación o, en su caso, a la audiencia previa al juicio, siempre que no se hubiesen podido confeccionar ni obtener con anterioridad a dichos momentos procesales.

- Cuando se trate de documentos, medios o instrumentos anteriores a la demanda o contestación o, en su caso, a la audiencia previa al juicio, cuando la parte que los presente justifique no haber tenido antes conocimiento de su existencia.

- Cuando no haya sido posible obtenerlos con anterioridad por causas no imputables a la parte, siempre que se haya designado el archivo, protocolo o lugar en que se encuentren, o en el caso de dictámenes periciales los mismos hayan sido anunciados.

CUESTIÓN

¿Qué puede hacer la parte que no esté conforme con la admisión de pruebas extemporáneas?

Las demás partes podrán alegar en el juicio o en la vista la improcedencia de tomarlo en consideración, por no encontrarse en ninguno de los casos a que se refiere el apartado anterior. El tribunal resolverá en el acto y, si apreciare ánimo dilatorio o mala fe procesal en la presentación del documento, podrá, además, imponer al responsable una multa de 180 a 1.200 euros.

A TENER EN CUENTA. El Real Decreto-ley 6/2023, de 19 de diciembre ha añadido un apartado tercero al art. 270 de la LEC, con entrada en vigor el 20 de marzo de 2024, según el cual «La presentación de documentos en el curso de actos judiciales o procesales celebrados por videoconferencia, en los casos en los que dicha presentación sea posible de conformidad con la presente ley, se ajustará a lo establecido por la Ley que regule el uso de las tecnologías en la Administración de Justicia».

No se admitirá ningún documento, instrumento, medio, informe o dictamen que se presente después de la vista o juicio, sin perjuicio de lo establecido para las diligencias finales en el juicio ordinario, salvo las sentencias o resoluciones judiciales o de autoridad administrativa, dictadas o notificadas en fecha no anterior al momento de formular las conclusiones, siempre que pudieran resultar condicionantes o decisivas.

CUESTIONES

1. ¿Qué ocurre cuando se presentan documentos fuera del momento inicial del proceso?

Cuando se presentan documentos con posterioridad a los momentos procesales establecidos para ello injustificadamente, según los distintos casos y circunstancias, el tribunal lo inadmitirá por medio de providencia, de oficio o a instancia de parte, mandando devolverlo a quien lo hubiere presentado. Contra esta resolución no cabe recurso alguno, sin perjuicio de la posibilidad de hacerlo valer en la segunda instancia (art. 272 de la LEC).

2. ¿Pueden presentarse pruebas cuando se presenta una reconvención?

Sí, cuando se formula reconvención pueden aportarse pruebas, y cuando se contesta a la misma también, ya que tienen el mismo trato que la demanda y la contestación inicial.

Proposición y admisión de la prueba en la audiencia previa al juicio

En el procedimiento ordinario, el letrado de la Administración de Justicia convocará a las partes a una audiencia con el fin de intentar un acuerdo o transacción que ponga fin al proceso, examinar las cuestiones procesales que pudieran obstar la prosecución de este y su terminación por sentencia, fijar con precisión el objeto y los extremos sobre los que exista controversia entre las partes y, en su caso, proponer y admitir prueba.

En la audiencia, cada parte se pronunciará sobre los documentos aportados de contrario hasta ese momento, manifestando si los admite o impugna o reconoce o si, en su caso, propone prueba acerca de su autenticidad.

Con relación a los dictámenes periciales presentados hasta ese momento, las partes también podrán expresar lo que convenga a su derecho, admitiéndolos, contradiciéndolos o proponiendo que sean ampliados en los extremos que determinen.

Cuando en la audiencia se realicen alegaciones complementarias y aclaratorias, o se añadan pretensiones complementarias, podrán aportarse en la audiencia documentos y dictámenes que se justifiquen en razón de las mismas (art. 426.5 de la LEC), así como anunciar un dictamen pericial y aportarlo con al menos cinco días de antelación a la celebración del juicio.

Si no existe acuerdo entre las partes, ni conformidad sobre los hechos, la audiencia continúa para la proposición y admisión de la prueba siguiendo lo dispuesto en el artículo 429 de la LEC.

La prueba se propondrá de forma verbal, siendo obligatorio también aportar en el acto un escrito detallado de la misma que podrá ser completado en la propia audiencia previa.

CUESTIÓN

¿Qué ocurre cuando no se presenta el escrito detallado de la prueba?

La LEC nos dice en su art. 429.1 que la omisión de dicho escrito no da lugar a la inadmisión de la prueba, quedando condicionada a que se presente en el plazo de dos días.

El tribunal tiene la posibilidad de poner de manifiesto a las partes que considera la prueba propuesta insuficiente para el esclarecimiento de los hechos controvertidos, pudiendo señalar la prueba o pruebas que considere conveniente. En este caso, las partes podrán completar o modificar sus proposiciones de prueba en función de lo manifestado por el tribunal.

La audiencia continúa siguiendo los siguientes puntos:

- Admitidas las pruebas pertinentes y útiles se señalará la fecha de juicio, que tendrá que celebrarse en el plazo de un mes desde la conclusión de la audiencia.

- A instancia de la parte: el tribunal podrá acordar que el juicio se señale por el LAJ para su celebración dentro del plazo de dos meses en el caso de que toda la prueba o gran parte de la misma deba realizarse fuera del lugar de la sede del tribunal que esté conociendo del pleito.

- Las pruebas que no han de practicarse en el acto de juicio se realizarán con anterioridad al mismo.

- Las partes deberán señalar lo siguiente:

  • Qué testigos y peritos se comprometen a presentar en el juicio.

  • Qué testigos y peritos han de ser citados por el tribunal (la citación se acordará en la audiencia y se practicará con la antelación suficiente).

  • Qué declaraciones e interrogatorios estiman que han de efectuarse a través del auxilio judicial.

- Si las partes han comparecido a la audiencia previa, por sí o a través de procurador, no será necesario citarlas para el juicio.

A TENER EN CUENTA. Si de manera excepcional y motivada, y por razón de las pruebas admitidas, fuese de prever que el juicio no podrá terminar en una sola sesión dentro del día señalado, la citación lo indicará así, expresando si la sesión o sesiones ulteriores se realizarán en el día o días inmediatamente sucesivos o en otros, que se señalarán por el LAJ, con expresión en todo caso de la hora en que las sesiones del juicio hayan de dar comienzo (artículo 429.7 de la LEC).

CUESTIÓN

¿Qué sucederá cuando la única prueba admitida sea la documental y se hubiera aportado sin ser impugnada?

El tribunal dictará sentencia, sin previa celebración de juicio, dentro de los veinte días siguientes a aquel en que finalice la audiencia, cuando:

- La única prueba que resulte admitida sea la de documentos, y estos ya se hubieran aportado al proceso sin resultar impugnados.

> – Se hubiesen presentado informes periciales, y ni las partes ni el tribunal solicitaren la presencia de los peritos en el juicio para la ratificación de su informe (artículo 429.8 de la LEC).

‖ Desarrollo del acto del juicio

El juicio se iniciará con la práctica, de acuerdo con lo establecido en los artículos 299 y siguientes de la LEC, de las pruebas admitidas, pero si se suscitara, en razón de las mismas, vulneración de derechos fundamentales en la obtención u origen de alguna prueba, se resolverá primero sobre dicha cuestión (art. 433.1 de la LEC).

Además, antes de la práctica de las pruebas, se procederá a oír a las partes y a la proposición y admisión de pruebas del artículo 286 de la norma de referencia, si se hubiesen alegado o se alegaren hechos acaecidos o conocidos con posterioridad a la audiencia previa.

Así, practicadas las pruebas, las partes expondrán oralmente sus conclusiones acerca de los hechos controvertidos, exponiendo de una manera ordenada, clara y concisa, si, estiman que los hechos relevantes han sido o deben considerarse admitidos y, probados o inciertos (en su caso).

Por último, explicadas sus conclusiones sobre los hechos controvertidos, cada parte tendrá la posibilidad de informar acerca de los argumentos jurídicos en que basen sus pretensiones que no podrán alterarse en dicho momento.

> **A TENER EN CUENTA.** Si el tribunal entendiera que no está suficientemente ilustrado sobre el caso con las conclusiones e informes explicados con anterioridad, podrá dar a las partes la palabra cuantas veces estime necesario para que informen sobre las cuestiones que les señale (artículo 433.4 de la LEC).

> **CUESTIÓN**
>
> **¿Cómo se realizarán las conclusiones referidas con anterioridad?**
>
> Según el apartado segundo del artículo 433 de la LEC, las partes:
>
> *«(...) harán un breve resumen de cada una de las pruebas practicadas sobre aquellos hechos, con remisión pormenorizada, en su caso, a los autos del juicio. Si entendieran que algún hecho debe tenerse por cierto en virtud de presunción, lo manifestarán así, fundamentando su criterio. Podrán, asimismo, alegar lo que resulte de la carga de la prueba sobre los hechos que reputen dudosos.*
>
> *En relación con el resultado de las pruebas y la aplicación de las normas sobre presunciones y carga de la prueba, cada parte principiará refiriéndose a los hechos aducidos en apoyo de sus pretensiones y seguirá con lo que se refiera a los hechos aducidos por la parte contraria».*

‖ Desarrollo de la vista en el juicio verbal

La proposición de prueba de las partes podrá completarse de acuerdo con lo establecido en el apartado primero del artículo 429 de la norma de referencia, explicado con anterioridad.

Según el **artículo 443 de la Ley de Enjuiciamiento Civil**, en el caso de que las partes comparezcan, el tribunal declarará abierto el acto y comprobará si persiste el litigio entre las mismas, y si las partes:

- Manifestaran haber llegado a un acuerdo o se mostrasen dispuestas a concluirlo de inmediato, podrán:

  - Desistir del proceso.

  - Solicitar del tribunal que homologue lo acordado.

- No hubiesen llegado a un acuerdo o no se mostrasen dispuestas a concluirlo de inmediato, el tribunal decidirá sobre las circunstancias que puedan impedir la válida prosecución y término del proceso a través de sentencia sobre el fondo de conformidad con los artículos 416 y siguientes de la LEC.

Por otro lado, si no se hubieran suscitado las cuestiones procesales indicadas en los apartados primero y segundo del artículo de referencia, o, si formuladas, se resolviese por el tribunal la continuación del acto, se dará la palabra a las partes para realizar aclaraciones y fijar los hechos sobre los que exista contradicción; y, para el caso de que no hubiere conformidad sobre todos ellos:

- Se propondrán las pruebas.

- Se practicarán seguidamente las pruebas que resulten admitidas.

> **A TENER EN CUENTA.** Contra las resoluciones del tribunal sobre admisión o inadmisión de pruebas solo cabrá recurso de reposición, que se sustanciará y resolverá en el acto, y en caso de desestimación, la parte podrá formular protesta a efecto de hacer valer sus derechos, en su caso, en la segunda instancia. Artículo 446 de la LEC.

|| Proposición de prueba anticipada

La prueba anticipada es aquella que las partes pueden solicitar, bien antes de incoar el proceso, o bien durante el curso del mismo, cuando exista temor fundado a que dichos actos no puedan realizarse en el momento procesal generalmente previsto, debido al estado de las cosas o por causa de las personas.

> **CUESTIÓN**
>
> **Si se solicita una prueba anticipada antes de iniciar el proceso, ¿cuál será el tribunal competente?**
>
> La petición se dirigirá al tribunal que se considere competente en el asunto principal.

En virtud del artículo 294 de la LEC la proposición de pruebas anticipadas se efectuará de acuerdo con lo establecido en la misma para cada una de ellas (explicando las razones en que funde esa petición).

Ahora bien, si el tribunal estimase fundada la anterior petición, accederá a la misma, estableciendo a través de providencia que las actuaciones se realicen cuando se considere necesario, siempre con anterioridad a la celebración del juicio o vista, efectuándose por el letrado de la Administración de Justicia el oportuno señalamiento (artículo 294.2 de la LEC).

A TENER EN CUENTA. La práctica contradictoria de la prueba anticipa-·da viene regulada en el artículo 295 de la Ley de Enjuiciamiento Civil, disponiendo en su primer apartado que: «*Cuando la prueba anticipada se solicite y se acuerde practicar antes del inicio del proceso, el que la haya solicitado designará la persona o personas a las que se proponga demandar en su día y serán citadas, con al menos cinco días de antelación, para que puedan tener en la práctica de la actuación probatoria la intervención que esta Ley autorice según el medio de prueba de que se trate*».

|| Particularidades en los procesos de familia

La LEC contiene una serie de especificidades aplicables a los procesos que versen sobre las medidas judiciales de apoyo a las personas con discapacidad, filiación, matrimonio y menores, en atención a la materia sobre la que tratan.

El art. 752.1 de la LEC dispone que estos procesos se decidirán con arreglo a los hechos que hayan sido objeto de debate y resulten probados, **con independencia del momento en que hubiesen sido alegados o introducidos al procedimiento.**

Además, recoge la posibilidad de que, sin perjuicio de las pruebas que se practiquen a instancia del Ministerio Fiscal y de las partes, **el tribunal decrete de oficio cuantas estime pertinentes.**

También se recoge en el mentado artículo que se podrá proponer por las partes o acordar de oficio por el tribunal la práctica de toda aquella prueba anticipada que se considere pertinente y útil al objeto del procedimiento. Deberá procurarse que el resultado de dicha prueba admitida o acordada obre en las actuaciones con anterioridad a la celebración de la vista, estando a disposición de las partes.

A TENER EN CUENTA. El art. 752 de la LEC ha sido modificado por el Real Decreto-ley 6/2023, de 19 de diciembre, con entrada en vigor el 20 de marzo del 2024.

Otra particularidad en estos procesos es que la conformidad de las partes sobre los hechos no vinculará al tribunal, no pudiendo decidir la cuestión litigiosa basándose exclusivamente en dicha conformidad o en el silencio o respuestas evasivas sobre los hechos alegados por la parte contraria.

El tribunal tampoco estará vinculado a lo establecido sobre la fuerza probatoria del interrogatorio de las partes, de los documentos públicos y de los privados que recoge la LEC.

CUESTIÓN

¿Se aplican estas especialidades a los procesos que, aun tratando sobre los temas citados, tengan por objeto materias sobre las que las partes puedan disponer libremente?

No, el art. 752.4 de la LEC establece que, en estos casos, cuando según la legislación civil aplicable, las partes puedan disponer libremente del objeto del proceso, no serán aplicables las especialidades contenidas en el art. 752 de la LEC.

Por su parte, el art. 770.4 de la LEC establece que en los procesos matrimoniales y de menores, las pruebas que no puedan practicarse en el acto de la vista se practicarán en el plazo que se señale por el tribunal, que no podrá exceder de 30 días.

Durante este plazo, el tribunal podrá acordar de oficio las pruebas que estime necesarias para:

- Comprobar la concurrencia de las circunstancias exigidas en cada caso por el Código Civil para decretar la nulidad, separación o divorcio.

- Comprobar las circunstancias que se refieran a hechos de los que dependan los pronunciamientos sobre medidas que afecten a los hijos menores o a los mayores con discapacidad que precisen apoyo.

Cuando se trate de una separación o divorcio solicitados de mutuo acuerdo, o por uno de los cónyuges con el consentimiento del otro, si una vez se han ratificado ambos cónyuges, el juez o el letrado de la Administración de Justicia competente considera que la documentación aportada es insuficiente, concederá a los solicitantes un plazo de 10 días para que la completen. Durante este plazo se practicará la prueba que los cónyuges hubiesen propuesto y la que el tribunal considere necesaria para acreditar la concurrencia de las circunstancias en cada caso exigidas por el Código Civil y para apreciar la procedencia de aprobar el convenio regulador.

A TENER EN CUENTA. En los procesos sobre adopción de medidas de apoyo a las personas con discapacidad, con independencia de las pruebas practicadas conforme el art. 752 LEC, el tribunal practicará las siguientes pruebas enumeradas en el art. 759.1 de la LEC:

1. Entrevista con la persona con discapacidad, salvo que la demanda haya sido presentada por esta, y así lo solicite de forma previa y excepcional.

2. Dará audiencia al cónyuge no separado de hecho o legalmente o a quien se encuentre en situación asimilable, así como a los parientes más próximos de la persona con discapacidad.

3. Acordará los dictámenes periciales necesarios o pertinentes en relación con las pretensiones de la demanda, no pudiendo decidirse sobre las medidas que deben ser adoptadas sin previo dictamen pericial acordado por el Tribunal.

Análisis de la ilicitud de la prueba según la LEC

Si alguna de las partes estimara que en la obtención u origen de alguna prueba que se hubiera admitido se hubiera producido alguna vulneración de derechos fundamentales tendrá que alegarlo de manera inmediata, con traslado a las demás partes (en su caso).

Dicha cuestión, también podrá plantearse por el tribunal, de oficio, y se resolverá en el acto el juicio o, en el caso de juicios verbales, al comienzo de la vista, antes de que se inicie la práctica de la prueba, a ese efecto:

- Se oirá a las partes.

– Se practicarán las pruebas pertinentes y útiles que se propongan en el acto sobre la referida ilicitud (en su caso) (artículo 287 de la LEC).

A TENER EN CUENTA. Contra la anterior resolución solo cabrá recurso de reposición, que se interpondrá, sustanciará y resolverá en el mismo acto del juicio o vista, quedando a salvo el derecho de las partes a reproducir la impugnación de la prueba ilícita en la apelación contra la sentencia definitiva (artículo 287.2 de la LEC).

CUESTIÓN

¿Podrá ser sancionado el litigante por cuya causa no se realizase en tiempo una prueba admitida?

Sí, el litigante por cuya causa no se ejecutare temporáneamente una prueba admitida será sancionado por el tribunal con multa, no inferior a 60 euros ni superior a 600 euros, salvo que acreditase falta de culpa o desistiese de practicar dicha prueba si él la hubiese propuesto, dicha multa se impondrá en el acto del juicio o en la vista, previa audiencia de las partes (artículo 288 de la LEC).

Admisión de pruebas en la sustanciación de la apelación

Tal y como se apunta la **sentencia de la Audiencia Provincial de Málaga, n.º 268/2023, de 27 de abril, ECLI:ES:APMA:2023:1447**: «En el sistema de la LEC, conocido como de "apelación limitada" la prueba en la segunda instancia tiene carácter excepcional, ya que sólo resulta admisible la práctica de diligencias probatorias por alguna de las causas especialmente previstas en el artículo 460 de la LEC».

Por su parte, el art. 460 de la LEC, dedicado a los documentos que pueden acompañarse al escrito de interposición de la apelación y a la solicitud de pruebas en segunda instancia, dispone que:

«1. Sólo podrán acompañarse al escrito de interposición los documentos que se encuentren en alguno de los casos previstos en el artículo 270 y que no hayan podido aportarse en la primera instancia.

2. En el escrito de interposición se podrá pedir, además, la práctica en segunda instancia de las pruebas siguientes:

1.ª Las que hubieren sido indebidamente denegadas en la primera instancia, siempre que se hubiere intentado la reposición de la resolución denegatoria o se hubiere formulado la oportuna protesta en la vista.

2.ª Las propuestas y admitidas en la primera instancia que, por cualquier causa no imputable al que las hubiere solicitado, no hubieren podido practicarse, ni siquiera como diligencias finales.

3.ª Las que se refieran a hechos de relevancia para la decisión del pleito ocurridos después del comienzo del plazo para dictar sentencia en la primera instancia o antes de dicho término siempre que, en este último caso, la parte justifique que ha tenido conocimiento de ellos con posterioridad.

3. El demandado declarado en rebeldía que, por cualquier causa que no le sea imputable, se hubiere personado en los autos después del momento establecido para proponer la prueba en la primera instancia podrá pedir en la segunda que se practique toda la que convenga a su derecho».

En virtud de lo dispuesto en el **artículo 464 de la Ley de Enjuiciamiento Civil**, el tribunal que ha de resolver sobre la apelación si se aportaran nuevos documentos o se propusiera prueba acordará lo que proceda sobre la admisión en un plazo de 10 días.

Así, si ha de practicarse prueba, el LAJ señalará día para la vista que se celebrará dentro del mes siguiente de acuerdo con lo establecido para el juicio verbal.

Por el contrario, si no se hubiera propuesto prueba o si toda la propuesta fuera inadmitida podrá acordarse a través de providencia la celebración de la vista si lo solicitara alguna de las partes o el tribunal lo estime necesario, y en caso de que se acuerde su celebración, el LAJ señalará el día y la hora para el citado acto.

3.
MEDIOS DE PRUEBA EN EL PROCESO PENAL

Los medios de prueba en el derecho penal

Una parte esencial en el proceso penal es el derecho que tienen las partes de utilizar los medios de prueba que tengan a su alcance. Tal y como se define en el *Diccionario del Español Jurídico* el derecho a utilizar los medios de prueba es aquel que «(…) se reconoce a quien interviene como litigante en un proceso de provocar la actividad procesal necesaria para lograr la convicción del órgano judicial sobre la existencia o inexistencia de los hechos relevantes para la decisión del conflicto objeto del proceso».

El Tribunal Supremo se ha pronunciado sobre la pertinencia de los medios probatorios y su valoración en su **STS n.º 56/2023, de 3 de febrero, ECLI:ES:TS:2023:376**, en la que se recoge que:

> «(…) Si llamamos medios de prueba a las distintas vías por las que en abstracto se puede alcanzar la verdad material o la evidencia; fuente de prueba a aquellos medios que en abstracto se utilizan en un proceso (tal testigo, perito o documento); y prueba o elemento probatorio al acto capaz de dar lugar a un juicio de certeza o destruirlo, declaración concreta de un testigo (o dictamen de un perito o contenido del documento), esto es, aquello de lo declarado que se estime convincente, con fundamento, y sirva para integrar el hecho probado o bien como base de una ulterior inferencia, podemos entender que los medios de prueba, por su carácter genérico, no son susceptibles de clasificación ni por su origen ni por su resultado, que las fuentes de prueba pueden calificarse por su origen, entendido como iniciativa, a propuesta de la acusación, de la defensa, por decisión judicial, pero no por su resultado —el testigo propuesto por la defensa hace declaraciones que no le favorezcan—; y en fin, que las pruebas pueden calificarse por su resultado, cualquiera que sea su origen, y así serán pruebas de defensa las que sean de descargo y de acusación las que lo sean de cargo; esto es, hay que distinguir pruebas de la defensa (o de la acusación) de prueba de defensa o descargo (o prueba acusatoria o incriminatoria). Por ello la prueba de defensa puede ser aportada o no a la defensa y lo mismo puede suceder con la prueba de cargo. Siendo así

el principio de libre valoración de la prueba recogido en el artículo 741 de la Ley de enjuiciamiento criminal supone que los distintos elementos de prueba puedan ser ponderados libremente por el Tribunal de instancia, a quien corresponde, en consecuencia, valorar su significado y trascendencia en orden a la fundamentación del fallo contenido en la sentencia, con independencia de que parte, acusación o defensa, sea la que los haya aportado».

El Tribunal Constitucional ha declarado en numerosas ocasiones, por ejemplo, en su **STC n.º 141/2001, de 18 de junio, ECLI:ES:TC:2001:141**, que la decisión acerca de la existencia, pertinencia y valoración de las pruebas es una cuestión de legalidad ordinaria, y no de orden constitucional, por lo que nada debe decir acerca de lo concluido por los tribunales, siempre que esté debidamente razonado y fundamentado en derecho.

Además, en la **STC n.º 142/2012, de 02 de julio, ECLI:ES:TC:2012:142**, aclara que la vulneración del derecho a utilizar los medios de prueba pertinentes exige:

- Que el recurrente haya instado a los órganos judiciales la práctica de una actividad probatoria, respetando las previsiones legales al respecto.

- Que los órganos judiciales hayan rechazado su práctica sin motivación, con una motivación incongruente, arbitraria o irrazonable, de una manera tardía o que, habiendo admitido la prueba, finalmente no hubiera podido practicarse por causas imputables al propio órgano judicial.

- Que la actividad probatoria que no fue admitida o practicada hubiera podido tener gran repercusión en la resolución del pleito, generando indefensión al actor.

- Que el recurrente en la demanda de amparo alegue y fundamente los anteriores extremos.

El Tribunal Supremo ha resumido la doctrina del Tribunal Constitucional sobre el derecho a utilizar los medios de prueba pertinentes para la defensa en numerosas ocasiones, pudiendo citar a modo de ejemplo la **STS n.º 625/2023, de 19 de julio, ECLI:ES:TS:2023:3545**, que establece que:

- Es un derecho fundamental de configuración legal, en la delimitación de cuyo contenido contribuye el legislador de forma activa al establecer normas reguladoras de cada orden jurisdiccional, a cuyas determinaciones habrá de acomodarse el ejercicio de este derecho. De este modo, para entenderlo lesionado será preciso que la prueba no admitida o no practicada se haya solicitado en la forma y momento legalmente establecidos, y sin que en ningún caso pueda considerarse menoscabado este derecho cuando la inadmisión de una prueba se haya producido debidamente en aplicación estricta de normas legales cuya legitimidad constitucional no pueda ponerse en duda.

- Este derecho no tiene carácter absoluto, sino que solamente se podrá exigir la recepción y práctica de las pruebas que sean pertinentes, tras el examen del órgano juzgador.

- El órgano judicial deberá motivar de forma razonada la denegación de las pruebas propuestas, sin que pueda ser el razonamiento insuficiente o suponga una interpretación de la legalidad manifiestamente arbitraria o irrazonable.
- No toda irregularidad u omisión procesal en materia de prueba tiene por qué causar un daño constitucionalmente relevante, ya que la garantía contenida en el artículo 24.2 de la CE solo cubre los supuestos en los que la prueba es decisiva para la defensa. Para que se produzca violación de este derecho fundamental el Tribunal Constitucional ha exigido reiteradamente que concurran dos circunstancias: por un lado, la denegación o la inejecución de las pruebas han de ser imputables al órgano judicial y por otro, que la prueba denegada o no practicada tiene que ser decisiva en términos de defensa, debiendo justificar el recurrente en la demanda la indefensión de que se trate.
- Esta última exigencia se proyecta en un doble plano:
  • El recurrente tiene que demostrar la relación entre los hechos que no se pudieron probar y las pruebas inadmitidas o no practicadas.
  • Tiene que argumentar por qué y de qué manera habrían afectado favorablemente estas pruebas en su defensa, en caso de que fueran admitidas o practicadas.
- Por último, el Tribunal Constitucional también afirma que el artículo 24 CE impide a los órganos judiciales rechazar una prueba oportunamente propuesta fundando su decisión en la falta de acreditación de los hechos que se pretendían acreditar mediante la prueba precisamente rechazada, encubriéndose tras una aparente resolución judicial fundada en derecho una denegación de justicia.

Dentro del proceso penal se diferencian dos tipos de prueba en función del momento en el que se realizan:

- La practicada en la fase de instrucción, es decir, la prueba que se lleva a cabo para realizar la investigación de los hechos.
- La practicada en el acto del juicio.

Si bien es cierto que en el derecho penal únicamente se consideran auténticas pruebas las practicadas en el juicio oral, existen excepciones, habiéndose pronunciado sobre ello el Tribunal Supremo, enumerando los requisitos necesarios para valorar como pruebas las diligencias de instrucción, véase, por ejemplo, lo dispuesto en la **STS n.º 853/2022, de 27 de octubre, ECLI:ES:TS:2022:4091**:

> «las reglas generales sobre qué prueba ha de considerarse válida para acreditar la existencia del hecho y la participación en el mismo del acusado, aceptadas de forma consolidada por la jurisprudencia del Tribunal Constitucional y de esta Sala, pueden sintetizarse, conforme las SSTS 882/2008 de 17 diciembre y 158/2014 de 12 marzo, en que en principio, es bien conocida la doctrina, también proclamada por el Tribunal Constitucional, y que recordábamos en nuestra Sentencia 882/2008 de 17 de diciembre, conforme a la cual en principio, **únicamente pueden considerarse auténticas pruebas** (STC de 18 de junio de 2.001 y SS.T.S. de 20 de septiembre y 5 de noviembre de 1.996, 4 de febrero, 18 de marzo y 30 de mayo de 1.997,

23 de junio y 26 de julio de 1.999 y 3 de noviembre de 2.000, entre otras), **que vinculen al Tribunal encargado de dictar sentencia, las practicadas en el juicio oral,** pues el procedimiento probatorio ha de tener lugar necesariamente en el debate contradictorio que en forma oral se desarrolla ante el mismo Juez o Tribunal sentenciador. Por el contrario, las diligencias sumariales son actos de investigación encaminados a la averiguación del delito e identificación del delincuente (art. 299 L.E.Cr.) que no constituyen en sí mismas pruebas de cargo, pues su finalidad específica no es la fijación definitiva de los hechos, para que éstos trasciendan a la resolución judicial, sino la de preparar el juicio oral, proporcionando a tales efectos los elementos necesarios para la acusación y defensa y para la dirección del debate contradictorio atribuido al juzgador.

Tal regla general conoce excepciones a las que se denomina con terminología no siempre de general aceptación. En la Sentencia de 30 de junio de 2.008, resumíamos la doctrina que el Tribunal Constitucional enunciaba en la Sentencia de 18 de junio de 2.001 en la que se concretaban los **requisitos que han de concurrir para valorar como prueba las diligencias practicadas en fase de instrucción: a) material:** que versen sobre hechos que, por su fugacidad, no puedan ser reproducidos el día de la celebración del juicio oral; **b) subjetivo:** que sean intervenidas por la única autoridad dotada de la suficiente independencia para generar actos de prueba, como es el Juez de instrucción, sin perjuicio de que, por especiales razones de urgencia, también esté habilitada la policía judicial para realizar determinadas diligencias de constancia y recoger y custodiar los elementos del cuerpo del delito; **c) objetivo:** que se garantice la contradicción, para lo cual, siempre que sea factible, se le ha de permitir a la defensa la posibilidad de comparecer en la ejecución de dicha prueba sumarial, a fin de que pueda interrogar al testigo; y, por último, **d) formal:** que el régimen de ejecución de la prueba sumarial sea el mismo que el del juicio oral (diferenciándose de este modo de los correlativos actos de investigación en los que las preguntas de las partes han de formularse a través del Juez de instrucción), así como que su objeto sea introducido en dicho juicio público mediante la lectura de documentos, la cual ha de posibilitar someter su contenido a la confrontación de las demás declaraciones de los intervinientes en el juicio oral (SSTC 217/1989, de 21 de diciembre, FJ 3; 303/1993, de 25 de octubre, FJ 3; 36/1995, de 6 de febrero, FJ 2; 200/1996, de 3 de diciembre, FJ 2; 40/1997, de 27 de febrero, FJ 2; 153/1997, de 29 de septiembre, FJ 5; 49/1998, de 2 de marzo, FJ 2; 115/1998, de 1 de junio, FJ 2; 97/1999, de 31 de mayo, FJ 5)».

Análisis del art. 258 bis de la LECrim y su aplicación en los medios de prueba.

Cree este H3 para introducir las últimas modificaciones. Cogerlo del tema con ID 63127

3.1. La prueba durante la fase de instrucción

Diligencias de investigación durante la instrucción

Con relación a la instrucción el artículo 311 de la LECrim dispone que el juez de instrucción practicará las diligencias que hubiesen propuesto tanto el Ministerio Fiscal, como cualquiera de las partes personadas, siempre y cuando no las considere inútiles o perjudiciales.

CUESTIÓN

¿Puede recurrirse el auto denegatorio de las diligencias solicitadas?

Sí, podrá interponerse recurso de apelación, que se admitirá en un solo efecto para ante la respectiva audiencia o tribunal competente. El tercer párrafo del art. 311 de la LECrim también recoge que en aquellos casos en los que el fiscal no estuviera en la misma localidad que el juez de instrucción, en vez de apelar, deberá recurrir en queja al tribunal competente.

Es importante tener en cuenta que las diligencias pedidas y denegadas durante el sumario podrán ser propuestas de nuevo en el juicio oral (art. 314 de la LECrim).

Dado que el art. 324 de la LECrim establece un plazo máximo de 12 meses para desarrollar la investigación judicial, que podrá ser prorrogado de oficio o a instancia de parte, sólo serán admitidas las diligencias de investigación acordadas con anterioridad al transcurso del plazo o de sus prórrogas, las que se acuerden con posterioridad no serán válidas.

De la inspección ocular

Los artículos 326 y siguientes de la LECrim regulan la inspección ocular, que podríamos definir como: «Diligencia consistente en el reconocimiento por el juez o tribunal del lugar donde se cometió el delito, con presencia de las partes, recogiéndose y conservándose, en su caso, los vestigios o pruebas materiales de la perpetración del delito» *(Diccionario del Español Jurídico de la RAE)*.

En aquellos supuestos en los que el delito perseguido haya dejado vestigios o pruebas materiales de su perpetración, el juez instructor ordenará que se recojan y conserven para el juicio oral, cuando sea posible. En este caso, el juez procederá a la inspección ocular y a la descripción de todo aquello que pueda tener relación con la existencia y naturaleza del hecho.

La LECrim señala que, con este fin, deberán consignarse en los autos los siguientes aspectos:

- La descripción del lugar del delito.
- El sitio y estado en que se hallen los objetos que en él se encuentren.
- Los accidentes del terreno o situación de las habitaciones.
- Todos los demás detalles que puedan utilizarse, tanto para la acusación como para la defensa.

A TENER EN CUENTA. El tercer párrafo del mentado art. 326 de la LECrim establece que: *«Cuando se pusiera de manifiesto la existencia de huellas o vestigios cuyo análisis biológico pudiera contribuir al esclarecimiento del hecho investigado, el Juez de Instrucción adoptará u ordenará a la Policía Judicial o al médico forense que adopte las medidas necesarias para que la recogida, custodia y examen de aquellas muestras se verifique en condiciones que garanticen su autenticidad, sin perjuicio de lo establecido en el artículo 282».*

A través de lo dispuesto en este precepto, la inspección ocular puede concebirse como una prueba susceptible de ser valorada como un elemento probatorio por el tribunal que conocerá de la causa. Revestirá forma de acta expedida por la autoridad judicial. Es necesario, para que alcance ese valor probatorio del que hablamos, que sea reproducida en juicio oral siendo testimoniada por alguno de los funcionarios que la hubiesen practicado, asegurando la práctica de la contradicción y la inmediación.

También se recoge en la LECrim la posibilidad de levantar el plano detallado del lugar, o de realizar un retrato de las personas que hubiesen sido objeto del delito, o la copia o diseño de los efectos o instrumentos del mismo que se hubiesen hallado, cuando se considerase conveniente para mayor claridad o comprobación de los hechos.

Cuando se trate de un robo o cualquier otro delito cometido con fractura, escalamiento o violencia, el juez instructor describirá los vestigios que haya dejado, y consultará con peritos sobre la manera, los instrumentos, los medios o el tiempo de la ejecución del delito.

El juez instructor también podrá ordenar que las personas que hubiesen sido halladas en el lugar del delito no se ausenten durante la diligencia de descripción, y que comparezcan inmediatamente las que se encontraran en cualquier sitio próximo, recibiéndole a todas la oportuna declaración.

CUESTIONES

1. ¿Qué puede hacer el juez instructor cuando no hayan quedado huellas o vestigios del delito?

En estos casos el juez instructor, cuando sea posible, averiguará y dejará constancia sobre si la desaparición de las pruebas materiales ha ocurrido de manera natural, casual o intencional, y las causas de la misma o los medios que para ello se hubiesen empleado. A continuación, recogerá y consignará en el sumario las pruebas de cualquier clase que se puedan adquirir acerca de la perpetración del delito.

2. ¿Y cuándo se trata de un delito de los que no dejan huellas?

Cuando estemos ante un delito que no deja huellas de su perpetración, el juez que este realizando la instrucción hará constar la ejecución del delito y sus circunstancias, y la preexistencia de la cosa cuando el delito hubiese tenido por objeto la sustracción de la misma, ya sea por declaraciones de testigos o por los demás medios de comprobación.

Todas estas diligencias relacionadas con la inspección ocular deberán extenderse por escrito en el mismo acto de la citada inspección, y deberán estar firmadas por el juez instructor, el fiscal, el LAJ (si hubiese asistido), y las demás personas que se encuentren presentes.

Si en el momento de practicarse estas diligencias hubiese alguna persona procesada como presunta autora, tendrá derecho a presenciarlas, ya sea sola ya sea con su abogado, cuando así lo solicitase. Además, podrán realizar las observaciones que estimen pertinentes durante el acto, y si estas no fuesen aceptadas deberán consignarse por diligencia. Con esta finalidad, el LAJ deberá comunicar al procesado el acuerdo relativa a la práctica de la diligencia, con la antelación que permita su índole, y no se suspenderá por la falta de comparecencia del procesado o su abogado.

Del cuerpo del delito

El art. 334 de la LECrim recoge que el juez instructor, en los primeros momentos, ordenará la recogida de las armas, instrumentos o efectos de cualquier clase que puedan tener relación con el delito y que se hallen en el lugar en el que se cometió, en sus inmediaciones o en poder del reo, o en otra parte conocida. En estos casos el LAJ extenderá diligencia en la que constarán el lugar, tiempo y ocasión en que se encontrasen, con una descripción minuciosa para que se pueda formar una idea cabal de los mismos y de las circunstancias de su hallazgo.

Esta diligencia deberá ser firmada por la persona en cuyo poder fueran hallados, y se le notificará el auto en el que se mande recogerlos.

CUESTIÓN

¿Puede recurrirse la incautación de estos objetos?

Sí, la persona afectada por la incautación podrá recurrir esta medida ante el juez de instrucción, aclarando la LECrim que este recurso no necesitará la intervención de abogado cuando sea presentado por personas diferentes al imputado. Este recurso se tendrá por interpuesto en el momento en el que el afectado o un familiar mayor de edad, manifiesten su disconformidad con la medida en el momento de la misma.

Los efectos que pertenecieran a la víctima se le devolverán inmediatamente salvo que de manera excepcional deban conservarse como medio de prueba o para la práctica de otras diligencias. También se le devolverán cuando, a pesar de que deban ser conservados por las referidas causas, pueda garantizarse su conservación imponiendo al propietario el deber de mantenerlos a disposición del juez o tribunal.

A continuación, se recogen en la LECrim una serie de especificaciones, entre las que podemos destacar las referidas a la identificación de la víctima, levantamiento del cadáver, autopsia, informe forense en caso de lesiones...

De la identidad del delincuente y la diligencia de reconocimiento

La LECrim dedica sus artículos 368 y siguientes a regular la identidad del delincuente y sus circunstancias personales, estableciendo como punto de partida que aquellos que dirijan cargo a alguna persona determinada deberán reconocerla judicialmente cuando se considere necesario por el juez instructor, los acusadores o el mismo inculpado con el objetivo de que no exista duda acerca de quién es la persona a la que aquellos se refieren.

La diligencia de reconocimiento se llevará a cabo poniendo a la vista del que deba de verificarlo a la persona que haya de ser reconocida, junto con otras personas de circunstancias exteriores similares. El que deba practicar el reconocimiento se pronunciará sobre si encuentra en la rueda o grupo a la persona a quién hubiese hecho referencia en sus declaraciones, y en caso afirmativo, deberá designarla de manera clara y determinante.

CUESTIONES

1. En el caso de que sean varios los que tienen que recocer a una persona, ¿puede hacerse una rueda de reconocimiento conjunta?

No, deberá practicarse separadamente con cada uno de ellos, sin que puedan comunicarse entre sí hasta que se haya efectuado el último reconocimiento.

2. Y si son varios los que deban ser reconocidos por una misma persona, ¿pueden realizarse todos los reconocimientos en el mismo acto?

Sí, en este caso podrá hacerse el reconocimiento en el mismo acto (art. 370 de la LECrim).

A TENER EN CUENTA. Los antecedentes penales del procesado deberán ser traídos a la causa.

Cuando el juez observe en el procesado indicios de enajenación mental, le someterá inmediatamente a la observación de los médicos forenses del establecimiento penitenciario si se encontrase preso, o en otro público si estuviese en libertad.

Las declaraciones de los procesados en la instrucción

El juez instructor, de oficio o a instancia del Ministerio Fiscal o de la acusación particular, hará que los procesados presten las declaraciones que considere convenientes para la averiguación de los hechos (art. 385 de la LECrim). Cuando lo disponga el juez instructor no podrán estar presentes en el interrogatorio el acusador privado, ni el actor civil.

La Ley de Enjuiciamiento Criminal establece un plazo de 24 horas para tomar la primera declaración del procesado cuando este estuviera detenido. Este plazo podrá ser prorrogado por otras 48 horas en el caso de que medie causa grave.

Las preguntas que se le hagan deberán reunir las siguientes características:

- Estarán dirigidas a la averiguación de los hechos y a la participación en ellos del procesado y demás personas que hubieran contribuido a ejecutarlos o a encubrirlos.

- Deberán ser preguntas directas.

- No podrán hacerse de un modo capcioso o sugestivo.

- No podrá emplearse con el procesado género alguno de coacción o amenaza.

Si bien las respuestas deberán ser orales, el juez instructor podrá permitir que se redacten en su presencia cuando se trate de puntos difíciles de explicar, o que también en su presencia, se consulten apuntes o notas.

Al procesado se le permitirá manifestar todo lo que considere conveniente para su exculpación o para la explicación de los hechos, evacuándose con urgencia las citas que hiciera y las demás diligencias que propusiera si el juez las estima conducentes para la comprobación de sus manifestaciones.

Si el juez considerase conveniente el examen del procesado en el lugar de los hechos, o ante las personas o cosas con ellos relacionadas se observará lo dispuesto en el art. 438 de la LECrim, que dispone que podrán ponerse a presencia dichos objetos, solos o mezclados con otros semejantes, adoptando las medidas que su prudencia le sugiera para mayor exactitud de la declaración.

Hay que destacar dos aspectos recogidos en la LECrim según la cual el procesado podrá declarar cuantas veces quisiera, y el juez deberá recibirle inmediatamente la declaración si tuviese relación con la causa. Además, también hay que remarcar que en la declaración se consignarán íntegramente las preguntas y las contestaciones.

Cuando en alguna declaración posterior se ponga al procesado en contradicción con sus declaraciones anteriores, deberá interrogársele sobre el móvil de sus contradicciones y sobre las causas de su retractación.

Uno de los aspectos más característicos de la confesión del procesado en el derecho penal aparece recogida en el art. 406 de la LECrim, y es que la confesión del procesado no dispensará al juez de instrucción de practicar todas las diligencias necesarias para adquirir el convencimiento de la verdad de la confesión y de la existencia del delito.

CUESTIONES

1. ¿Qué valor probatorio tienen las declaraciones del investigado en sede policial?

El Pleno no jurisdiccional de la Sala Segunda del TC de fecha 3 de junio 2015 adoptó el siguiente acuerdo:

«Las declaraciones ante los funcionarios policiales no tienen valor probatorio.

No pueden operar como corroboración de los medios de prueba. Ni ser contrastadas por la vía del artículo 714 de la LECri. No cabe su utilización como prueba preconstituida en los términos del art. 730 LECri.

Tampoco pueden ser incorporados al acervo probatorio mediante la llamada como testigos de los agentes policiales que las recogieron.

Sin embargo, cuando los datos objetivos contenidos en la autoinculpación son acreditados como veraces por verdaderos medios de prueba, el conocimiento de aquellos datos por el declarante evidenciado en la autoinculpación puede constituir un hecho base para legitimar y lógicas inferencias. Para constatar, a estos exclusivos efectos, la validez y el contenido de la declaración policial deberán prestar testimonio en el juicio los agentes policiales que la presenciaron».

Cabe citar aquí la **STS n.º 549/2023, de 5 de julio, ECLI:ES:TS:2023:3076**, que realiza un análisis de estas declaraciones diferenciándolas de las manifestaciones espontáneas que pudiesen realizarse delante de los agentes, reconociendo la validez de estas últimas: *«(...) jurisprudencia que considera material probatorio utilizable las declaraciones prestadas por detenidos espontáneamente ante funcionarios policiales y antes de contar con la debida asistencia letrada, fuera de un interrogatorio policial orientado a la determinación de su responsabilidad».*

2. ¿Puede el imputado guardar silencio?

Sí, el imputado podría guardar silencio y no declarar, si bien esta decisión no afecta a las declaraciones que hubiese prestado con anterioridad. En este sentido la **STS n.º 157/2010, de 5 de febrero, ECLI:ES:TS:2010:973**:

> «(...) el derecho del imputado a guardar silencio —nemo tenetur se detegere— es uno de los rasgos más caracterizados del proceso penal de inspiración liberal y su asunción constitucional y legislativa significa la renuncia a tener a aquél como mero instrumento de prueba. De esta forma el interrogatorio se convierte esencialmente en un medio de defensa, orientado a dar efectividad a la contradicción y a permitir al sometido a proceso refutar la imputación y argumentar para justificarse. La declaración del imputado durante la investigación y del acusado en el juicio, tiene, de este modo, un carácter esencialmente autodefensivo; es un recurso de utilización facultativa, del que sólo ellos pueden disponer. Ahora bien, producida la declaración en algún momento del proceso, en virtud de una decisión autónoma del propio interesado, su contenido informativo es material valorable dentro del conjunto del cuadro probatorio y susceptible de ser tratado como tal, conforme a las reglas de la Ley de Enjuiciamiento Criminal.
>
> Cuando el imputado acepta declarar, lo manifestado pasa a formar parte del material de la investigación, se incorpora a la causa. Aquél podrá prestar o no sucesivas declaraciones y, en ellas, confirmar, ampliar o incluso rectificar lo que ya hubiera manifestado. Pero nunca recuperar o reapropiarse de lo aportado y ya incorporado legítimamente a las actuaciones. Así, tanto lo dicho inicialmente como las ampliaciones y rectificaciones constituirán, en su conjunto, aportaciones valorables a tenor de las normas legales vigentes en la materia.
>
> De lo expuesto se infiere que el derecho al silencio es un derecho de uso actual, que se activa y puede ejercitarse en cada momento procesal, pero que no retroactúa sobre los ya transcurridos, ni tiene, por tanto, en ellos, la incidencia que pretende el que recurre. El acusado puede guardar silencio en el juicio, pero no hacer que éste se proyecte hacia atrás, con la eficacia de cancelar otras manifestaciones precedentes. Lo adquirido en el curso de la investigación forma parte definitivamente de los autos, de los que sólo podría ser expulsado formalmente por razón ilicitud».

Las declaraciones de los testigos

Las declaraciones de los testigos en el sumario se regulan en el capítulo V del título V del libro II (arts. 410 a 450 de la LECrim), comenzando esta regulación por recalcar la obligatoriedad de acudir a declarar cuando se ha sido citado legalmente, enumerando las personas que están exentas del deber de declarar, y las que están exentas de concurrir al llamamiento del juez, pero no de declarar, pudiendo hacerlo por escrito.

En el primero de los supuestos se encuentran el Rey, la Reina, sus respectivos consortes, el Príncipe heredero (en la actualidad, Princesa) y los Regentes del Reino, así como los agentes diplomáticos acreditados en España, y el personal administrativo, técnico o de servicio de las misiones diplomáticas, así como sus familiares, cuando concurran en ellos los requisitos exigidos en los tratados.

En el segundo de los supuestos (exentos de concurrir al llamamiento, pero no de declarar), se encuentran:

- Las demás personas de la familia real.
- El presidente y los demás miembros del Gobierno.
- Los presidentes del Congreso de los Diputados y del Senado.
- El presidente del Tribunal Constitucional.

- El presidente del Consejo General del Poder Judicial.
- El fiscal general del Estado.
- Los presidentes de las Comunidades Autónomas.
- Los diputados y senadores.
- Los magistrados del Tribunal Constitucional y los vocales del Consejo General del Poder Judicial.
- Los fiscales de sala del Tribunal Supremo.
- El defensor del pueblo.
- Las autoridades judiciales de cualquier orden jurisdiccional de categoría superior a la del que recibiere la declaración.
- Los presidentes de las asambleas legislativas de las comunidades autónomas.
- El presidente y los consejeros permanentes del Consejo de Estado.
- El presidente y los consejeros del Tribunal de Cuentas.
- Los miembros de los consejos de gobierno de las Comunidades Autónomas.
- Los secretarios de Estado, los subsecretarios y asimilados, los delegados del gobierno en las comunidades autónomas y en Ceuta y Melilla, los gobernadores civiles y los delegados de Hacienda.

Además, también se recogen en el art. 416 de la LECrim aquellos supuestos en los que existe una dispensa de la obligación de declarar:

«Están dispensados de la obligación de declarar:

1. **Los parientes del procesado en líneas directa ascendente y descendente, su cónyuge o persona unida por relación de hecho análoga a la matrimonial, sus hermanos consanguíneos o uterinos y los colaterales consanguíneos hasta el segundo grado civil.** El Juez instructor advertirá al testigo que se halle comprendido en el párrafo anterior que no tiene obligación de declarar en contra del procesado; pero que puede hacer las manifestaciones que considere oportunas, y el Letrado de la Administración de Justicia consignará la contestación que diere a esta advertencia.

Lo dispuesto en el apartado anterior no será de aplicación en los siguientes casos:

1.° Cuando el testigo tenga atribuida la representación legal o guarda de hecho de la víctima menor de edad o con discapacidad necesitada de especial protección.

2.° Cuando se trate de un delito grave, el testigo sea mayor de edad y la víctima sea una persona menor de edad o una persona con discapacidad necesitada de especial protección.

3.° Cuando por razón de su edad o discapacidad el testigo no pueda comprender el sentido de la dispensa. A tal efecto, el Juez oirá previamente a la persona afectada, pudiendo recabar el auxilio de peritos para resolver.

4.° Cuando el testigo esté o haya estado personado en el procedimiento como acusación particular.

5.° Cuando el testigo haya aceptado declarar durante el procedimiento después de haber sido debidamente informado de su derecho a no hacerlo.

2. El Abogado del procesado respecto a los hechos que éste le hubiese confiado en su calidad de defensor.

Si alguno de los testigos se encontrase en las relaciones indicadas en los párrafos precedentes con uno o varios de los procesados, estará obligado a declarar respecto a los demás, a no ser que su declaración pudiera comprometer a su pariente o defendido.

3. Los traductores e intérpretes de las conversaciones y comunicaciones entre el imputado, procesado o acusado y las personas a que se refiere el apartado anterior, con relación a los hechos a que estuviera referida su traducción o interpretación».

Tampoco podrán ser obligados a declarar, en función de lo establecido en el art. 417 de la LECrim:

- Los eclesiásticos y ministros de los cultos disidentes, sobre los hechos que les fueren revelados en el ejercicio de las funciones de su ministerio.

- Los funcionarios públicos, cuando no pudieses declarar sin violar el secreto que por razón de sus cargos estuviesen obligado a guardar, o cuando, no fueran autorizados por su superior jerárquico para prestar declaración.

- Los incapacitados física o moralmente.

Sobre la dispensa de la obligación del testigo se pronuncia el Tribunal Supremo en la **STS n.º 656/2022, de 29 de junio, ECLI:ES:TS:2022:2701**, que analiza el fundamento de esta dispensa en los siguientes términos:

«La dispensa de la obligación del testigo de colaborar con la Administración de Justicia se configura como un derecho individual de rango constitucional, en la medida en que los preceptos citados son el reflejo y el desarrollo de la previsión contenida en el artículo 24.2 de la Constitución Española, que fija "in fine" que "La ley regulará los casos en que, por razón de parentesco o de secreto profesional, no se estará obligado a declarar sobre hechos presuntamente delictivos".

Se muestra así como un derecho de los ciudadanos en relación con el ejercicio de las funciones jurisdiccionales, si bien con la singularidad, destacada por la doctrina constitucional y jurisprudencial, de que se proyecta a favor del testigo en un proceso y no de las partes que se integran en él, sin que exista un derecho del encausado a que no declaren contra él las personas referenciadas en las normas reguladoras anteriormente expuestas (STC 94/2010, de 15 de noviembre)

1.3. El Derecho encuentra su justificación en razones de estricta eficacia procesal, así como en razones de conciencia, esto es, en la significación natural y social de determinados vínculos parentales, cuya intensidad y duración pueden colocar al testigo entre la difícil tesitura de colaborar con la Justicia diciendo la verdad sobre unos hechos con la trascendencia que sugiere que presenten una estrecha conexión con un delito, o preservar la incuestionable solidaridad y afecto que puede unir al testigo con el procesado, cuando se puede tener la voluntad de preservar y no comprometer sus relaciones de futuro(…)».

CUESTIÓN

¿Tienen los testigos la obligación de responder a preguntas que les puedan perjudicar material o moralmente?

No, en virtud del art. 418 de la LECrim ningún testigo podrá ser obligado a declarar cuando la respuesta pueda perjudicarle material o moralmente y de una manera directa e importante, a él o a la fortuna de los parientes comprendidos en líneas directa ascendente y descendente, su cónyuge o persona unida por relación de hecho análoga a la matrimonial, sus hermanos consanguíneos o uterinos y los colaterales consanguíneos hasta el segundo grado civil. Se exceptúan los delitos que revistan suma gravedad por atentar contra la seguridad del Estado, la tranquilidad pública o la persona del rey o de su sucesor.

Cuando el testigo no acude al llamamiento judicial, o se resiste a declarar lo que supiese con relación a los hechos sobre los que se le pregunta, y no se encuentra amparado por ninguna de las exenciones citadas, incurrirá en una multa de 200 a 5.000 euros, y si persiste será conducido en el primer caso ante el juez instructor por los agentes de la autoridad, y, perseguido por el delito de obstrucción a la justicia, y en el segundo caso también por el de desobediencia grave a la autoridad.

El art. 421 de la LECrim dispone que se llamará a declarar como testigos a las siguientes personas:

- Todos los testigos citados en la denuncia o en la querella.

- Los citados en cualquier otra declaración o diligencia.

- Todos los demás que supieran hechos o circunstancias, o que poseyeran datos convenientes para la comprobación o averiguación del delito y del delincuente.

Sobre la **forma en la que se llevarán a cabo estas declaraciones** se pronuncian los artículos 433 y siguientes de la LECrim.

Los testigos mayores de edad prestarán juramento o promesa de decir todo lo que supieran con relación a lo que les sea preguntado, debiendo el juez informarles de la obligación que tienen de ser veraces y de la posibilidad de incurrir en un delito de falso testimonio en un lenguaje claro y comprensible.

Cuando el testigo tenga la condición de víctima podrán hacerse acompañar por su representante legal y por una persona de su elección durante la práctica de estas diligencias, salvo que el juez instructor decida lo contrario para garantizar su correcto desarrollo.

El testigo deberá manifestar en primer lugar su nombre y apellidos, edad, estado y profesión, si conoce o no al procesado y a las demás partes, y si tiene con ellos parentesco, amistad o relaciones de cualquier otra clase, así como si ha estado procesado y la pena que se le impuso. Si se trata de un miembro de las Fuerzas y Cuerpos de Seguridad del Estado en el ejercicio de sus funciones, podrá identificarse con el número de su registro personal y la unidad administrativa a la que se encuentre adscrito.

El juez permitirá que el testigo narre sin interrupción los hechos sobre los cuales debe prestar declaración, y únicamente le exigirá las explicaciones complementarias conducentes a aclarar conceptos oscuros o contradictorios. A continuación, le planteará las preguntas que considere oportunas para esclarecer los hechos.

En relación a la posibilidad de que el tribunal plantee preguntas al testigo, la **sentencia del Tribunal Supremo n.º 1333/2009, de 14 de diciembre, ECLI:ES:TS:2009:8279**, establece tres requisitos que deben cumplirse para considerar como legítima dicha posibilidad:

> «a) Que se trate de hechos objeto de la causa penal.
>
> b) Que se trate de fuentes probatorias existentes en la causa lo que se ha llamado "prueba sobre la prueba", es decir, aquella que no tiene por finalidad probar hechos favorables o desfavorables, sino verificar su existencia en el proceso —STS 16 de Junio de 2004—.
>
> c) Que se respeten los derechos de contradicción y defensa de las partes».

Al igual que en el orden civil, los testigos declararán de viva voz, sin que les sea permitido leer declaración ni respuesta escrita, permitiéndose que consulten apuntes o memorias que contengan datos difíciles de recordar.

La LECrim también contempla la posibilidad de que se conduzca al testigo al lugar en el que hubieran ocurrido los hechos y examinarle allí, o que se pongan en su presencia los objetos sobre los que hubiera de versar la declaración.

El art. 439 de la Ley de Enjuiciamiento Criminal prohíbe expresamente las preguntas capciosas o sugestivas, y el uso de la coacción, el engaño, la promesa o cualquier otro artificio para obligar al testigo, o inducirle, a que declare en un determinado sentido.

CUESTIÓN

¿Puede no consignarse en autos la declaración de algún testigo?

Sí, el art. 445 de la LECrim dispone que:

«No se consignarán en los autos las declaraciones de los testigos que, según el Juez, fuesen manifiestamente inconducentes para la comprobación de los hechos objeto del sumario. Tampoco se consignarán en cada declaración las manifestaciones del testigo que se hallen en el mismo caso; pero se consignará siempre todo lo que pueda servir así de cargo como de descargo.

En el primer caso se hará expresión por medio de diligencia de la comparecencia del testigo y del motivo de no escribirse su declaración».

El juez instructor puede ordenar que la declaración se practique inmediatamente cuando el testigo manifieste la imposibilidad de concurrir por tener que ausentarse de territorio nacional, o cuando se tema por su muerte o incapacidad física o intelectual antes de la apertura del juicio oral. En estos casos debe de garantizarse la posibilidad de contradicción de las partes, para lo cual el LAJ dará un plazo de 24 horas al reo para que nombre abogado si aún no lo tuviese, o de lo contrario se le nombrará de oficio. A continuación, volverá a examinar al testigo, permitiendo hacerle cuantas repreguntas tengan por conveniente, excepto las que el juez considere impertinentes. El art. 449 de la LECrim recoge una excepción para cuando el testigo se hallase en peligro inminente de muerte, en cuyo caso se le recibirá declaración con toda urgencia, aunque el procesado no pudiese ser asistido por letrado.

A TENER EN CUENTA. Cuando la autoridad judicial acuerde la práctica de la declaración del testigo como prueba preconstituida deberá garantizarse el principio de contradicción.

CUESTIÓN

¿Puede declarar como testigo un menor de 14 años?

Sí, respetando las especialidades recogidas para estos casos en el art. 449 ter. de la LECrim, añadido por la Ley Orgánica 8/2021, de 4 de junio:

«Cuando una persona menor de catorce años o una persona con discapacidad necesitada de especial protección deba intervenir en condición de testigo en un procedimiento judicial que tenga por objeto la instrucción de un delito de homicidio, lesiones, contra la libertad, contra la integridad moral, trata de seres humanos, contra la libertad e indemnidad sexuales, contra la intimidad, contra las relaciones familiares, relativos al ejercicio de derechos fundamentales y libertades públicas, de organizaciones y grupos criminales y terroristas y de terrorismo, la autoridad judicial acordará, en todo caso, practicar la audiencia del menor como prueba preconstituida, con todas las garantías de la práctica de prueba en el juicio oral y de conformidad con lo establecido en el artículo anterior. Este proceso se realizará con todas las garantías de accesibilidad y apoyos necesarios.

La autoridad judicial podrá acordar que la audiencia del menor de catorce años se practique a través de equipos psicosociales que apoyarán al Tribunal de manera interdisciplinar e interinstitucional, recogiendo el trabajo de los profesionales que hayan intervenido anteriormente y estudiando las circunstancias personales, familiares y sociales de la persona menor o con discapacidad, para mejorar el tratamiento de los mismos y el rendimiento de la prueba. En este caso, las partes trasladarán a la autoridad judicial las preguntas que estimen oportunas quien, previo control de su pertinencia y utilidad, se las facilitará a las personas expertas. Una vez realizada la audiencia del menor, las partes podrán interesar, en los mismos términos, aclaraciones al testigo. La declaración siempre será grabada y el Juez, previa audiencia de las partes, podrá recabar del perito un informe dando cuenta del desarrollo y resultado de la audiencia del menor.

Para el supuesto de que la persona investigada estuviere presente en la audiencia del menor se evitará su confrontación visual con el testigo, utilizando para ello, si fuese necesario, cualquier medio técnico.

Las medidas previstas en este artículo podrán ser aplicables cuando el delito tenga la consideración de leve».

El careo de testigos y procesados

La LECrim dedica los artículos 451 a 455 a regular el careo de los testigos y procesados, que se podrá celebrar cuando existan discordancias acerca de algún hecho o de alguna circunstancia que interese en el sumario. Como regla general se llevará a cabo entre dos personas. El juez les manifestará las contradicciones existentes en las declaraciones y les invitará a ponerse de acuerdo.

CUESTIÓN

¿Cuándo no pueden practicarse careos?

Los careos no se practicarán cuando se conociese otro modo de comprobar la existencia del delito o de la culpabilidad de alguno de los procesados. Tampoco podrán practicarse con testigos menores de edad salvo que el juez lo considere imprescindible y no lesivo para el interés de dichos testigos (art. 455 de la LECrim).

El informe pericial

El informe pericial aparece regulado en los artículos 456 a 485 de la LECrim, disponiendo que el juez acordará el informe pericial cuando fuesen necesarios o convenientes conocimientos científicos o artísticos para conocer o apreciar algún hecho o circunstancia importante en el sumario.

El art. 457 de la LECrim distingue entre peritos titulares y no titulares. Los titulares son aquellos peritos que tienen título oficial de una ciencia o arte cuyo ejercicio esté reglamentado por la Administración, y los no titulares son aquellos que careciendo de título oficial tienen conocimiento o prácticas especiales en alguna ciencia o arte, recogiendo a continuación que el juez se valdrá preferentemente de peritos titulares.

Una característica propia de la jurisdicción penal es que **todo reconocimiento pericial se hará por dos peritos,** salvo que no hubiese más de uno en el lugar y no fuera posible esperar la llegado de otro sin graves inconvenientes para el curso del sumario.

> **A TENER EN CUENTA.** El art. 778 de la LECrim contiene especialidades con relación al informe pericial en el procedimiento ordinario, destacando que el mismo podrá ser prestado por un sólo perito cuando el juez lo considere suficiente.

Sobre la recusación de los peritos dispone la LECrim que si el reconocimiento e informe periciales pudieran tener lugar en el juicio oral no cabría la recusación por las partes, y si no pudiera reproducirse en el juicio oral sí que habría lugar a la recusación. Son causas de recusación de los peritos:

– El parentesco de consanguinidad o de afinidad dentro del cuarto grado con el querellante o con el reo.

– El interés directo o indirecto en la causa o en otra semejante.

– La amistad íntima o la enemistad manifiesta.

La recusación deberá hacerse por escrito antes de empezar la diligencia pericial, y en la misma se expondrá la causa de la recusación y la prueba testifical que ofrezca, así como la documental o la indicación del lugar en la que se halle si no la tuviese a su disposición.

CUESTIÓN

¿El escrito de recusación de un perito debe ir firmado por procurador?

No, para la presentación de este escrito no es necesario valerse de procurador.

El juez, tras examinar la documentación y oír a los testigos, resolverá lo que considere justo. Si la estima suspenderá el acto pericial por el tiempo necesario para nombrar otro perito, y si no la admite se procederá como si no se hubiese recusado.

El informe pericial, cuando sea posible, deberá contener:

– La descripción de la persona o cosa que sea objeto del mismo en el estado o del modo en que se halle.

– Una relación detallada de todas las operaciones practicadas por los peritos y de su resultado, extendida y autorizada en la misma forma que la anterior.

– Las conclusiones que en vista de tales datos formulen los peritos conforme a los principios y reglas de su ciencia o arte.

El Tribunal Supremo se ha pronunciado en numerosas ocasiones sobre la valoración de los dictámenes periciales, por ejemplo, en la **STS n.º 680/2023, de 21 de septiembre, ECLI:ES:TS:2023:4007,** en la que nuestro Alto Tribunal señala que:

«En segundo lugar, en relación a la prueba pericial, como destaca la doctrina, es una prueba de apreciación discrecional o libre y no legal o tasada, por lo que, desde el punto de vista normativo, la ley precisa que "el Tribunal valorará los dictámenes periciales según las reglas de la sana crítica" (art. 348 de la LEC), lo cual, en último término, significa que la valoración de los dictámenes periciales es libre para el Tribunal, como, con carácter general, se establece en el art. 741 de la LECrim. para toda la actividad probatoria ("el Tribunal, apreciando según su conciencia, las pruebas practicadas en el juicio, las razones expuestas por la acusación y la defensa y lo manifestado por los mismos procesados, dictará sentencia"), sin que pueda olvidarse, ello no obstante, la interdicción constitucional de la arbitrariedad de los poderes públicos (art. 9.3 C.E.). **El Tribunal es, por tanto, libre a la hora de valorar los dictámenes periciales; únicamente está limitado por las reglas de la sana crítica** —que no se hallan recogidas en precepto alguno, pero que, en definitiva, están constituidas por las exigencias de la lógica, los conocimientos científicos, las máximas de la experiencia y, en último término, el sentido común— las cuáles, lógicamente, le imponen la necesidad de tomar en consideración, entre otros extremos, la dificultad de la materia sobre la que verse el dictamen, la preparación técnica de los peritos, su especialización, el origen de la elección del perito, su buena fe, las características técnicas del dictamen, la firmeza de los principios y leyes científicas aplicados, los antecedentes del informe (reconocimientos, períodos de observación, pruebas técnicas realizadas, número y calidad de los dictámenes obrantes en los autos, concordancia o disconformidad entre ellos, resultado de la valoración de las otras pruebas practicadas, las propias observaciones del Tribunal, etc.); debiendo éste, finalmente, exponer en su sentencia las razones que le han impulsado a aceptar o no las conclusiones de la pericia (STS. 1102/2007 de 21.12).

No se trata de pruebas que aporten aspectos fácticos, sino criterios que auxilian al órgano jurisdiccional en la interpretación y valoración de los hechos, sin modificar las facultades que le corresponden en orden a la valoración de la prueba. Por otro lado, su carácter de prueba personal no debe perderse de vista cuando la prueba pericial ha sido ratificada, ampliada o aclarada en el acto del juicio oral ante el Tribunal, pues estos aspectos quedan entonces de alguna forma afectados por la percepción directa del órgano jurisdiccional a consecuencia de la inmediación (SSTS. 5.6.2000, 5.11.2003, 937/2007 de 28.11)».

Destacar también la STS n.º 30/2022, de 19 de enero, ECLI:ES:TS:2022:128, que con relación a la fuerza probatoria de los informes periciales, recoge que:

«(...) ni la LEC ni la LECrim. contienen reglas valorativas, sino referencias o recomendaciones a los jueces y una apelación a la sana crítica y al buen sentido, para destruir una conclusión presuntiva del Juzgador. Por ello, si el letrado quiere combatir una valoración pericial efectuada por un juez de instancia debe demostrar que ha seguido el juez, al establecer el nexo o relación, un camino erróneo, no razonable o contrario a las reglas de la sana lógica y buen criterio. Lo que debe demostrar el letrado —y es su carga de prueba— que cuestiona ese criterio final y adopción y/o asunción de una determinada pericia es que ese proceso deductivo es ilógico e irrazonable.

A veces, se confunde la aportación de pericias y su desestimación por los tribunales, que llegan a una determinada convicción asumiendo unas y desestimando otras, con error valorativo de la prueba, pero hay que recordar al respecto que la valoración probatoria es facultad de los Tribunales sustraída a los litigantes, que sí pueden aportar las pruebas que la normativa legal autoriza —principio dispositivo y de rogación—, pero en forma alguna tratar de imponerlas a los juzgadores (STS 23 de septiembre de 1996), pues no puede sustituirse la valoración que hace el Juzgador de toda la prueba practicada por la valoración que realiza la parte que cuestiona una determinada valoración de una pericia, función que corresponde única y exclusivamente al Juzgador a quo y no a las partes (STS 7 de octubre de 1997), habida cuenta la abundante doctrina jurisprudencial elaborada sobre la prevalencia de la valoración de las pruebas que realizan los órganos judiciales, por ser más objetiva que la de las partes en defensa de sus particulares intereses (STS 1 de marzo de 1994)».

Mención especial merece la valoración que hacen los tribunales de las **periciales informáticas**. Así, por ejemplo, la **sentencia del Tribunal Supremo n.º 300/2015, de 19 de mayo, ECLI:ES:TS:2015:2047**, considera indispensable una pericial en los casos en los que se produce la impugnación de la autenticidad de conversaciones mantenidas a través de aplicaciones de mensajería instantánea:

«(...) la prueba de una comunicación bidireccional mediante cualquiera de los múltiples sistemas de mensajería instantánea debe ser abordada con todas las cautelas. La posibilidad de una manipulación de los archivos digitales mediante los que se materializa ese intercambio de ideas, forma parte de la realidad de las cosas. El anonimato que autorizan tales sistemas y la libre creación de cuentas con una identidad fingida, hacen perfectamente posible aparentar una comunicación en la que un único usuario se relaciona consigo mismo. De ahí que la impugnación de la autenticidad de cualquiera de esas conversaciones, cuando son aportadas a la causa mediante archivos de impresión, desplaza la carga de la prueba hacia quien pretende aprovechar su idoneidad probatoria. Será indispensable en tal caso la práctica de una prueba pericial que identifique el verdadero origen de esa comunicación, la identidad de los interlocutores y, en fin, la integridad de su contenido».

En este mismo sentido, se pronuncia también la **STS n.° 754/2015, de 27 de noviembre, ECLI:ES:TS:2015:5421,** que sobre la alegación de falta de autenticidad del diálogo mantenido a través de un sistema de mensajería instantánea tipo WhatsApp establece que:

«(...) conforme a nuestra jurisprudencia, ello por sí mismo no sería suficiente para destruir la presunción de inocencia, en ausencia de dictamen pericial —como ha sido el caso de autos—, salvo reconocimiento del imputado, o bien la existencia de signos o modos de expresión de los que indudablemente cupiera entender que no tienen más procedencia que la del acusado, y aun así, debería obrarse con total cautela. De ahí que los signos que se manejan en esta causa relativos a un gráfico en la palma de la mano con un significativo tatuaje, único aspecto identificativo en la red, no es suficiente. Como hemos dicho en el precedente que citamos, únicamente con un informe pericial que identifique el teléfono emisor de los mensajes delictivos, a salvo de cumplido reconocimiento, o prueba testifical que acredite su remisión, pueden dar cobertura probatoria a la autenticidad del mensaje en cuestión. En efecto, las posibilidades de manipulación son muy variadas y el órgano jurisdiccional tiene que ponerse en guardia con todas las cautelas que sean recomendables ante la posibilidad de una superchería».

Destaca también el **auto del Tribunal Supremo n.° 1251/2021, de 25 de noviembre, ECLI:ES:TS:2021:16734A,** que establece la necesidad de proponer prueba pericial informática cuando se impugne la «prueba digital»:

«Si bien, hemos dicho, asimismo, STS 332/2019, de 27 de junio, que este tipo de pruebas digitales pueden aportarse al proceso mediante acta notarial, o adveración de teléfonos móviles y sus contenidos ante el Letrado de la Administración de Justicia, o meros "pantallazos" como fotografías de un "hilo" de mensajes de WhatsApp, pero hay que recordar que en los casos en los que la defensa impugne esta "prueba digital" en el escrito de defensa motiva y obliga a la acusación a proponer prueba pericial informática acerca de la veracidad del contenido de estos mensajes y que estos no han sido alterados. Y no se trata de que esta impugnación se haga en la fase de instrucción, sino que haciéndolo en la fase propia de la calificación provisional debe contrarrestar la acusación esta impugnación por la oportuna pericial informática.

De conformidad con lo expuesto, el Tribunal a quo estimó que la prueba expuesta fue bastante a fin de declarar probados los hechos referidos en el factum de la sentencia».

3.2. La práctica de la prueba en el juicio oral

Las pruebas en acto del juicio oral

El capítulo III, del título III, del libro III de la LECrim regula el modo de practicar las pruebas durante el juicio oral diferenciando las siguientes:

- La confesión de los procesados y las personas civilmente responsables (arts. 688 a 700 de la LECrim).
- El examen de los testigos (arts. 701 a 722 de la LECrim).
- El informe pericial (arts. 723 a 725 de la LECrim).
- La prueba documental y la inspección ocular (arts. 726 a 727 de la LECrim).

Además, los arts. 728 a 731 bis de la LECrim contienen unas disposiciones comunes a las citadas pruebas.

‖ Disposiciones comunes sobre la prueba en la fase del juicio oral

En los artículos anteriormente citados, la LECrim contempla una serie de disposiciones comunes que se aplican a toda la prueba regulada para la fase del juicio.

En primer lugar, establece que no podrán practicarse más diligencias de prueba que las propuestas por las partes, ni ser examinados otros testigos que no se encuentren comprendidos en las listas presentadas.

Hay que tener en cuenta que esta afirmación ha sido matizada por nuestro tribunales, pudiendo citar la **STS n.º 1004/2021, de 17 de diciembre, ECLI:ES:TS:2021:4626**:

> «La jurisprudencia del Tribunal Supremo y del Tribunal Constitucional ha modulado la interpretación de esa visión preclusiva que inspira una interpretación literal de los arts. 656, 728 y 786.2 de la LECrim. Su enunciado permitiría afirmar, provisionalmente, que el único momento hábil para proponer pruebas es el correspondiente a la presentación del escrito de conclusiones provisionales. La rigidez de esta conclusión se ha visto atenuada por las sucesivas regulaciones procesales, que admitieron la proposición de nuevas pruebas al inicio de las sesiones del juicio oral, en el curso de la audiencia preliminar contemplada en el actual artículo 786.2 de la LECrim, para practicarse en el acto. De la misma forma, el artículo 45 de la LOTJ permite la proposición de nuevas pruebas al inicio del juicio oral, también siempre que puedan practicarse en el acto.
>
> Estas previsiones se ampliaron jurisprudencialmente admitiendo la propuesta de nuevas pruebas con anterioridad a ese momento, por razones de mera lógica. Admitida la posibilidad de su propuesta en la audiencia preliminar, nada debe impedir que se haga con anterioridad a la misma, en tanto que ello supone facilitar el conocimiento de las otras partes y, en definitiva, de la

tramitación. Siempre que se respeten los principios de contradicción, igualdad de armas e interdicción de la indefensión.

Teniendo en cuenta la **importancia que se reconoce en el proceso penal a la búsqueda de la verdad material como objetivo irrenunciable, la jurisprudencia ha extendido esa posibilidad excepcionalmente al procedimiento ordinario**, si bien exigiendo que, al igual que ocurre en el abreviado o en el procedimiento ante el tribunal del jurado, existan **razones justificadas**, no se trate de un fraude procesal, y se respeten los **principios de contradicción e igualdad de partes**, evitando en todo caso la indefensión. En definitiva, se ha optado por una interpretación flexible de las normas procesales que, garantizando el respeto por los principios y las reglas esenciales del proceso y por los derechos de las partes, contribuya, al mismo tiempo, a un mayor esclarecimiento de los hechos, superando un entendimiento rígido de los formalismos que pudiera resultar injustificado.

De ahí que el Tribunal Supremo haya admitido expresamente la posibilidad de presentar petición adicional de prueba con posterioridad al escrito de calificación provisional siempre que: a) **esté justificada de forma razonada**; b) **no suponga un fraude** procesal y c) **no constituya un obstáculo a los principios de contradicción e igualdad** en garantía de la interdicción de toda indefensión. Así lo ha razonado, entre otras, en las SSTS 345/2013, 24 de abril y 1060/2006, 11 de octubre, teniendo en cuenta expresamente que la defensa había tenido conocimiento temporáneamente de las nuevas pruebas y pudo proponer otras para contradecir la ampliada. Se trata, por tanto, de una doctrina plenamente consolidada en resoluciones posteriores (cfr. SSTS 94/2007, 14 de febrero; 1287/2007, 26 de enero), que la han aplicado, no sólo a supuestos de nuevos datos probatorios desconocidos al proponer la prueba, sino también a supuestos de error u omisión (STS 872/2008, 27 de noviembre)».

El art. 729 de la LECrim excepciona las siguientes pruebas:

- Los careos de los testigos entre sí o con los procesados o entre éstos, que el presidente podrá acordar de oficio o a instancia de parte.

- Las diligencias de prueba que, aun no habiendo sido propuestas por ninguna de las partes, el tribunal considere necesarias para la comprobación de los hechos que hayan sido objeto de los escritos de calificación.

- Las diligencias de prueba de cualquier clase que en el acto ofrezcan las partes para acreditar alguna circunstancia que pueda influir en el valor probatorio de la declaración de un testigo, siempre y cuando el tribunal las considere admisibles.

Resulta muy relevante el art. 730 de la LECrim, según el cual **podrán leerse o reproducirse a instancia de cualquiera de las partes las diligencias practicadas en el sumario, que, por causas independientes de la voluntad de aquellas, no puedan ser reproducidas en el juicio oral**. Especificando que podrá reproducirse la grabación audiovisual de la declaración de la víctima o de algún testigo que se haya practicado como prueba preconstituida durante la fase de instrucción.

Podemos destacar aquí la **STS n.º 301/2023, de 26 de abril, ECLI:ES:TS:2023:1837**, que sobre la reproducción de las grabaciones de unas declaraciones recoge que no es obligatoria, sino opcional, y que su ausencia no tiene que determinar la nulidad de la valoración:

> «El recurrente insiste en que lo único que valida esa declaración sumarial es la reproducción de la "grabación audiovisual que se llevó a cabo y que debió de reproducirse en el acto del juicio oral", pero el uso de la elevación al plenario ex art. 730 LECRIM no solo se permite por la vía de la reproducción de la grabación como propone el recurrente. **La reproducción de la grabación de testigos fuera de los menores de 14 años ex art. 449 ter LECRIM es una opción.** Cierto y verdad es que otorga mayor capacidad valorativa, pero no es una exigencia cuya ausencia determine nulidad de la valoración probatoria al admitirse la vía alternativa del uso del art. 730 LECRIM formalmente elevando al plenario las sumariales, aunque fueran grabadas.
>
> La sentencia del Tribunal Supremo 53/2014 de 4 Feb. 2014, Rec. 10576/2013 señala la validez de:
>
> (...)
>
> En consecuencia, **la garantía y certeza del testimonio, proviene de haberse realizado a presencia del Juez de Instrucción y bajo la fe pública del Secretario judicial. La contradicción y el derecho de defensa se han garantizado mediante la intervención de los letrados en la declaración sumarial y asimismo a través de la lectura de la declaración en el acto del juicio, con posibilidad de la defensa de cuestionar su contenido en relación con el conjunto de las pruebas practicadas en el propio juicio.**
>
> Cumpliéndose los requisitos de validez de la prueba de cargo, es el Tribunal sentenciador el que debe valorar su credibilidad, atendiendo a la coherencia interna y externa de la declaración, a los elementos periféricos que puedan reforzarla y al contraste con el resto de las pruebas practicadas".»

Nuestra jurisprudencia ha excepcionado este requisito de lectura o reproducción en la denominada prueba preconstituida, véase, por ejemplo la **STS n.º 800/2021, de 20 de octubre, ECLI:ES:TS:2021:3806**:

> «En este sentido, en el repaso por nuestra jurisprudencia, encontramos sentencias recientes, como la 190/2021, de 3 de marzo, o la 712/2021, de 22 de septiembre, en que, abordando el tratamiento del art. 730 LECrim, **entre las excepciones a la lectura de diligencias practicadas en instrucción, que, sin embargo, son susceptibles de valoración probatoria, colocaba a "la denominada "prueba preconstituida"** -que no constituye verdadera prueba que se refiere a las diligencias sumariales de imposible repetición en el Juicio Oral por razón de su intrínseca naturaleza, y cuya práctica, como sucede con una inspección ocular y con otras diligencias, es forzosamente única e irrepetible", lo que es perfectamente trasladable a la diligencia de entrada y registro domiciliario, por cuanto que tiene la condición de prueba preconstituida, con plenos efectos, por lo tanto, en el juicio oral».

Entre estas disposiciones generales reguladas en la LECrim también podemos encontrar en el art. 731 la facultad al tribunal para adoptar las disposiciones convenientes para evitar que los procesados que se encuentren en libertad provisional se ausenten o dejen de comparecer a las sesiones desde el comienzo de estas hasta que se dicte sentencia.

En último lugar, el art. 731 bis, regula la posibilidad de acordar que la comparecencia de quien haya de intervenir en cualquier tipo de procedimiento penal como imputado, testigo, perito o en otra condición, pueda hacerlo a través de videoconferencia u otro sistema similar, cuando lo contrario resultase gravoso o perjudicial, y especialmente cuando se trate de un menor.

Con relación a la declaración por videoconferencia del acusado podemos citar la **STS n.º 652/2021, de 22 de julio, ECLI:ES:TS:2021:3144**, que si bien reconoce que esta opción está legalmente admitida recalca que debe ser algo excepcional, y que puede conllevar una erosión del derecho de defensa:

> «El art. 731 bis LECrim, en su redacción vigente proveniente de una reforma legal posterior a la sentencia que se acaba de citar, dispone: "El Tribunal, de oficio o a instancia de parte, por razones de utilidad, seguridad o de orden público, así como en aquellos supuestos en que la comparecencia de quien haya de intervenir en cualquier tipo de procedimiento penal como imputado, testigo, perito, o en otra condición resulte gravosa o perjudicial, ... podrá acordar que su actuación se realice a través de videoconferencia u otro sistema similar que permita la comunicación bidireccional y simultánea de la imagen y el sonido, de acuerdo con lo dispuesto en el apartado 3 del artículo 229 de la Ley Orgánica del Poder Judicial". La STS 161/2015, de 17 de marzo, incidentalmente, apunta la posibilidad legal del juicio con presencia solo virtual (pero, en todo caso, presencia) del acusado, aunque incluye una advertencia que sirve de apostilla: " ...parece evidente que el sacrificio de la comunicación directa de aquél con su Abogado puede encerrar, como regla general, una inevitable erosión del derecho de defensa. De ahí que, pese a la mención específica que el art. 731 bis LECr hace al imputado entre aquellos cuyo testimonio puede ser ofrecido mediante videoconferencia, es lógica la exigencia de fundadas razones de excepcionalidad que, mediante el adecuado juicio de proporcionalidad, respalden la decisión de impedir el contacto visualmente directo del órgano de enjuiciamiento con el imputado". Se subraya la excepcionalidad (excepcional ha sido casi todo lo que ha rodeado a la pandemia); pero se afirma que es legalmente factible la celebración de un juicio oral con presencia solo telemática del acusado».

A TENER EN CUENTA. El Real Decreto-ley 6/2023, de 19 de diciembre, con entrada en vigor el 20 de marzo de 2024, ha añadido un nuevo art. 258 bis a la LECrim, que regula la celebración de actos procesales mediante presencia telemática.

De la confesión de los procesados

En el art. 688 de la LECrim, en su párrafo segundo, se recoge que cuando la causa verse sobre un delito castigado con pena correccional se le preguntará a cada uno de los acusados si se confiesa reo del delito que se le haya imputado en el escrito de calificación, según la calificación más grave, y responsable civilmente de la restitución de la cosa o del pago de la cantidad mayor fijada por daños y perjuicios.

CUESTIONES

1. ¿Qué ocurre cuando al reo se le imputan varios delitos?

En estos casos se le preguntará lo mismo por cada uno de los delitos.

2. ¿Y cuándo son varios los procesados?

En estos casos se le preguntará a cada uno sobre la participación que se le haya atribuido.

El presidente del tribunal hará las **preguntas pertinentes con toda claridad y precisión**, exigiendo al mismo tiempo contestación categórica. Es preciso que el interrogado entienda bien lo que se le pregunte, a fin de proporcionar las máximas garantías en el proceso. Todo ello se manifiesta en el artículo 693 de la LECrim. Si en la causa no hubiere más que un procesado y contestare afirmativamente, el presidente del tribunal preguntará al defensor si considera necesaria la continuación del juicio oral. Si éste contestare negativamente, el tribunal procederá a dictar sentencia en los términos expresados en el artículo 655. Así lo estipula el artículo 694 de la LECrim, en el que se basa la **STS n.º 768/2022, de 15 de septiembre, ECLI:ES:TS:2022:3324**, que recalca que las sentencias de conformidad no podrán ser recurridas salvo que no se hayan respetados los requisitos formales, materiales y subjetivos establecidos. Se reproduce un extracto a continuación:

« La doctrina de esta Sala considera, como regla general, que son inadmisibles los recursos de casación interpuestos contra sentencias de conformidad, lo que es extensible ahora a los recursos de apelación, por carecer manifiestamente de fundamento. Este criterio se apoya en la consideración de que la conformidad del acusado con la acusación, garantizada y avalada por su letrado defensor, comporta una renuncia implícita a replantear, para su revisión por el tribunal casacional, las cuestiones fácticas y jurídicas que ya se han aceptado, libremente y sin oposición. Las razón es de fondo que subyacen en esta consideración pueden concretarse en tres: el principio de que nadie puede ir contra sus propios actos, impugnando lo que ha aceptado libre, voluntariamente y con el asesoramiento jurídico necesario; el principio de seguridad jurídica, fundamentado en la regla pacta sunt servanda; que se quebraría de aceptarse la posibilidad de revocar lo pactado; las posibilidades de fraude, derivadas de una negociación dirigida a conseguir, mediante la propuesta de conformidad, una acusación y una sentencia más benévolas, para posteriormente impugnar en casación lo previamente aceptado, sin posibilidades para la acusación de reintroducir otros eventuales cargos más severos, renunciados para obtener la conformidad.

Ahora bien, esta regla general de inadmisibilidad del recurso de casación frente a las sentencias dictadas de conformidad está condicionada a una doble exigencia: que se hayan respetado los requisitos formales, materiales y subjetivos legalmente necesarios para la validez de la sentencia de conformidad y que se hayan respetado en la sentencia los términos del acuerdo entre las partes. Así, por ejemplo, desde la primera de dichas perspectivas resulta admisible un recurso interpuesto frente a una sentencia de conformidad, cuando se alegue que se ha dictado en un supuesto no admitido por la ley en razón de la pena, cuando se alegue que no se han respetado las exigencias procesales establecidas (por ejemplo la doble garantía o inexcusable anuencia tanto del acusado como de su letrado), cuando se alegue un vicio de consentimiento (error, por ejemplo) que haga ineficaz la conformidad, o, en fin, cuando, excepcionalmente, la pena impuesta no sea legalmente procedente conforme a la calificación de los hechos, sino otra inferior, vulnerándose el principio de legalidad. (STS 17/11/2000).».

Por su parte el artículo 695 de la LECrim regula lo siguiente: **si confesare su responsabilidad criminal, pero no la civil, o aun aceptando ésta, no se conformara con la cantidad fijada en la calificación, el tribunal mandará que continúe el juicio,** centrándose la discusión y la producción de pruebas en lo relativo a la responsabilidad civil que el procesado no hubiese admitido. Una vez finalizado el acto, el tribunal dictará sentencia.

Destaca la **STS n.º 96/2007, de 13 de febrero, ECLI:ES:TS:2007:699,** que incide en la importancia de tener como punto de partida a la hora de decidir la responsabilidad civil, los hechos aceptados:

> «Con la conformidad en el proceso penal se dejan fijados unos hechos que son los que sustentan la calificación jurídica, en base a los cuales cabe deducir consecuencias en orden a la responsabilidad civil, en cuanto dimanante de delito.
>
> (...)
>
> No puede, pues, ignorarse el inmodificable punto de partida integrado por los hechos aceptados declarados luego probados por conformidad de todos los acusados, al objeto de decidir la responsabilidad civil dimanante de delito».

Si el procesado **no se confesare culpable del delito** que le fuere atribuido en la calificación, o su defensor considerase necesaria la continuación del juicio, se procederá a la celebración de éste, de acuerdo con el artículo 696 de la LECrim.

Por su parte, el art. 697 de la LECrim recoge el supuesto de que sean varios los procesados en una misma causa, diferenciando distintas posibilidades:

Si todos se confiesan reos del de delito o los delitos atribuidos en los escritos de calificación y reconocen su participación, en cuyo caso, si los defensores no consideran necesaria la continuación del juicio se procederá a dictar sentencia.

Si alguno de los procesados no se confiesa reo del delito que se le haya imputado, o su defensor considera necesaria la continuación del juicio, en cuyo caso se procederá a su celebración.

Si el disentimiento afecta tan solo a la responsabilidad civil, continuando en este caso el juicio sólo en lo referido a este aspecto concreto.

Sobre este artículo se ha pronunciado el Tribunal Supremo en distintas ocasiones, pudiendo destacar la **STS n.º 256/2023, de 17 de abril, ECLI:ES:TS:2023:1461**:

> «Sólo opera el régimen especial de conformidad si todos los acusados se allanan. En caso contrario es obligado celebrar el juicio para todos (también para los conformes). La conformidad no predicable de todos los acusados deviene intrascendente y conlleva como consecuente necesidad la celebración de un juicio contradictorio exactamente igual que si ninguno se hubiese manifestado conforme.
>
> (...)
>
> Otra cosa es que en ocasiones ante prácticas no totalmente ajustadas a esas pautas legales esta Sala convalide la decisión al no observarse ni indefensión ni quiebra de alguna garantía (vid. STS 91/2019, de 19 de febrero). De hecho, en algunos precedentes, la conformidad alcanzada por solo algunos de los acusados ni se deja sin efecto, ni se ordena repetir el juicio para ellos. El criterio de exigir que se patentice una indefensión es la piedra de toque que permite convalidar esas resoluciones. A ella acude insistentemente el tribunal de apelación».

Se continuará también el juicio cuando el procesado o procesados no quieran responder a las preguntas que les hiciere el presidente de acuerdo con el artículo 698 de la LECrim. El artículo 699 de la LECrim, por su parte, contempla que de igual modo se procederá si en el sumario no hubiese sido posible hacer constar la existencia del cuerpo del delito cuando, de haberse este cometido, no pueda menos de existir aquél, aunque hayan prestado su conformidad el procesado o procesados y sus defensores.

Es de destacar la **STS n.º 849/2014, de 2 de diciembre, ECLI:ES:TS:2014:5195**, que expone lo siguiente:

> «Como dejamos dicho en nuestra STS nº 874/2013 de 21 de noviembre: Una inteligencia rigurosa del principio nemo tenetur, del nivel que exige su rango constitucional, impone la conclusión de que, en el plano probatorio, **el silencio del imputado es igual a cero**. Por eso, de darse la concurrencia de poderosos elementos de juicio de carácter incriminatorio en ausencia de prueba de descargo, serán pura y simplemente estos, por su propia virtud, los que, en su caso, acrediten sin más la hipótesis de la acusación. Ello porque en disciplinas constitucionales del proceso como la vigente en nuestro país, es el imputado quien decide constituirse o no en fuente de prueba, y, de decantarse por la negativa, el resultado de esta lo situará en una pura posición de neutralidad a tales efectos.
>
> Tal interpretación es también la que cabe extraer del Estatuto de la Corte Penal Internacional que España ratificó a medio del Instrumento de fecha 19 de octubre de 2000. Entre los derechos del acusado, por cualquiera de los delitos de indiscutible suma gravedad competencia de ese Tribunal, se recoge en el artículo 67 el g) A no ser obligado a declarar contra si mismo ni a declararse culpable y a guardar silencio, **sin que ello pueda tenerse en cuenta a los efectos de determinar su culpabilidad o inocencia;**
>
> Y no tener en cuenta significa exactamente que en ningún sentido el silencio contribuirá a determinar su culpabilidad».

Resulta harto difícil admitir tal interpretación auténtica de ese derecho en el marco de aquellos enjuiciamientos y derogarlos, más o menos ingeniosamente, en el Derecho constitucional y procesal penal interno. De ahí que resulta plausible la interpretación postulada por quienes limitan la trascendencia del silencio al ámbito de la argumentación (contexto de justificación) pero no al del descubrimiento o acreditación. Ésta requiere otros elementos de juicio previos e independientes de aquel silencio».

Por último, el artículo 700 de la LECrim prevé que, cuando el procesado o procesados hayan confesado su responsabilidad de acuerdo con las conclusiones de la calificación, y sus defensores no consideren necesaria la continuación del juicio, pero la persona a quien sólo se hubiese atribuido responsabilidad civil no haya comparecido ante el tribunal, o en su declaración no se conformase con las conclusiones del escrito de calificación a ella referentes, se continuará el juicio centrándose únicamente en la responsabilidad civil.

Si comparece, pero se negase a contestar a las preguntas del presidente, le apercibirá éste con declararle confeso, y si persiste en su negativa, se le declarará confeso, y la causa se fallará de conformidad con lo dispuesto en el artículo 694 para los supuestos de conformidad.

CUESTIÓN

¿Qué ocurre cuando el procesado se confiesa culpable del delito que le fuere atribuido, pero se niega a responder sobre la responsabilidad civil?

En estos casos, si después de haber confesado su responsabilidad criminal, se negare a contestar sobre la civil, también se le apercibirá con declararle confeso, y si persiste se procederá a dictar sentencia en los términos del art. 655 de la LECrim.

Del examen de los testigos en el juicio oral

La LECrim recoge que las pruebas comenzaran a practicarse con las propuestas por el Ministerio Fiscal, para continuar con la propuesta por los demás actores y terminar con la de los procesos. Además, también dispone que las pruebas de cada parte se practicarán en el orden en el que se hayan propuesto en el escrito correspondiente, especificando que **los testigos también serán examinados en el orden en el que figuren en las listas.**

Se faculta al presidente a alterar este orden de oficio o a instancia de parte, cuando lo considere conveniente para lograr un mayor esclarecimiento de los hechos o para el descubrimiento de la verdad.

Aquellos que en virtud de lo dispuesto en los arts. 410 a 412 estuvieran obligados a declarar, deberán concurrir ante el tribunal, salvo las excepciones establecidas en el art. 412 la LECrim para la fase de instrucción, que podrán prestar declaración por escrito.

Tal y como se recoge en la **STS n.º 656/2022, de 29 de junio, ECLI:ES:TS:2022:2701**: «Nuestro ordenamiento jurídico impone la obligatoriedad de colaborar con la Justicia a aquellos que tengan conocimiento de circunstancias o extremos que puedan servir para el esclarecimiento de los hechos que son objeto de un proceso penal (arts. 410 y 702 LECRIM)(...)».

La Ley Orgánica 8/2021, de 4 de junio, ha añadido el art. 703 bis, referido a los casos en los que se haya practicado la **declaración de un testigo como prueba preconstituida**. En estos supuestos, se reproducirá en la vista la grabación audiovisual, no siendo necesaria la presencia del testigo en la vista, pero siempre a instancia de la parte interesada.

Cuando se trate de una persona menor de catorce años o una persona con discapacidad necesitada de especial protección, en un procedimiento judicial que tenga por objeto la instrucción de un delito de los previstos para estos casos en el art. 449 ter, la autoridad judicial, solamente con carácter excepcional, podrá acordar la intervención del testigo en el juicio, cuando así lo solicite alguna de las partes, y lo considere necesario en resolución motivada.

Además, también a instancia de parte, podría acordarse por la autoridad judicial, su intervención en la vista cuando la prueba preconstituida no reúna todos los requisitos exigidos legalmente y se cause indefensión a alguna de las partes.

Con relación a la declaración de un menor, y su posible declaración como prueba preconstituida, podemos citar la **STS n.º 881/2022, de 8 de noviembre, ECLI:ES:TS:2022:4079**, que contiene un análisis de la regulación sobre las declaraciones de los menores, y el posible choque entre el interés superior del menor y el derecho de defensa, destacando que:

> «La Ley de Enjuiciamiento Criminal permitía y permite actualmente que los tribunales puedan tomar declaración testifical a los menores mediante diversos medios que aseguren, de una parte, las condiciones del testimonio del menor para su exploración en las condiciones que menos perjudiquen, y de otra, garantizando los derechos de defensa del acusado y, de forma particular, el derecho a oír los testimonios en su contra y a contradecir la prueba incriminatorio. entre ellos se ha hecho referencia en reiterada jurisprudencia a diversos medios técnicos, como la Cámara Gesell, que posibilita a través de la utilización de diversos medios técnicos».

Es importante destacar que los testigos que vayan a declarar en el juicio, en tanto no sean llamados a prestar declaración, permanecerán en un local a propósito, sin poder comunicarse con los que ya hubieran declarado.

Los testigos tienen la obligación de declarar lo que supieran sobre aquello que les sea preguntado, con las excepciones recogidas en los arts. 416, 417 y 418 de la LECrim.

CUESTIÓN

¿Puede un testigo negarse a responder a las preguntas de una de las acusaciones, incluso antes de ser planteadas las preguntas, alegando que le causaba un perjuicio moral?

No, tal y como ha reconocido el Tribunal Supremo en su sentencia n.º 801/2022, de 5 de octubre, ECLI:ES:TS:2022:3511: *«(...) no es posible conocer ex ante si un interrogatorio va a afectar o perjudicar materialmente o moralmente a una persona si la pregunta no ha sido formulada, ello no resulta posible, y eso fue lo que ocurrió en el presente caso, la actitud de la acusada como testigo en la causa, negándose a declarar a las preguntas a formular por una parte del proceso, debidamente personada, sin conocer el contenido de sus preguntas, por mucho que su ideología no sea coincidente o totalmente contraria con la del partido al que representa la citada acusación, ello no justifica su actitud, pues no es posible hablar a priori de daño moral alguno».*

Como norma general la declaración de los testigos se llevará a cabo evitando la confrontación visual con la persona inculpada, para así impedir o reducir los perjuicios que pudieran derivarse del proceso. Para ello podrá utilizarse cualquier medio técnico que haga posible la práctica de la testifical, incluida la posibilidad de que los testigos puedan declarar sin estar presentes en la sala, mediante el uso de tecnologías de la comunicación.

Tras la reforma llevada a cabo por el Real Decreto-ley 6/2023, de 19 de diciembre, vigente a partir del 20 de marzo de 2024, se introduce un nuevo artículo 258 bis en la LECrim, según el cual se garantizará especialmente que las declaraciones o interrogatorios de las partes acusadoras, testigos o peritos se realicen de forma telemática en los siguientes supuestos:

a) Cuando se trate de víctimas de violencia de género, de violencia sexual, de trata de seres humanos o cuando sean víctimas menores de edad o con discapacidad.

Todas ellas podrán intervenir desde los lugares donde se encuentren recibiendo oficialmente asistencia, atención, asesoramiento o protección, o desde cualquier otro lugar, siempre que dispongan de medios suficientes para asegurar su identidad y las adecuadas condiciones de la intervención.

b) Cuando el testigo o perito comparezca en su condición de Autoridad o funcionario público, realizando entonces su intervención desde un punto deacceso seguro.

CUESTIÓN

¿Qué orden deberá seguirse para plantear las preguntas al testigo?

El art. 708 de la LECrim establece que el presidente comenzará preguntando por las circunstancias del art. 436 de la citada ley (nombre, apellidos, edad, estado y profesión, si conoce o no al procesado y a las demás partes, y si tiene con ellos parentesco, amistad o relaciones de cualquier otra clase, si ha estado procesado y la pena que se le impuso), y a continuación peguntará la parte que haya propuesto al testigo, finalizando con las preguntas que las demás partes consideren oportunas. Además, también se faculta al presidente a dirigir a los testigos preguntas conducentes a depurar los hechos sobre los que declaren.

La LECrim en su art. 709 otorga dos facultades al presidente con relación a las preguntas que formulen las partes:

— No permitirá que se contesten preguntas o repreguntas capciosas, sugestivas o impertinentes.

— Adoptará medidas para evitar la realización a la víctima de preguntas innecesarias relativas a la vida privada, en particular a la intimidad sexual, y que no tengan relevancia para el hecho delictivo enjuiciado.

CUESTIÓN

¿Cuándo se entiende que una pregunta es capciosa, sugestiva o impertinente?

El Tribunal Supremo da respuesta a esta cuestión, entre otras, en la STS n.º 349/2323, de 11 de mayo, ECLI:ES:TS:2023:2133, que afirma que: «Así la juris-

*prudencia señala que la pregunta es **capciosa** cuando en la forma en la que está planteada resulte engañosa, tienda a confundir al testigo y a provocarle una respuesta aparente o falsamente contradictoria. La pregunta es **sugestiva** cuando indica o provoca una respuesta afirmativa como única conclusión racional de las afirmaciones previas que le sirven de sustento. No se pregunta sobre determinados hechos, que se presentan como incontestables, sino que el interrogador plantea la pregunta como una consecuencia necesaria de los hechos previamente afirmados sugiriendo el asentimiento, de modo que prácticamente elimina la opción de una contestación diferente a la que se desea obtener. Y la pregunta es **impertinente** cuando no se refiere a la cuestión enjuiciada, sino a un hecho que puede tener plurales lecturas y que por tanto no puede aportar nada para el conocimiento de la cuestión enjuiciada. Es impertinente todo lo que queda extramuros de la teleología del proceso, de lo que en él se persigue resultando innecesario para la prueba del delito que se juzga (SSTS. 470/2003 de 2 abril y 169/2005 de 14 de febrero)».*

Contra la resolución adoptada por el presidente podría interponerse en su día recurso de casación, siempre y cuando se haya formulado en el acto la correspondiente protesta.

Los testigos deberán expresar la razón de lo que digan y, en el caso de que se trate de testigos de referencia, aclararán el origen de la noticia, facilitando el nombre y apellido, o las señas con las que se conociese, a la persona que la hubiera comunicado.

CUESTIONES

1. ¿Pueden las partes solicitar que el testigo reconozca algún instrumento del delito?

Sí, esta posibilidad aparece recogida en el art. 712 de la LECrim que reconoce a las partes el derecho a pedir que el testigo reconozca los instrumentos o efectos del delito o cualquiera otra pieza de convicción.

2. ¿Pueden llevarse a cabo careos entre testigos?

Sí, podrán realizarse careos entre testigos, o con los procesados, si bien el presidente no permitirá que se produzcan insultos o amenazas entre las partes. Existe una excepción a la hora de practicar los careos que consiste en que salvo que el mismo sea considerado imprescindible y no lesivo, no podrán hacerse cuando los testigos sean menores de edad.

Resulta relevante a efectos prácticos lo dispuesto en el art. 714 de la LECrim, según el cual, si el testigo prestase declaraciones sustancialmente diferentes en el sumario y el juicio oral, podrá solicitarse por cualquier de las partes la lectura de la anterior declaración. Después de leída, el presidente invitará al testigo a que explique la diferencia o contradicción observada en sus declaraciones.

El Tribunal Supremo entiende que esta posibilidad también sería aplicable a las declaraciones de los propios acusados, y en este sentido podemos citar la **STS n.º 595/2022, de 16 de junio, ECLI:ES:TS:2022:2513**:

«La valoración de la prueba personal es función exclusiva del Tribunal de instancia que, con vigencia de los principios de inmediación, oralidad y contradicción que rigen la celebración del juicio y la práctica de la prueba, oye lo que los acusados y testigos deponen sobre hechos vividos o sobre la realidad percibida sensorialmente en el caso de estos últimos, además de observar la manera en la que el relato es emitido, para confrontar después esa aportación con el resto de la prueba practicada a su presencia.

Es evidente que uno de los criterios que permiten evaluar si resulta racional otorgar credibilidad a los deponentes, es la persistencia que haya proyectado el contenido de su narración. La concreta realidad que el acusado o que el testigo debe describir, en cuanto que se trata de un suceso pasado y definido, comporta que tenga que ser esencialmente inmutable en su reseña. Una diferente versión sobre lo esencial de un hecho histórico suele reflejar la falsedad del relato, bien por una irrealidad absoluta de los hechos referidos, cuanto porque alguna de las versiones pueda no reflejar correctamente la verdad de lo narrado en la otra.

No obstante, la diversidad o mutabilidad del relato no comporta necesariamente que haya de negarse validez al testimonio. La propia Ley de Enjuiciamiento Criminal recoge en su artículo 714 de la LECRIM que " Cuando la declaración del testigo en el juicio oral no sea conforme en lo sustancial con la prestada en el sumario podrá pedirse la lectura de ésta por cualquiera de las partes. Después de leída, el Presidente invitará al testigo a que explique la diferencia o contradicción que entre sus declaraciones se observe", valorándose racionalmente la prueba en libertad de criterio y en conjunción con el resto de prueba practicada (art. 741 LECRIM). Una previsión normativa que es jurisprudencialmente aplicable para las contradicciones apreciadas en la declaración de los propios acusados y que, consecuentemente, se activa como un instrumento específicamente dirigido a apreciar si el desajuste de la narración surge de déficits incomprensibles para un relato veraz y sincero, o si cuenta con un motivo que lo justifique y desvanezca racionalmente la suspicacia».

Con relación a la responsabilidad en la que puede incurrir el testigo, el art. 715 de la LECrim señala que, para proceder contra un testigo por un delito de falso testimonio, cuando el mismo haya declarado en el sumario y en el juicio oral, sólo cabría proceder con el mismo por el testimonio prestado en el juicio.

También cabría imponer una multa de entre 200 y 5.000 euros cuando el testigo se niegue a declarar, que se impondría en el acto, y si a pesar de ello el testigo persiste en su negativa, se procederá contra él por un delito de desobediencia grave.

CUESTIÓN

En el supuesto de que el testigo no comparezca por imposibilidad, ¿qué podrá hacer el tribunal?

En estos casos el tribunal, si considera importante su declaración, podrá designar a uno de sus miembros para que, constituyéndose en la residencia del testigo, para que las partes puedan realizar las preguntas que consideren oportunas. En estos casos el LAJ deberá extender diligencia dejando constancia de la preguntas y repreguntas formuladas, y las contestaciones del testigo, así como, en su caso, los incidentes que hubiesen ocurrido en el acto. Cuando el testigo imposibilitado no residiera en el lugar en donde radica el tribunal, el LAJ librará exhorto o mandamiento para que la realice el juez correspondiente.

Los testigos tendrán derecho a una indemnización si la reclaman. En estos casos el LAJ la fijará mediante decreto, teniendo en cuenta los gastos del viaje y el importe de los jornales perdidos por el testigo. Resulta interesante

el **auto de la Audiencia Provincial de Lleida, n.° 522/2021, de 16 de septiembre, ECLI:ES:APL:2021:790A,** que se pronuncia sobre esta posible indemnización, e incluye en la misma los gastos de desplazamiento en el caso
de que el juicio se suspenda:

> «Así las cosas, cuando las costas procesales son declaradas de oficio,
> como ocurre en este caso, la parte a la que no se ha reconocido el bene-
> ficio de asistencia jurídica gratuita está obligada a satisfacer las indemni-
> zaciones de los testigos que han propuesto para su asistencia al acto del
> juicio oral, siempre que hayan reclamado los gastos de desplazamiento.
>
> De este modo, resulta evidente que la indemnización a los testigos debe
> comprender todos los gastos de desplazamiento derivados de su asistencia al
> acto del juicio oral, incluidos los ocasionados al testigo que se ha desplazado
> aunque el juicio oral finalmente no haya sido celebrado, y no exclusivamente
> cuando se haya celebrado, y corre a cargo de la parte que los haya propuesto
> y que no tenga reconocido el beneficio de asistencia jurídica gratuita, como
> ocurre en este caso, cuando las costas procesales han sido declaradas de ofi-
> cio, y ello con independencia de que la suspensión sea atribuible a otra parte e
> incluso al Juzgado o aunque éste no hubiera avisado con antelación al testigo
> de una previa suspensión y se hubiera desplazado cuando ya se sabía que el
> juicio oral no iba a ser celebrado, pues lo que en absoluto resulta admisible es
> que los gastos generados por el desplazamiento del testigo al acto del juicio
> oral sean asumidos por éste en los casos que acabamos de exponer(…)».

Del informe pericial

Antes de analizar la prueba pericial que se lleva a cabo propiamente en el
acto del juicio, conviene matizar que la LECrim, en su art. 662, se pronuncia
sobre la recusación de los peritos, que, aunque no se practica en el propio
acto del juicio, sí se llevaría a cabo una vez finalizada la instrucción, si bien
con relación a las causas establecidas para la recusación se remite a las fijadas en la instrucción. Además, establece un plazo para realizarla de 3 días
desde la entrega al recusante de la lista que contenga el nombre del recusado. El LAJ dará traslado de la misma a la parte que intente valerse del perito
también por el plazo de 3 días. Transcurrido el plazo y devueltos o recogidos
los autos, se recibirán a prueba por 6 días, en los que las partes podrán practicar la prueba que le convenga. A continuación, el LAJ señalará día para la
vista, a la que podrán asistir las partes y sus defensores.

CUESTIONES

1. ¿Cabe recurso contra el auto que resuelva el incidente de recusación?

No, contra este auto no se dará recurso alguno.

**2. Si no se recusa al perito en el plazo de tres días, ¿podría recusarse
después?**

No, el perito que no se recuse en el término establecido no podrá serlo después,
salvo que incurriera con posterioridad en alguna de las causas de recusación.

Por su parte, los arts. 723 a 725 de la LECrim contienen la regulación relativa
a la prueba pericial en el juicio, pudiendo destacar que los peritos que no hayan sido recusados serán examinados juntos cuando deban declarar sobre unos

mismos hechos, y que deberán contestar a las preguntas y repreguntas que las partes les dirijan.

CUESTIÓN

¿Procede la declaración conjunta de los peritos que hayan evaluado a la víctima y de los que hayan evaluado al acusado?

Para responder a esta cuestión podemos traer a colación la **sentencia del Tribunal Superior de Justicia de Canarias n.º 48/2020, de 29 de junio, ECLI:ES:TSJICAN:2020:1355**, que entiende que al tratarse de evaluaciones sobre dos personas distintas no existe conexión que conlleve la declaración conjunta de ambos:

«En esta segunda queja del recurrente, se alega que la Sala de instancia ha vulnerado el artículo 724 de la LECrim por no acceder a la solicitud de la defensa de que todos los peritos fueran examinados conjuntamente por las partes. El precepto del art. 724 dispone que "Los peritos que no hayan sido recusados serán examinados juntos cuando deban declarar sobre unos mismos hechos, y contestarán a las preguntas y repreguntas que las partes les dirijan". En el caso presente, en el que la prueba pericial de los psicólogos forenses adscritos al Instituto de Medicina Legal había de ser sobre la credibilidad o verosimilitud del testimonio de la víctima, mientras que la pericial del psicólogo presentado por la defensa había de versar acerca de la evaluación psicológica del acusado y de la credibilidad del testimonio del mismo, es lo cierto, y así lo resolvió la Audiencia en el juicio, que resultaba improcedente la solicitud de la defensa de que todos los peritos fueran examinados de forma conjunta, puesto que el objeto de su dictamen y pericia había sido distinto, dado que cada uno de ellos había de pronunciarse, en exclusiva, sobre la evaluación de dos personas distintas y examinadas por peritos diferentes, sin existir conexión alguna entre el dictamen de los peritos forenses y el del perito de la defensa».

Cuando para contestar a las preguntas que se les realicen consideren necesaria la práctica de algún reconocimiento, se realizará este, si fuese posible, acto continuo, en el local de la misma audiencia. Cuando no fuese posible se suspenderá la sesión por el tiempo necesario, salvo que se pueda continuar con la práctica de otras diligencias de prueba mientras los peritos verifican el reconocimiento.

A TENER EN CUENTA. El art. 778 de la LECrim contiene especialidades con relación al informe pericial en el procedimiento ordinario, destacando que el mismo podrá ser prestado por un sólo perito cuando el juez lo considere suficiente.

De la prueba documental

En el caso de la prueba documental, la LECrim establece en su art. 726 que el tribunal debe examinar por sí mimo los libros, documentos, papeles y demás piezas de convicción que puedan contribuir al esclarecimiento de los hechos o a la más segura investigación de la verdad.

Hay que destacar en este punto la jurisprudencia del Tribunal Supremo, que podemos leer, por ejemplo, en la **STS n.º 464/2023, de 14 de junio, ECLI:ES:TS:2023:2627**:

«(...) El artículo 726 de la LECrim dispone que "el tribunal examinará por sí mismo los libros, documentos, papeles y demás piezas de convicción que puedan contribuir al esclarecimiento de los hechos o a la más segura investigación de la verdad". La ley atribuye al tribunal la potestad de valorarlos por su examen directo y a ello se refiere el citado precepto. El tribunal puede valorar directamente la prueba genuinamente documental (a la que se asimila en sentido amplio las piezas de convicción) sin necesidad de petición de parte o de lectura en el plenario, todo ello sin perjuicio del derecho de las partes a impugnar dicha prueba con los efectos que en cada caso procedan, de interrogar a acusados, testigos y peritos sobre el contenido de los documentos obrantes en autos y de alegar en relación a ellos todo lo conducente a su derecho».

CUESTIÓN

¿Puede un informe médico considerarse prueba documental y aplicarse el mentado art. 726 de la LECrim?

Tal y como se recoge en la sentencia de la Audiencia Provincial de Guipúzcoa n.º 227/2023, de 11 de septiembre, ECLI:ES:APSS:2023:484: *«(...) es doctrina de este Tribunal que los informes médicos, al igual que otras pruebas, como los tests de alcoholemia, son pericias que frecuentemente han de practicarse con anterioridad a la celebración del juicio y que constituyen pruebas preconstituidas que despliegan toda su validez si, siendo incorporadas a las diligencias, no son impugnadas por ninguna de las partes, pues tal y como establece el art. 726 L.E.Crim, el órgano judicial "examinará por sí mismo los libros, documentos, papeles y demás piezas de convicción que puedan contribuir al esclarecimiento de los hechos o a la más segura investigación de la verdad" (STC 24/1991 y ATC 393/1990)(...)».*

JURISPRUDENCIA

ATS rec. 11106/2023, de 18 de octubre, ECLI:ES:TS:2023:14120A

«Es claro —y lo es especialmente a partir de la STEDH de 6 de diciembre de 1988 (Caso Barberá y otros contra España)— que la fórmula, rituaria y clásica en nuestro foro —"por reproducida"— no convierte en prueba documental todas las actuaciones sumariales; ni transmuta en "documento" lo que no son más que pruebas personales documentadas. Pero la feliz recuperación de la centralidad del acto del plenario como escenario idóneo para desplegar la actividad probatoria (con algunas modulaciones y excepciones) no puede instalarnos en tesis radicales que, amén de violentar el sentido común, no suponen objetivamente robustecimiento alguno de garantías. La fórmula de "dar por reproducida" la prueba documental durante muchos años constituyó la coartada para obviar la esencialidad de la realización de la prueba en el acto del juicio oral, con la consiguiente merma de los principios de publicidad, inmediación y contradicción. Ahora bien, la justa proscripción de esa praxis viciosa —auténtica corruptela— y contraria a los pilares básicos de la arquitectura del proceso penal que levantó el legislador del siglo diecinueve, no implica descalificar absolutamente mecanismos abreviados de práctica de la prueba documental que el sentido común impone. Que la actividad probatoria haya de desplegarse en el acto del juicio oral, no significa que todos, absolutamente todos, los documentos aportados o unidos a las actuaciones deban ser leídos en ese momento, so pena de quedar desactivados como posible medio de convicción o que todos los efectos hayan de ser exhibidos en público separada y sucesivamente o que las grabaciones hayan de ser íntegramente escuchadas. Eso no solo es absurdo, sino que llevaría a la inmanejabilidad de determinados procesos penales en que la prueba es básicamente documental y, además, de ingente volumen (STS 457/2013, de 17 de abril).

La clave está en la necesidad de preservar los principios de inmediación, contradicción y publicidad. No padecen si el Tribunal examina los documentos al amparo del art. 726 LECrim. Si se trata de auténtica prueba documental y ha sido propuesta, al darse por reproducida y conocida por todas las partes no se causa indefensión si el Tribunal en cumplimiento de la obligación —que no facultad— que le impone el art. 726 LECrim examina directamente ese documento.

La prueba documental ya aportada se caracteriza por su "invariabilidad": está ahí; nada distinto determinará en ella su lectura (o audición). Ahí seguirá, inalterada, en condiciones idóneas para ser examinada directamente y con la pausa y detenimiento que sean precisos por el Tribunal.

Cuestión distinta es la valoración que deba hacerse a estos efectos, por el órgano de enjuiciamiento, según lo dispuesto en el artículo 741 de la LECrim (...)».

De la inspección ocular

La LECrim dedica su art. 727 a la inspección ocular que no se haya practicado antes de la apertura de las sesiones, y dispone que en estos casos si el lugar que deba ser inspeccionado se hallase en la capital, se constituirá en él el tribunal con las partes, y el LAJ extenderá diligencia expresiva del lugar o cosa inspeccionada. Deberán hacerse constar en la diligencia tanto las observaciones de las partes, como los incidentes que ocurran.

Cuando el lugar estuviese fuera de la capital, se constituirá en él con las partes y el miembro del tribunal que el presidente designe, practicándose las diligencias en la misma forma.

Para su regulación se remite a lo establecido para la inspección ocular en el capítulo primero, del título V, del libro II.

Hay que tener en cuenta, que tal y como se recoge en la **sentencia de la Audiencia Provincial de Tenerife n.º 350/2013, de 12 de septiembre, ECLI:ES:APTF:2013:2226**, estamos ante una prueba pensada más para la fase de instrucción que para el plenario:

«(...) la inspección ocular resulta una diligencia más apropiada para la fase instructora, y de ahí su regulación en los artículos 326 a 333 de la Ley de Enjuiciamiento Criminal, aunque esté prevista de forma excepcionalísima en el art. 727 para el acto de la vista ("para la prueba de inspección ocular que no se haya practicado antes de la apertura de las sesiones"). En este sentido, no cabe duda de que la ordenación de la inspección ocular o reconocimiento judicial se contempla en la Ley de Enjuiciamiento Criminal para la fase de investigación criminal aunque también para el plenario pero desde la perspectiva de que naturalmente su práctica o no en este segundo momento dependerá de que el órgano sentenciador disponga de elementos suficientes para formar un juicio y conforme a ello, que resulte necesaria, dependiendo tal decisión de que se valore la utilidad en caso de deficiencia probatoria. Diversas sentencias del Tribunal Supremo se han pronunciado al respecto, y en especial, por ejemplo la de 14 de marzo de 1997, con referencia a que cuando se propone en el acto del juicio oral, debe tener necesariamente ese carácter excepcional dado que por tener que realizarse fuera de la Sala donde el acto solemne del plenario se celebra, choca con los principios de concentración y publicidad que informan el proceso penal, y de ahí que solo deba practicarse cuando no hay otro medio de llevar al conocimiento del Tribunal los hechos relevantes objeto del proceso».

3.3. Proposición y admisión de la prueba en el proceso penal

La proposición y admisión de la prueba regulada en la LECrim

En el procedimiento penal existen distintos momentos en los que pueden proponerse las pruebas que se regulan a lo largo de la Ley de Enjuiciamiento Criminal.

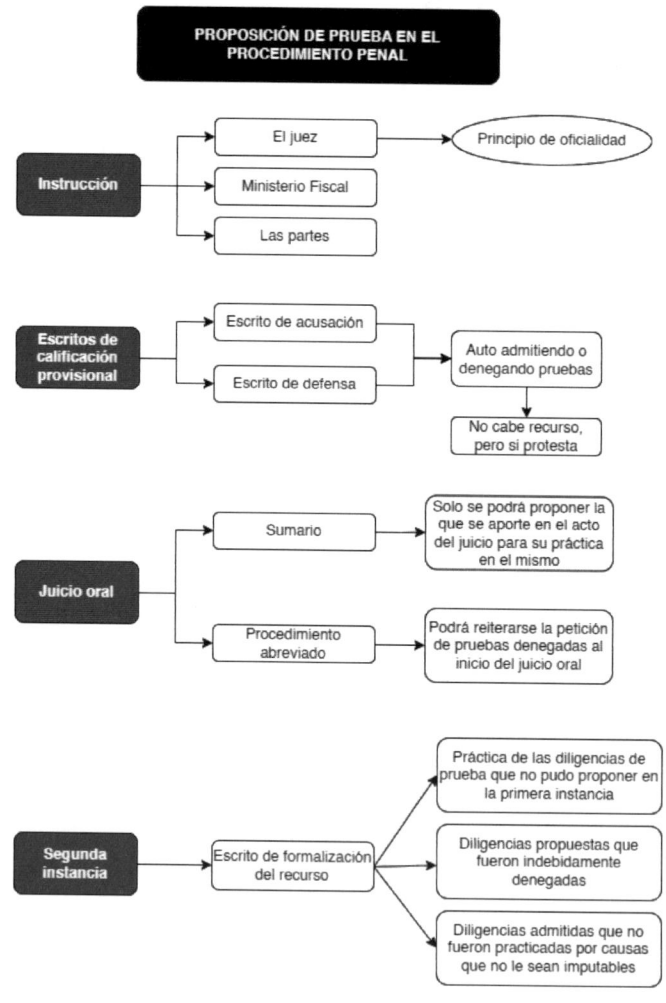

Al referirnos a la prueba en el proceso penal, conviene recordar que durante la fase de instrucción rige el **principio de oficialidad**, según el cual el propio juez de instrucción recabará lo que considere necesario para imputar o procesar al investigado.

Sobre la diferencia entre la fase de instrucción y la de juicio oral se ha pronunciado el **auto del Tribunal Supremo n.º 1330/2015, de 1 de octubre,** ECLI:ES:TS:2015:7898A:

> «El art. 728 de la LECrim sienta como principio general que en el juicio oral "no podrán practicarse otras diligencias de prueba que las propuestas por las partes, ni ser examinados otros testigos que los comprendidos en las listas presentadas". Ese enunciado es acorde con el **principio de rogación** que —a diferencia de la fase de instrucción, inspirada en el **principio de oficialidad**—, ha de regir la aportación probatoria en el juicio oral. Su significado está, desde luego, bien relacionado con las exigencias de imparcialidad inherentes a quien asume la función jurisdiccional decisoria. Aquel principio, sin embargo, resulta modulado por el art. 729 de la LECrim, que autoriza al Tribunal a acordar, además de los careos o las diligencias de prueba no propuestas por las partes pero que resulten relevantes para el esclarecimiento de los hechos, "las diligencias de prueba de cualquier clase que en el acto ofrezcan las partes para acreditar alguna circunstancia que pueda influir en el valor probatorio de la declaración de un testigo, si el Tribunal las considera admisibles (art. 729.3 LECrim). Como recordábamos en las SSTS 15/2008, 16 de enero y 209/2008, 28 de abril, el art. 728 fija un criterio de ordenación del procedimiento encaminado a preservar los principios de contradicción y defensa, salvaguardando elementales exigencias de lealtad procesal que quedarían quebrantadas por la aportación sorpresiva de nuevos elementos de prueba. En el art. 729 se matiza el significado del principio de preclusión procesal, cuando mira a la aportación probatoria en el proceso penal. Así lo impone la naturaleza de sus principios informadores, frente al proceso civil (STS 10-11-11)».

El momento procesal oportuno para proponer la prueba es en los escritos de calificación provisional (escritos de acusación y defensa). El art. 656 de la LECrim dispone que:

> «El Ministerio Fiscal y las partes manifestarán en sus respectivos escritos de calificación las pruebas de que intenten valerse, presentando listas de peritos y testigos que hayan de declarar a su instancia.
>
> En las listas de peritos y testigos se expresarán sus nombres y apellidos, el apodo, si por él fueren conocidos, y su domicilio o residencia; manifestando además la parte que los presente si los peritos y testigos han de ser citados judicialmente o si se encarga de hacerles concurrir».

También se recoge en la LECrim (art. 657) que podrán pedir las partes que se practiquen aquellas diligencias de prueba que por cualquier causa fuera de temer que no se puedan practicar en el juicio oral, o que pudieran motivar su suspensión.

El legislador no ha establecido un listado que recoja los soportes admitidos en la aportación de las pruebas, si bien, en el artículo 26 del Código Penal, se establece que se considerará como documento todo soporte material que exprese o incorpore datos, hechos o narraciones con eficacia probatoria o cualquier otro tipo de relevancia jurídica.

El tribunal examinará las pruebas propuestas e inmediatamente dictará auto, admitiendo las que considere pertinentes y rechazando las demás.

Contra el auto admitiendo las pruebas no procederá recurso alguno, y contra el que las rechace o deniegue podrá interponerse en su día el recurso de casación, si se prepara oportunamente con la correspondiente protesta (art. 659 de la LECrim).

> **A TENER EN CUENTA.** Para rechazar las pruebas propuestas por el acusador privado, habrá de ser oído el fiscal si interviene en la causa.

Una vez precluido el trámite para presentar escrito de defensa, solo podrá proponerse la prueba que se aporte en el acto del juicio oral para su práctica en el mismo, sin perjuicio de que pueda interesarse previamente que se libren las comunicaciones necesarias, cuando se haga con antelación suficiente a la fecha de juicio.

> **CUESTIÓN**
>
> **En el juicio oral se propone como prueba una testifical que no fue pedida en el escrito de defensa, y se solicita al juzgado que proceda a la citación, ¿debe admitirse dicha prueba?**
>
> No, tal y como se recoge en el **auto del Tribunal Supremo n.º 297/2023, de 9 de marzo, ECLI:ES:TS:2023:3190A**, la solicitud por la defensa de la declaración de un testigo realizada en el juicio, y no constatando que hubiera aportado dicho testigo al tiempo del juicio para su práctica en el mismo, infringiría el artículo 784.1 de la LECrim, lo que hubiera llevado, en caso de ser admitido, a una suspensión del juicio oral con la correspondiente dilación, siendo dicha testifical finalmente denegada entendiendo que podría haber sido propuesta con anterioridad a la vista del juicio.

Al regular el **procedimiento abreviado**, dispone el art. 785.1 de la LECrim que en cuanto las actuaciones se encontraran a su disposición, el juez o tribunal examinará las pruebas propuestas e inmediatamente dictará auto admitiendo las que considere pertinentes y rechazando las demás. Contra el auto que admite o inadmite prueba no cabrá recurso alguno, sin perjuicio de que **la parte a la que fue denegada pueda reproducir su petición al inicio de las sesiones del juicio oral**, momento hasta el cual podrán incorporarse a la causa los informes, certificaciones y demás documentos que el Ministerio Fiscal y las partes estimen oportuno y el juez o tribunal admitan.

A la vista de este auto, el letrado de la Administración de Justicia establecerá el día y la hora en que comenzarán las sesiones del juicio oral, que comenzará con la lectura de los escritos de acusación y defensa, abriéndose a continuación un turno de intervenciones para que puedan las partes exponer lo que estimen oportuno acerca de la competencia del órgano judicial, vulneración de derechos fundamentales, artículos de previo pronunciamiento, causas de suspensión del juicio oral, nulidad de actuaciones, así como **sobre el contenido y finalidad de las pruebas propuestas o que se propongan para practicarse en el acto**.

El juez o tribunal resolverá en el mismo acto, y frente a su decisión no cabrá recurso alguno, independientemente de que pueda formularse protesta, y reproducirse la cuestión en el recurso frente a la sentencia.

Con relación a la prueba en segunda instancia, el art. 790.3 de la LECrim recoge que **en el escrito de formalización del recurso** podrá pedirse «(...) la práctica de las diligencias de prueba que no pudo proponer en la primera instancia, de las propuestas que le fueron indebidamente denegadas, siempre que hubiere formulado en su momento la oportuna protesta, y de las admitidas que no fueron practicadas por causas que no le sean imputables». Es decir, la práctica de las pruebas en segunda instancia queda limitada a:

– La práctica de las diligencias de prueba que no pudo proponer en la primera instancia.

– Las propuestas que le fueron indebidamente denegadas.

– Las admitidas que no fueron practicadas por causas que no le sean imputables.

CUESTIÓN

En un recurso de casación, ¿puede alegarse indefensión por la denegación de una prueba en primera instancia si no se reiteró la proposición de prueba en segunda instancia?

No, se exige que se haya solicitado en segunda instancia la prueba, en virtud del art. 790.3 de la LECrim, pudiendo citar, como ejemplo, la sentencia del Tribunal Supremo n.º 413/2023, de 31 de mayo, ECLI:ES:TS:2023:2401:

«Por ello, frente a la queja del recurrente ante la denegación de esta prueba hay que recordar que, como señala el Fiscal de Sala, el recurrente no reiteró la proposición de la prueba denegada a tenor del art. 790.3 de la LECr al efecto de subsanar el quebrantamiento de forma y la indefensión denunciada.

Sobre la denegación de prueba y modus operandi ante esta denegación por el órgano judicial de enjuiciamiento, y de cara a la previa apelación antes de la casación nos hemos pronunciado recientemente en la sentencia del Tribunal Supremo 975/2022 de 19 Dic. 2022, Rec. 10216/2022, señalando al respecto que:

"Desde que se implantó una apelación previa a la casación en estos procedimientos competencia de la Audiencia Provincial se hace obligado reiterar la práctica de la prueba en la segunda instancia tal y como previene el art. 790.3 LECrim. El remedio específico y primario para ese tipo de gravamen, consiste en la reproducción de la prueba en apelación; no la nulidad que siempre comporta retrasos que el legislador quiere evitar. Tiene razón el Fiscal cuando apunta que esa omisión en apelación obstaculiza la admisibilidad del motivo, lo que se convierte en causa de desestimación sin necesidad de estudiar el fondo».

En estos casos en los que se propone prueba en la fase de recurso, o se solicita la reproducción de la grabada, el tribunal decidirá sobre su admisión en el plazo de 3 días y, en su caso, acordará que el letrado de la Administración de Justicia señale día para la vista.

CUESTIÓN

¿En qué momento debería impugnarse una prueba digital?

La Sala de lo Penal del Tribunal Supremo aclara que el momento procesal oportuno para impugnar la prueba digital es el escrito de defensa (STS n.º 332/2019, de 27 de junio, ECLI:ES:TS:2019:2205).

4.
MEDIOS DE PRUEBA EN EL PROCEDIMIENTO CONTENCIOSO-ADMINISTRATIVO

¿Qué es la prueba como instrumento procesal?

La prueba es un **instrumento procesal con apoyo constitucional**. El artículo 24 de la Constitución garantiza el derecho de todas las personas a la tutela judicial efectiva y a utilizar todos los medios de prueba pertinentes para poder defenderse.

Según el *Diccionario del Español Jurídico de la RAE* y el CGPJ, **la prueba puede definirse** como: «actividad encaminada a procurar la fijación de los hechos vertidos en los escritos de calificación y la convicción del juez sobre los mismos» o «cada uno de los medios probatorios regulados en la norma procesal».

El **derecho a la utilización de los medios de prueba pertinentes es un derecho inseparable del derecho mismo de defensa** tal y como ha declarado el Tribunal Constitucional en la **sentencia n.º 23/2007, de 12 de febrero, ECLI:ES:TC:2007:23** en la que también sintetiza las líneas principales de esta doctrina:

«a) Este derecho fundamental, que no comprende un hipotético derecho a llevar a cabo una actividad probatoria ilimitada, sí que atribuye el derecho a la recepción y práctica de las que sean pertinentes, entendida la pertinencia como la relación entre los hechos probados y el thema decidendi.

b) Puesto que se trata de un derecho de configuración legal, es preciso que la prueba se haya solicitado en la forma y momento legalmente establecidos.

c) Corresponde a los Jueces y Tribunales el examen sobre la legalidad y pertinencia de las pruebas, no pudiendo este Tribunal Constitucional sustituir o corregir la actividad desarrollada por los órganos judiciales, sino en los casos en los que las decisiones judiciales de inadmisión de pruebas relevantes para la decisión final, hayan sido dictados sin motivación alguna o mediante una interpretación y aplicación de la legalidad arbitraria o irrazonable o cuando la falta de práctica de la prueba sea imputable al órgano judicial.

d) Es necesario asimismo que la falta de actividad probatoria se haya traducido en una efectiva indefensión del recurrente, o lo que es lo mismo, que sea "decisiva en términos de defensa"; ello exige que el recurrente haya alegado y fundamentado adecuadamente dicha indefensión material en la demanda.

e) La anterior exigencia se proyecta en un doble plano: de una parte, el recurrente ha de razonar ante este Tribunal, la relación entre los hechos que se quisieron y no se pudieron probar y las pruebas inadmitidas; y, de otra, quien en la vía de amparo invoque la vulneración del derecho a utilizar los medios de prueba pertinentes deberá, además, argumentar de modo convincente que la resolución final del proceso a quo podría haberle sido favorable, de haberse aceptado y practicado la prueba, propuesta y no practicada, objeto de controversia».

El Tribunal Constitucional se ha pronunciado acerca de **cuándo puede entenderse que se ha vulnerado el derecho a la prueba** así ha señalado en la **sentencia n.º 43/2003, de 3 de marzo, ECLI:ES:TC:2003:43**:

«De acuerdo con la jurisprudencia de este Tribunal, para que pueda apreciarse la vulneración del derecho a la prueba se exige, en primer lugar, que el recurrente haya instado a los órganos judiciales la práctica de una actividad probatoria, respetando las previsiones legales al respecto. En segundo lugar, que los órganos judiciales hayan rechazado su práctica sin motivación, con una motivación incongruente, arbitraria o irrazonable, de una manera tardía o que habiendo admitido la prueba finalmente no hubiera podido practicarse por causas imputables al propio órgano judicial. En tercer lugar, que la actividad probatoria que no fue admitida o practicada hubiera podido tener una influencia decisiva en la resolución del pleito, generando indefensión al actor. Y, por último, que el recurrente en la demanda de amparo alegue y fundamente los anteriores extremos».

El derecho a la prueba, conforme señala el art. 24.2 de la CE, reconoce el **derecho a utilizar todos los medios de prueba pertinentes para la defensa**, lo que implica, que este derecho opera en todo tipo de proceso con el fin de garantizar a las partes la posibilidad de impulsar una actividad probatoria acorde con sus intereses. Ahora bien, **el alcance de esta garantía se encuentra delimitado por tres órdenes de consideraciones**:

– El propio tenor literal del art. 24.2 de la CE.

– Su carácter de derecho constitucional de configuración legal.

– Su carácter de derecho procedimental.

1. Tenor literal del art. 24.2 de la CE

La propia formulación del precepto mentado establece el derecho a utilizar los medios de prueba pertinentes para la defensa. Esto implica que su reconocimiento no ampara un hipotético derecho a llevar a cabo una actividad probatoria ilimitada, sino que atribuye solo el **derecho a la admisión y prác-**

tica de las que sean pertinentes entendiendo por tales aquellas pruebas que tengan una relación con el *thema decidendi*. La opinión contraria no solo iría en contra del tenor literal del art. 24.2 de la CE, sino que conduciría a que, a través de propuestas numerosas e inútiles pruebas, se pudiese alargar indebidamente el proceso o se discutiesen cuestiones ajenas a su finalidad.

2. Derecho de configuración legal

La garantía que incorpora el **derecho a la prueba ha de realizarse en el marco legal establecido en el ordenamiento jurídico** respecto a su ejercicio. Y por tanto se hace preciso:

- Que las partes procesales hayan **solicitado la prueba en la forma y momento** legalmente establecido y que el medio de prueba solicitado está autorizado por el ordenamiento.

- Que el órgano judicial se pronuncie **sobre su admisibilidad motivadamente** sin incurrir en incongruencia, irrazonabilidad o arbitrariedad y que, en su caso, la falta de práctica de los medios de prueba admitidos no le sea imputable.

El rechazo motivado de los medios de prueba ha de producirse en el momento procesal oportuno, ya que la denegación tardía, aunque razonada, de la prueba se ha considerado que, *prima facie*, podría afectar al derecho tal y como ha declarado el Tribunal Constitucional en la **sentencia n.º 164/1996, de 28 de octubre, ECLI:ES:TC:1996:164** que señala:

> «(...) o, también, cuando la denegación razonada se produjese tardíamente, de modo que generase indefensión o los riesgos de perjudicar dicha decisión en virtud de una certeza ya alcanzada acerca de los hechos objeto del proceso —con la consiguiente subversión del juicio de pertinencia— o, incluso, de un prejuicio acerca de la cuestión de fondo en virtud de la denegación inmotivada de la actividad probatoria (STC 89/1995, fundamento jurídico 6º) (...)».

3. Derecho de carácter procedimental

El carácter procedimental exige que, **para apreciar su vulneración, quede acreditada la existencia de una indefensión constitucionalmente relevante**, ello se traduce en la necesidad de demostrar que la actividad probatoria que no fue admitida o practicada era decisiva en términos de defensa.

En caso de que una parte alegue en amparo la vulneración del derecho a la prueba recae sobre la misma la carga de fundamentar y argumentar las razones por las que se le ha causado la indefensión, así lo ha señalado el Tribunal Constitucional en la **sentencia n.º 70/2002, de 3 de abril, ECLI:ES:TC:2002:70**:

> «(...) También hemos declarado que sólo procede el examen de esta queja de amparo cuando la falta de práctica de la prueba propuesta "haya podido tener una influencia decisiva en la resolución del pleito" (SSTC 50/1988, de 22 de marzo, FJ 3; 357/1993, de 29 de noviembre, FJ 2; 131/1995, de 11 de septiembre, FJ 2; 1/1996, de 15 de febrero, FJ 3; 37/2000, de 14 de febrero, FJ 3) y que quien alega ante este Tribunal la

vulneración del derecho a utilizar los medios de prueba pertinentes debe cumplir con la carga de fundamentar y argumentar en la demanda las razones por las cuales la omisión de la prueba propuesta le ha provocado una indefensión material al ser relevante para la decisión final del proceso (SSTC 116/1983, de 7 de diciembre, FJ 3; 30/1986, de 20 de febrero, FJ 8; 149/1987, de 30 de septiembre, FJ 3; 45/1990, de 15 de marzo, FJ 3; 357/1993, de 29 de noviembre, FJ 2; 1/1996, de 15 de enero, FJ 3; 37/2000, de 14 de febrero, FJ 3) (...)».

Solicitud de la práctica de la prueba en la LJCA

Partiendo de los pilares constitucionales que han de regir en la práctica de la prueba, la LJCA, en sus artículos 60 y 61, se encarga de regular expresamente este elemento procesal en el ámbito contencioso-administrativo.

Señala el art. 60 de la LJCA que solamente se podrá pedir el recibimiento del proceso a prueba por medio de otrosí, en los **escritos de demanda y contestación y en los de alegaciones complementarias**. En dichos escritos se expresarán de modo ordenado los puntos de hecho sobre los que vaya a versar la prueba y los medios de prueba que se propongan.

> **CUESTIÓN**
>
> **¿Qué sucede si de la contestación resultan nuevos hechos de transcendencia?**
>
> En caso de que de la contestación resulten nuevos hechos de transcendencia el recurrente podrá, en los cinco días siguientes, pedir el recibimiento a prueba y expresar los medios de prueba que proponga.

El proceso se recibirá prueba **cuando exista disconformidad en los hechos** y éstos fueran de trascendencia, a juicio del órgano jurisdiccional, para la resolución del pleito. Si el objeto del recurso fuera una sanción administrativa o disciplinaria, el proceso se recibirá siempre a prueba cuando exista disconformidad en los hechos.

Como dispone la ley, la práctica de la prueba ha de solicitarse en la demanda y contestación, para cuya admisión y viabilidad habrá que atender a los artículos 52 a 57 de la LJCA. No obstante, al margen de los plazos y demás requisitos de forma que se exigen en la demanda y contestación, es importante recalcar que, como bien se estipula en el artículo 57, ordinal 2.º, de la LJCA, de no constar en el otrosí la petición de la práctica de la prueba, el letrado de la Administración de Justicia puede declarar concluso el pleito sin más trámite para sentencia, salvo que el juez o tribunal, de manera excepcional, ante la importancia o índole del asunto, acuerde la celebración de la vista o la formulación de conclusiones escritas.

Hay que perfilar en este punto que el artículo 61 de la LJCA contempla la posibilidad de acordar de oficio el recibimiento a prueba (véase también el artículo 282 de la LEC).

A TENER EN CUENTA. Aunque no profundizaremos en este tema, respecto a la solicitud de la práctica de la prueba hay que prestar atención al procedimiento en que nos encontremos. Así, debemos remitirnos a los artículos 78 de la LJCA para el caso del procedimiento abreviado, o al título V en lo que respecta a los procedimientos especiales, en concreto, al artículo 120 de la LJCA para la práctica de la prueba en los procedimientos para la protección de los derechos fundamentales de la persona o al artículo 127 de la LJCA en los procedimientos de suspensión administrativa previa de acuerdos.

Un elemento importante en la práctica probatoria es la **carga de la prueba**. Rige en esta materia lo dispuesto en el artículo 217 de la LEC, adaptado a la singularidad del proceso administrativo. En esencia, puede decirse que **el** *onus probandi* **recae sobre quien afirma el hecho,** sin olvidar los **principios de disponibilidad y facilidad probatoria** (numeral 7 del art. 217 de la LEC).

La doctrina de la facilidad probatoria supone que cuando la administración dispone de una prueba sobre la cual el demandante funda su derecho, y aquella se niega sin causa justificada a su entrega con el fin de que pueda surtir efecto en el correspondiente proceso, es contrario al derecho a la tutela judicial efectiva imponerle al interesado la consecuencia de la falta de prueba del hecho. Sin embargo el Tribunal Constitucional ha establecido **excepciones en las cuales no opera el principio de facilidad probatoria,** señalando la **sentencia n.º 165/2020, de 16 de noviembre, ECLI:ES:TC:2020:165:**

«b) Excepciones a su aplicación: hemos fijado sin embargo dos excepciones para las cuales no opera el principio de facilidad probatoria, lo que implica que las reglas de distribución del onus probandi han de aplicarse de manera ordinaria, sin atemperar:

(i) Cuando se pueda hablar de imposibilidad material y no de negativa injustificada de la administración a la entrega del medio de prueba. Así, en la STC 140/1994, de 9 de mayo, FJ 4 b) se dijo que "ha de tenerse en cuenta que cuando las fuentes de prueba se encuentran en poder de una de las partes en el litigio, la obligación constitucional de colaborar con los órganos jurisdiccionales en el curso del proceso (art. 118 C.E.) conlleva que sea aquella quien deba acreditar los hechos determinantes de la litis (SSTC 227/1991). [...]; si bien las deficiencias y carencias en el funcionamiento de un órgano administrativo no pueden repercutir en perjuicio del solicitante de amparo, es claro que no nos encontramos ante un supuesto [donde] no lo lleva a cabo invocando dificultades derivadas de deficiencia o carencias internas, como en el caso objeto de la STC 227/1991, sino ante el supuesto de una imposibilidad de proceder a esa acreditación ni aun tratando de reconstruir el expediente".

Importa en todo caso atender a las circunstancias concretas: como se precisa en los antecedentes 2 b) y 9, y el fundamento jurídico 3, sucedió ahí que la administración no tenía una parte del expediente, porque con ocasión de la apertura de unas diligencias penales se habían remitido al órgano judicial competente, sin llegar a recuperarlo.

(ii) Cuando el deber de custodia del documento por una de las partes está sujeto a un plazo normativo, y este ya se ha superado a la fecha en la que se solicita el documento por la otra parte, caso tratado por la STC

140/2003, de 14 de julio, FJ 8, en relación con la conservación de la documentación de una empresa en liquidación: "No estamos, pues, ante un supuesto de deficiencias y carencias en el funcionamiento de un órgano administrativo, que no deben repercutir en perjuicio del solicitante de amparo, porque a nadie es lícito beneficiarse de su propia torpeza, como viene señalando nuestra doctrina (por todas, SSTC 227/1991, de 28 de noviembre, FJ 3; 140/1994, de 9 de mayo, FJ 4; 116/1995, de 17 de julio, FJ 1, y 61/2002, de 11 de marzo, FJ 3), sino ante un supuesto en que ni el demandante ni la empresa pública para la que prestaba servicios conservan documentación relativa a esa relación laboral, sin que la empresa venga obligada a conservar esa documentación por haber transcurrido con creces el plazo establecido al efecto en la legislación mercantil". La prueba ha de solicitarse en la propia demanda o su contestación, por quien lo interese, y su práctica se hará en el plazo de 30 días. Fuera de este plazo solo se admitirá su ejercicio si no se practicó en tiempo establecido por causas ajenas a quien las propuso».

En cuanto a la práctica de la prueba esta se desarrollará con arreglo a las normas generales establecidas para el proceso civil, siendo el **pazo para practicarlas de 30 día**s. Sin embargo, el art. 60.4 de la LJCA añade que se podrán aportar al proceso las pruebas que se hayan practicado fuera de ese plazo por causas no imputables a la parte que las propuso.

Finaliza el art. 60 de la LJCA señalando en sus apartados 5, 6, 7 y 8 una serie de especialidades relativas a la práctica de la prueba:

«5. Las Salas podrán delegar en uno de sus Magistrados o en un Juzgado de lo Contencioso-administrativo la práctica de todas o algunas de las diligencias probatorias, y el representante en autos de la Administración podrá, a su vez, delegar en un funcionario público de la misma la facultad de intervenir en la práctica de pruebas.

6. En el acto de emisión de la prueba pericial, el Juez otorgará, a petición de cualquiera de las partes, un plazo no superior a cinco días para que las partes puedan solicitar aclaraciones al dictamen emitido.

7. De acuerdo con las leyes procesales, en aquellos procedimientos en los que las alegaciones de la parte actora se fundamenten en actuaciones discriminatorias por razón de sexo, orientación e identidad sexual, expresión de género o características sexuales y aporte indicios fundados sobre su existencia, corresponderá a la parte demandada la aportación de una justificación objetiva y razonable, suficientemente probada, de las medidas adoptadas y de su proporcionalidad.

A los efectos de lo dispuesto en el párrafo anterior, el órgano judicial, de oficio o a instancia de parte, podrá recabar informe o dictamen de los organismos públicos competentes».

8. La presentación de documentos en el curso de actos judiciales o procesales celebrados por videoconferencia se ajustará a lo establecido por la Ley que regule el uso de las tecnologías en la Administración de Justicia».

A TENER EN CUENTA. Por medio de Real Decreto-ley 6/2023, de 19 de diciembre se ha añadido el apartado 8 al art. 60 de la LJCA. Dicha reforma entrará en vigor el 20 de marzo de 2024.

Solicitud de oficio de la práctica de la prueba en el procedimiento contencioso-administrativo

Si bien la norma general es que la prueba se practique a instancia de una de las partes en el proceso, la ley otorga **a los jueces y tribunales la facultad de acordar de oficio tanto el recibimiento del pleito a prueba como la práctica de cuantas diligencias de prueba estimen pertinentes (art. 61.1 de le LJCA)**. Esta facultad se extiende hasta el momento de conclusión del pleito para dictar sentencia. Si el juez o el tribunal hace uso de ella, la declaración de conclusión del pleito para sentencia tendrá que esperar a la finalización de las diligencias estimadas (artículo 64, apartado 4, de la LJCA).

> **A TENER EN CUENTA.** En las cuestiones de ilegalidad (reguladas en los arts. 123 y siguientes de la LJCA), el artículo 125.3 de la LJCA establece que el plazo para dictar sentencia queda interrumpido si el tribunal acuerda de oficio la práctica de alguna prueba. Asimismo, en los procedimientos de suspensión administrativa previa de acuerdos, el artículo 127.5 de la LJCA, dispone que el órgano jurisdiccional puede abrir, de manera motivada, un período de prueba, para mejor proveer del proceso, siempre por un plazo no superior a quince días.

En caso de que el juez o tribunal haga usos de esta facultad y las partes carecieran de oportunidad para alegar sobre ello en la vista o en el escrito de conclusiones, el letrado de la Administración de Justicia pondrá de manifiesto el resultado de la prueba a las partes, las cuales podrán, en el **plazo de 5 días alegar cuanto estimen conveniente acerca de su alcance e importancia**.

Finalmente, el apartado 5 del art. 61 de la LJCA faculta al juez para acordar de oficio, previa audiencia de las partes, o bien a instancia de las mismas la **extensión de los efectos de las pruebas periciales a los procedimientos conexos**. La adopción de este acuerdo sin dar traslado a las partes supone una vulneración del derecho fundamental a no padecer indefensión, tal y como ha señalado la **sentencia del Tribunal Supremo, rec. 174/2012, de 27 de octubre de 2014, ECLI:ES:TS:2014:4400**:

> «Este Tribunal ha tenido ocasión de señalar en numerosas sentencias —entre ellas STS de 3 de mayo de 2012 (rec. 2030/2009), 6 de noviembre de 2012 (rec. 6456/2009) y de 12 de noviembre de 2012 (rec. 6103/2009)—, que la valoración como sustento de la decisión adoptada de la prueba practicada en otro proceso sin dar traslado a las partes, impide la posibilidad de defensa y necesaria contradicción que ha de presidir el proceso. La parte no tiene la ocasión de conocer y alegar lo que a su derecho convenga sobre la prueba pericial y los valores adoptados en las mismas en relación con su adecuación a las circunstancias del caso. Ello supone una infracción del mencionado artículo 61.5 LJCA, así como una violación del derecho fundamental a no padecer indefensión, proclamado por el artículo 24 CE».

En este supuesto de extensión de los efectos de las pruebas periciales a los procedimientos conexos, las normas sobre costas procesales en relación a estas pruebas se entenderá que son partes todos los intervinientes en los procesos sobre los cuales se haya acordado la extensión de sus efectos, prorrateándose su coste entre los obligados en dichos procesos al pago de las costas.

5.
MEDIOS DE PRUEBA EN EL PROCESO LABORAL

Utilización de los medios de prueba en el orden social

Las partes podrán solicitar los **medios de prueba** que se encuentran regulados en la ley, previa justificación de la utilidad y pertinencia de las mismas.

Medios de prueba en el proceso laboral	Interrogatorio de partes	Las preguntas para la prueba de interrogatorio de partes se propondrán verbalmente.	Sin admisión de pliegos (art. 91 de la LRJS).	
		Si el llamado al interrogatorio no compareciese sin justa causa a la primera citación, rehusase declarar o persistiese en no responder afirmativa o negativamente, a pesar del apercibimiento que se le haya hecho	Podrán considerarse reconocidos como ciertos los hechos, siempre que hubiese intervenido personalmente y su fijación como ciertos le resultare perjudicial.	
		Interrogatorio de las personas jurídicas privadas.	Se practicará con quien legalmente las represente y tenga facultades para responder a tal interrogatorio.	
		En caso de que el interrogatorio no se refiera a hechos personales.	Si la parte así lo solicita y acepta la responsabilidad de la declaración.	Se admitirá que sea respondido por un tercero que conozca personalmente los hechos.
	Testifical	No se admiten escritos de preguntas y repreguntas para la prueba testifical.		
		Cuando el número de testigos fuese excesivo (art. 92 de la LRJS).	El juez puede limitar el número de testigos para evitar la reiteración inútil.	
		En conclusiones:	Las partes podrán hacer las observaciones que sean oportunas respecto de las circunstancias personales y sobre la veracidad de sus manifestaciones.	

		Se lleva a cabo en el acto del juicio, presentado los peritos su informe y ratificándolo.		
Medios de prueba en el proceso laboral	Pericial	De oficio o a petición de parte.	En los en que sea necesario su informe.	El órgano judicial podrá requerir la intervención de un médico forense.
	Documental	Adecuadamente presentada, ordenada y numerada	Traslado a las partes en el acto del juicio para su examen (art. 94 de la LRJS).	
		Reproducción mecánica de la palabra, la imagen y el sonido.	Se admitirá siempre que se hayan obtenido legalmente (art. 90 de la LRJS).	
		Presentación de documentos sin causa justificada.	Podrán estimarse probadas las alegaciones hechas por la parte contraria en relación con la prueba acordada.	Corresponde al demandado la aportación de una justificación objetiva y razonable, suficientemente probada, de las medidas adoptadas y de su proporcionalidad (art. 96 de la LRJS).
		Discriminación por razón de sexo, orientación o identidad sexual, origen racial o étnico, religión o convicciones, discapacidad, edad, acoso y en cualquier otro supuesto de vulneración de un derecho fundamental o libertad pública.	El demandado aportará justificación objetiva y razonable, suficientemente probada, de las medidas adoptadas y de su proporcionalidad (art. 96 de la LRJS).	

En cuanto a la admisibilidad de los medios de prueba debemos estar a lo dispuesto en el art. 90 de la LRJS que comienza señalando:

«Las partes, previa justificación de la utilidad y pertinencia de las diligencias propuestas, podrán servirse de cuantos medios de prueba se encuentren regulados en la Ley para acreditar los hechos controvertidos o necesitados de prueba, incluidos los procedimientos de reproducción de la palabra, de la imagen y del sonido o de archivo y reproducción de datos, que deberán ser aportados por medio de soporte adecuado y poniendo a disposición del órgano jurisdiccional los medios necesarios para su reproducción y posterior constancia en autos».

Entre los diferentes medios de prueba que pueden solicitar, se encuentran los procedimientos de reproducción de la palabra, imagen, sonido, archivo, reproducción de datos, que deberán ser aportados por medio de soporte adecuado y poniendo a disposición del órgano jurisdiccional los medios necesarios para su reproducción y posterior constancia en autos. El TSJ de la Comunidad Valenciana en la **sentencia n.º 2655/2019, de 12 de noviembre, ECLI:ES:TSJCV:2019:6921** ha señalado que «(...) se considera más acorde con la tutela judicial efectiva, con la búsqueda de la verdad material y con la jurisprudencia sobre la práctica probatoria y los derechos fundamentales que puedan estar en juego, que la prueba de grabación sea practicada en el acto del juicio, y luego, libremente valorada por la juez de instancia, quedado incorporada a los autos su transcripción (...)».

En ningún caso, se admitirán pruebas que tuvieran su origen o hubieran sido obtenidas, directa o indirectamente, mediante procedimientos que supongan una violación de los derechos fundamentales o libertades públicas. Esta cuestión podrá ser suscitada por cualquiera de las partes o de oficio por el tribunal en el momento de la proposición de la prueba, salvo que se pusiese de manifiesto durante la práctica de la prueba una vez admitida.

JURISPRUDENCIA

Sentencia del Tribunal Supremo n.º 696/2022, de 26 de julio, ECLI:ES:TS:2022:3192

«B) La STC 61/2021 advierte que la interpretación constitucional no es instrumento adecuado para descartar ninguna de las dos opciones interpretativas enfrentadas (a saber: siempre será nulo el despido cuando se base en una prueba nula; siempre será improcedente si se elimina la prueba nula y no existen otras válidas):

No es esta sentencia el marco adecuado para exponer los elaborados argumentos favorables y contrarios a cada una de las dos interpretaciones del mencionado precepto, que, incluso utilizando los mismos métodos de interpretación alcanzan conclusiones opuestas. Basta destacar en este punto, que la sentencia impugnada distingue aquellos supuestos en que la decisión extintiva vulnera un derecho fundamental —en cuyo caso necesariamente procede la declaración de nulidad del despido—, de aquellos otros en que el despido no ha ocasionado dicha vulneración, al haberse derivado esta del proceso de obtención de pruebas, por lo que podrá ser calificado como procedente o no, en función de que existan pruebas desconectadas de la obtenida con violación de derechos fundamentales y libertades públicas (art. 90.2 LJS).

3. No es irrazonable desligar la nulidad de la prueba de la calificación del despido.

El Tribunal Constitucional afirma de manera frontal que un despido no es necesariamente nulo por el hecho de que venga basado en una fuente probatoria que haya comportado la vulneración de derechos fundamentales. Se trata, precisamente, de la opción asumida por la sentencia referencial invocada en este recurso (al igual que la objeto del amparo constitucional en el asunto de la STC 61/2021):

(...)

4. La posible vinculación entre la prueba y el despido.

Al explicar que el debate trabado en el caso es ajeno a los derechos fundamentales invocados (intimidad, propia imagen, tratamiento de datos) y que debe abordarse desde la perspectiva de una eventual vulneración de la tutela judicial, la STC 61/2021 apunta la que, a nuestro entender, constituye la clave del problema que se nos ha suscitado:

Proyectada dicha doctrina constitucional a la cuestión planteada, podemos afirmar que no puede proclamarse que entre la calificación del despido y la reconocida lesión extraprocesal de un derecho fundamental pueda afirmarse la existencia de una

> *"consecutividad lógica y jurídica". Dicho, en otros términos, no existe un derecho constitucional a la calificación del despido laboral como nulo, por lo que la pretensión de la actora no puede tener sustento en una vulneración de los derechos reconocidos en el art. 18.1 y 3 CE».*

Contra la resolución que se dicte sobre la pertinencia de la práctica de la prueba y, en su caso, de la unión a los autos de su resultado o del elemento material que incorpore la misma, solo cabrá **recurso de reposición,** que se interpondrá, se dará traslado a las demás partes y se resolverá oralmente en el mismo acto del juicio o comparecencia, quedando a salvo el derecho de las partes a reproducir la impugnación de la prueba ilícita en el recurso que, en su caso, procediera contra la sentencia.

CUESTIÓN

¿La impugnación de documentación que se ha admitido como medio de prueba impide que el juzgador pueda otorgarle valor probatorio?

No, así lo ha declarado el Tribunal Supremo en la **sentencia n.º 259/2023, de 12 de abril, ECLI:ES:TS:2023:1609** en la que declara:

«El haber impugnado una documentación que se ha admitido como medio de prueba no impide que el juzgador o sala de instancia pueda otorgarle valor probatorio, lo importante, en relación con el debate que la parte presenta en este motivo, es que sí entiende que la parte demandada no puede presentar en este proceso prueba documental alguna que no sea la que ya figura en el ERTE, lo que debió hacer no es impugnar el/os documento/s sino oponerse a su admisión como medio de prueba (art. 87.2 de la LRJS, en relación con el art. 285.2 de la Ley de Enjuiciamiento Civil, supletoria en este orden jurisdiccional)».

Para aquellas pruebas que requieran diligencias de citación o requerimiento, la solicitud se deberá realizar, como mínimo, cinco días antes a la fecha del juicio. Si se tuvieran que realizar en un plazo menor, este sería de tres días.

Cuando sea necesario a los fines del proceso el acceso a documentos o archivos, en cualquier tipo de soporte, que pueda afectar a la intimidad personal u otro derecho fundamental, el juez o tribunal, siempre que no existan medios de prueba alternativos, podrá autorizar dicha actuación, mediante auto, previa ponderación de los intereses afectados a través de juicio de proporcionalidad y con el mínimo sacrificio, determinando las condiciones de acceso, garantías de conservación y aportación al proceso, obtención y entrega de copias e intervención de las partes o de sus representantes y expertos, en su caso.

En caso de que el afectado no preste su consentimiento, podrán adoptarse las garantías cuando la emisión de un dictamen pericial médico o psicológico requiera el sometimiento a reconocimientos clínicos, obtención de muestras o recogida de datos personales relevantes, bajo reserva de confidencialidad y exclusiva utilización procesal, pudiendo acompañarse el interesado de especialista de su elección y facilitándole copia del resultado.

Sin embargo, no será necesaria la autorización judicial si la actuación viniera exigida por las normas de prevención de riesgos laborales, por la gestión o colaboración de la Seguridad Social, por la específica normativa profesional aplicable o por norma legal o convencional aplicable a la materia.

Si como resultado de las medidas anteriores se obtuvieran datos innecesarios, ajenos a los fines del proceso o que pudieran afectar de manera injustificada o desproporcionada a derechos fundamentales o a libertades públicas, se resolverá lo necesario para preservar y garantizar adecuada y suficientemente los intereses y derechos que pudieran resultar afectados.

Si la negativa de la persona afectada se considerará injustificada, la parte interesada podrá solicitar la adopción de medidas, y como dice literalmente el párrafo séptimo del art. 90 de la LRJS: «(...) pudiendo igualmente valorarse en la sentencia dicha conducta para tener por probados los hechos que se pretendía acreditar a través de la práctica de dichas pruebas, así como a efectos de apreciar temeridad o mala fe procesal».

Prueba de interrogatorio en el proceso laboral

Dentro de la prueba del interrogatorio, se diferencia entre el interrogatorio de las partes y el interrogatorio de testigos, estos aparecen regulados en los arts. 91 y 92 del LRJS respectivamente. El Diccionario del español jurídico los define de la siguiente forma:

- Interrogatorio de partes: Medio procesal de prueba por el que cada parte puede solicitar del tribunal la declaración de las demás partes en el proceso, formulando preguntas sobre hechos y circunstancias de los que tenga noticia y que guarden relación con el objeto del proceso.

- Interrogatorio de testigos: Medio de prueba que consiste en la formulación de preguntas a las personas, distintas de las partes, que tengan noticia de los hechos objeto del procedimiento.

Según la Ley de Enjuiciamiento Civil podrán ser testigos todas las personas, salvo las que se hallen permanentemente privadas de razón o del uso de sentidos respecto de hechos sobre los que únicamente quepa tener conocimiento por dichos sentidos y, en el caso de menores de catorce años, podrán declarar como testigos si, a juicio del tribunal, poseen el discernimiento necesario para conocer y para declarar verazmente (art. 361 de la LEC).

Al proponer la prueba de testigos, se expresará su identidad, con indicación, en cuanto sea posible, del nombre y apellidos de cada uno, su profesión y su domicilio o residencia, el cargo que ostentare o cualesquiera otras circunstancias de identificación, así como el lugar en que pueda ser citado (art. 362 de la LEC).

Los testigos antes de declarar deben prestar juramento o promesa de decir verdad, en los términos establecidos en el art. 365 de la LEC.

CUESTIÓN

¿Es posible la revisión de sentencia firme en virtud de falso testimonio?

La revisión de la sentencia firme en virtud de falso testimonio requiere que concurran una serie de requisitos a los que el Tribunal Supremo ha hecho referencia en la sentencia, rec. 2/2010, de 20 de diciembre, ECLI:ES:TS:2010:7511:

«2.- De otra parte, la revisión en virtud de falso testimonio «requiere la concurrencia de los siguientes requisitos: a) que en el proceso en el que se hubiere dictado la sen-

tencia susceptible de rescisión se haya practicado prueba testifical o pericial; b) que los testigos o peritos hayan quebrantado el deber fundamental de veracidad que para aquéllos exige [bajo juramento o promesa y con conminación de poder incurrir en las penas derivadas del falso testimonio] el art. 365.1 de la LECiv y para estos últimos el art. 335.2 del propio Texto procesal; c) que los testigos o peritos hayan sido condenados, en virtud de sentencia firme, por delito de falso testimonio; d) que la condena por tal delito lo sea en concreto como consecuencia de las declaraciones o dictámenes emitidos precisamente en el proceso origen de la sentencia a revisar; y e) que las declaraciones testificales o los dictámenes periciales hayan tenido carácter decisivo, esto es, que de la fundamentación de la sentencia firme atacada, o de su tenor general, se desprenda con la suficiente seguridad que la solución se ha basado, si no de manera exclusiva sí al menos de forma claramente trascendental, en las referidas declaraciones o dictámenes» (STS 04/06/08 —rec. 15/07—). Y que en todo caso no procede la revisión cuando la querella por falsedad es archivada porque los hechos denunciados no merecen reproche de naturaleza penal (STS 07/02/07 —rec. 19/05—)».

|| Interrogatorio de las partes

Este medio de prueba consiste en la declaración de una de las partes a las preguntas de otra sobre hechos y circunstancias de que tenga noticia y guarden relación con el objeto del juicio. La oralidad de este medio de prueba ha sido desde siempre característica del proceso social que, finalmente, se ha impuesto también en el proceso civil con la única excepción del interrogatorio a Administraciones o entidades públicas, en que se responde por escrito conforme a lo dispuesto en el art. 315 de la LEC (**sentencia del TSJ de Madrid n.º 208/2022, de 4 de marzo, ECLI:ES:TSJM:2022:2221**).

El art. 91.1 de la LRJS señala «Las preguntas para la prueba de interrogatorio de parte se propondrán verbalmente, sin admisión de pliegos».

Si el llamado al interrogatorio no compareciese sin justa causa a la primera citación, rehusase declarar o persistiere en no responder afirmativa o negativamente, a pesar del apercibimiento que se le haya hecho, podrán considerarse reconocidos como ciertos en la sentencia los hechos a que se refieran las preguntas, siempre que el interrogado hubiese intervenido en ellos personalmente y su fijación como ciertos le resultare perjudicial en todo o en parte. Esta previsión del art. 91.2 de la LRJS no debe entenderse como una obligación de tener por confesa a la parte que no ha respondido al interrogatorio, sino que es una posibilidad en función del resto de las pruebas practicadas, así lo ha señalado la **sentencia del TSJ de Cataluña n.º 5047/2023, de 14 de septiembre, ECLI:ES:TSJCAT:2023:8141**:

«A tal fin conviene analizar en primer término si se ha cumplido con las previsiones del Artículo 91.2 LRJS ("Interrogatorio de las partes") cuando establece que " si el llamado al interrogatorio no compareciese sin justa causa a la primera citación, rehusase declarar o persistiese en no responder afirmativa o negativamente, a pesar del apercibimiento que se le haya hecho, podrán considerarse reconocidos como ciertos en la sentencia los hechos a que se refieran las preguntas, siempre que el interrogado hubiese intervenido en ellos personalmente y su fijación como ciertos le resultare perjudicial en todo o en parte". El recurso señala que debió estimarse su pretensión por cuanto deriva de la ficta confessio de la empresa, lo que equivale a decir que la Juez debió tener a la empresa no comparecida por confesa.

Pero si leemos atentamente el artículo transcrito vemos que el mismo no impone a quien ejerce la jurisdicción una obligación de tener por confesa a la parte que no ha respondido al interrogatorio —sea por no querer responder, o por incomparecencia— sino que tan sólo le otorga tal posibilidad, dejando en sus manos aplicar tal herramienta en función del resto de las pruebas practicadas. Y se da la circunstancia de que en el presente quien ha ejercido la jurisdicción en la instancia no ha considerado necesaria tal decisión, que por otra parte es coherente con el análisis que realiza de la prueba documental».

En caso de que el interrogatorio de personas físicas no se refiera a hechos personales, se admitirá que sea respondido en todo o en parte por un tercero que conozca personalmente los hechos, siempre que el tercero se encuentre a disposición del juez o tribunal en ese momento, si la parte así lo solicita y acepta la responsabilidad de la declaración.

> **RESOLUCIÓN RELEVANTE**
>
> **Sentencia del TSJ de Galicia, rec. 273/2019, de 8 de abril, ECLI:ES:TSJGAL:2019:2079**
>
> *«De este modo, tratándose de personas físicas, la regla general es que deben responder al interrogatorio ellas mismas, pero, como excepción, si las preguntas no se refieren a hechos personales, podrá un tercero que haya intervenido en los hechos responder en su lugar, lo que como hemos visto no es el caso, o al menos no consta, pues se trata de hechos sobre los que en principio doña Tania había intervenido de forma personal. Además, y en segundo lugar, la regla de la sustitución exige el cumplimiento de dos requisitos: 1º) que el tercero se encuentre a disposición del juez o tribunal en ese momento; y 2º) que la persona física interrogada así lo solicite y acepte la responsabilidad de la declaración del tercero en su nombre, pues resultará vinculado por la declaración de ese tercero en lo que le perjudique. Nada indica la LRJS acerca de qué margen de actuación tiene la parte contraria, quién propuso dicho medio de prueba, lo que resuelve la LEC al disponer que para que se admita esta sustitución deberá ser aceptada por la parte que hubiese propuesto la prueba, y que de no producirse tal aceptación, el interrogado podrá solicitar entonces que ese tercero comparezca en calidad de testigo, en cuyo caso será el juez o tribunal quienes decidirán lo que proceda conforme dispone el art. 308 2º párrafo de la LEC, y aunque esta última facultad sólo está prevista en la LRJS para el caso del interrogatorio de persona jurídico privada, nada impide su aplicación al interrogatorio de la persona física por razón de la supletoriedad de la norma procesal civil.*
>
> *En resumen, ambas partes deben aceptar la sustitución de la declaración de la parte a través de tercero, de modo que no siendo así, pues la parte actora no aceptó la sustitución, no puede alegarse indefensión por haberse activado la facultad de la ficta confessio, ya que ya en demanda se pidió el interrogatorio en la persona de doña Tania, y así fue admitida en autos, asumiendo pues el riesgo de que su incomparecencia tuviese esos efectos».*

El apartado 3 del art. 91 de la LRJS hace referencia al interrogatorio de las personas jurídicas estableciendo a tal efecto:

«El interrogatorio de las personas jurídicas privadas se practicará con quien legalmente las represente y tenga facultades para responder a tal interrogatorio. Si el representante en juicio no hubiera intervenido en los hechos deberá aportar a juicio a la persona conocedora directa de los mismos. Con tal fin la parte interesada podrá proponer la persona que deba someterse al interrogatorio justificando debidamente la necesidad de dicho interrogatorio personal».

La representación de la persona jurídica puede ser tanto la prevista en sus estatutos como aquella que ha sido conferida mediante apoderamiento, de tal forma que no es necesario que comparezca el administrador, el consejo de administración o el consejero delegado, sino que es posible la comparecencia de cualquier persona con poder de representación siempre que tenga conocimiento de los hechos. La parte interesada podrá proponer la persona que deba someterse al interrogatorio justificando debidamente la necesidad de dicho interrogatorio personal (**sentencia del TSJ de Madrid n.º 208/2022, de 4 de marzo, ECLI:ES:TSJM:2022:2221**).

Con relación a las personas que hayan actuado en los hechos litigiosos en nombre del empresario, cuando sea persona jurídica privada regula el art. 91.5 de la LRJS, lo siguiente:

> «La declaración de las personas que hayan actuado en los hechos litigiosos en nombre del empresario, cuando sea persona jurídica privada, bajo la responsabilidad de éste, como administradores, gerentes o directivos, solamente podrá acordarse dentro del interrogatorio de la parte por cuya cuenta hubieran actuado y en calidad de conocedores personales de los hechos, en sustitución o como complemento del interrogatorio del representante legal, salvo que, en función de la naturaleza de su intervención en los hechos y posición dentro de la estructura empresarial, por no prestar ya servicios en la empresa o para evitar indefensión, el juez o tribunal acuerde su declaración como testigos. Las referidas prevenciones deberán advertirse expresamente al efectuar la citación para el interrogatorio en juicio».

‖ Interrogatorio de testigos

La regulación del interrogatorio de testigos se encuentra en el art. 92 de la LRJS que comienza señalando que no se admitirán escritos de preguntas y repreguntas para la prueba del interrogatorio de testigos. Continúa reconociendo la posibilidad de que el órgano judicial pueda limitar discrecionalmente el número de testigos cuando este fuera excesivo y, a criterio del propio órgano judicial, sus manifestaciones pudieran constituir inútil reiteración del testimonio sobre hechos suficientemente esclarecidos. A esta potestad se ha referido el TSJ de Canarias en la **sentencia n.º 434/2022, de 29 de junio, ECLI:ES:TSJICAN:2022:1441**:

> «En cualquier caso, la decisión del juzgador de limitar el número de testigos, aunque ciertamente no motivada en juicio ni luego en la sentencia, tendría apoyo en la previsión del artículo 92.1 de la Ley Reguladora de la Jurisdicción Social, que, tras establecer que no se admitirán escritos de preguntas y repreguntas para la prueba de interrogatorio de testigos, señala que "Cuando el número de testigos fuese excesivo y, a

criterio del órgano judicial, sus manifestaciones pudieran constituir inútil reiteración del testimonio sobre hechos suficientemente esclarecidos, aquél podrá limitarlos discrecionalmente". Precepto dirigido a evitar que se multipliquen innecesariamente testificales sobre unos mismos hechos, lo que guardaría relación con los principios de celeridad y concentración que rigen el proceso laboral (artículo 74.1 de la Ley Reguladora de la Jurisdicción Social), porque la experiencia muestra que cuantas más personas tengan que intervenir en un procedimiento, más probabilidades hay de que el mismo sufra suspensiones y retrasos; pero que también guarda relación con el principio de inmediación, porque un exceso de información sobre unos mismos extremos disminuye la capacidad de atención del juzgador y puede perjudicar, y de hecho suele perjudicar, a la capacidad para tomar decisiones. Aunque el probablemente el artículo 92.1 se refiere a una limitación del número de testigos cuando ya se ha comenzado a practicar esa prueba (cuando el juzgador, en base a lo ya declarado por unos testigos, pueda considerar "suficientemente esclarecidos" los hechos sobre los que también iban a declarar los demás testigos), no parece impedir una limitación inicial del número de testigos como la que se hizo en este caso. En conclusión, no se habría privado a la parte actora de prueba testifical para acreditar los hechos alegados en su demanda, los testigos que no fueron admitidos no se pueden considerar esenciales en términos de defensa porque ni se alega ni consta que fueran a declarar sobre hechos diferentes de aquéllos sobre los que versó el interrogatorio de los testigos que sí fueron admitidos, y la limitación del número de testigos llevada a cabo por el juzgador encontraría su amparo en el artículo 92.1 de la Ley Reguladora de la Jurisdicción Social, no pudiéndose, ante todo ello, acoger la nulidad de actuaciones que se pretende».

Los testigos no pueden ser tachados, y únicamente en conclusiones, las partes podrán hacer las observaciones que sean oportunas respecto de sus circunstancias personales y de la veracidad de sus manifestaciones.

> **CUESTIÓN**
>
> **¿La demandada puede tachar a un testigo porque su testimonio estará viciado al haber sido despedido por aquella?**
>
> No, el art. 92.2 de la LRJS establece que los testigos no pueden ser tachados, aunque la demandada en su conclusiones podrá hacer las valoraciones que estime oportunas sobre la veracidad de su testimonio. En este sentido se ha pronunciado el TSJ del País Vasco en la **sentencia 1531/2022, de 12 de julio, ECLI:ES:TSJPV:2022:2720**.

No obstante la declaración como testigos de personas vinculadas al empresario, trabajador o beneficiario, por relación de parentesco o análoga relación de afectividad, o con posible interés real en la defensa de decisiones empresariales en las que hayan participado o por poder tener procedimientos análogos contra el mismo empresario o contra trabajadores en igual situación, solamente podrá proponerse cuando su testimonio tenga utilidad directa y presencial y no se disponga de otros medios de prueba. En estos casos se hará la advertencia de que dichas circunstancias no serán impedimento para las responsabilidades que de su declaración pudieren derivarse.

RESOLUCIONES RELEVANTES

Sentencia del TSJ de Madrid n.º 208/2022, de 4 de marzo, ECLI:ES:TSJM:2022:2221

«El testigo es aquella persona física que, sin tener la condición de parte, (tercero) aporta al proceso noticias o hechos controvertidos percibidos sensorialmente fuera del proceso, directa o indirectamente, que guardan relación con el objeto del pleito (art. 360 LEC). El interrogatorio como testigo de quien dependen de una persona jurídica (art. 381 LEC) es considerada doctrinalmente (Montero Aroca) como una modalidad de la prueba de informes. Su distinción de la prueba de interrogatorio es clara, pues el testigo es un tercero que no es parte, mientras que del perito se diferencia en que este último aporta máximas de experiencia, admitiéndose la figura del testigo perito en el art. 370.4 LEC, conforme al cual cuando el testigo posea conocimientos científicos, técnicos, artísticos o prácticos sobre la materia a que se refieran los hechos del interrogatorio, el Tribunal admitirá las manifestaciones que en virtud de dichos conocimientos agregue el testigo a sus respuestas sobre los hechos.

La primicia introducida al artículo 92 por la LRJS respecto de su homónimo de la LPL ha sido la de añadir un nuevo apartado 3, precisando ahora la declaración como testigos de personas vinculadas al empresario, trabajador o beneficiario, por relación de parentesco o análoga relación de afectividad, o con posible interés real en la defensa de decisiones empresariales en las que hayan participado o por poder tener procedimientos análogos contra el mismo empresario o contra trabajadores en igual situación, solamente podrá proponerse cuando su testimonio tenga utilidad directa y presencial y no se disponga de otros medios de prueba».

Sentencia del TSJ de Cataluña n.º 4836/2023, de 24 de julio, ECLI:ES:TSJCAT:2023:7410

«Ha de desestimarse este primer apartado del motivo de nulidad, en los términos en que se haya formulado. La parte recurrente, no plantea en relación a los medios de prueba, ninguna de las cuestiones relativas a privación o minoración del derecho de defensa, ni menoscabo de los principios de contradicción y de igualdad procesal de partes, en los términos indicados por el Tribunal Constitucional. La petición de nulidad de la sentencia de instancia la relaciona con la valoración de una prueba, en concreto de la prueba testifical, las declaraciones de dos testigos, pero no se vincula con ninguna circunstancia relacionada con la denegación de un medio de prueba, que haya podido causar indefensión a la parte proponente. La parte recurrente se limita a realizar alegaciones en relación a la valoración de prueba testifical, que se ha efectuado por el Magistrado de instancia, al considerar que toma en cuenta la testifical para algunos aspectos, y no para otros, como el relativo a la antigüedad, pero ello no puede ser objeto del motivo de nulidad formulado. Debiendo recordarse que la ponderación del acervo probatorio corresponde al Juzgador de Instancia, en uso de las facultades conferidas legalmente, precisamente ex artículo 97.2 de la Ley Reguladora de la Jurisdicción Social, que no puede ser suplida por la Sala dado el carácter extraordinario del recurso de suplicación. En este caso, el Magistrado de instancia sí ha valorado la prueba testifical practicada, junto a la prueba documental, y particularmente el Acta de la Inspección de Trabajo, razonando respecto a dicha testifical, los motivos por los que da verosimilitud a la declaración de los testigos en unos aspectos (corroborados por el Acta de la Inspección de Trabajo) y en otros no, (Fundamentos de Derecho Primero y Quinto), en el que se remite al artículo 92.3 de la Ley Reguladora de la Jurisdicción Social. En cualquier caso, debe señalarse que sí se considera que el Magistrado de instancia ha incurrido en un error palmario en la valoración de la prueba, la parte recurrente dispone del motivo de revisión fáctica, para ponerlo de manifiesto».

Prueba pericial en el proceso laboral

La **prueba pericial** es un medio probatorio consistente en un escrito o manifestación realizada por un entendido en una materia, para hacer constar datos fidedignos o susceptibles de ser empleados para demostrar y hacer patente la verdad o falsedad de algo que se alega en una causa, conforme recoge el Diccionario del español jurídico.

La prueba pericial se da en los casos en que sean necesarios conocimientos científicos, artísticos, técnicos o prácticos para valorar los hechos o circunstancias relevantes en el asunto o adquirir certeza sobre ellos. En estos casos las partes pueden aportar al proceso el dictamen de peritos o solicitar, en los casos previstos en la ley, que se emita dictamen por perito designado por el tribunal. La designación de peritos por parte del tribunal se da en los siguientes supuestos, de acuerdo al art. 339 de la LEC:

- La parte es titular del derecho de asistencia jurídica gratuita.
- Si la parte entiende conveniente o necesario para sus intereses la emisión de informe pericial, en este caso el dictamen será a costa de quien lo haya pedido.

En el ámbito del orden social la LRJS se encarga de la prueba pericial en el art. 93 el cual establece:

> «1. La práctica de la prueba pericial se llevará a cabo en el acto del juicio, presentando los peritos su informe y ratificándolo. No será necesaria ratificación de los informes, de las actuaciones obrantes en expedientes y demás documentación administrativa cuya aportación sea preceptiva según la modalidad procesal de que se trate.
> 2. El órgano judicial, de oficio o a petición de parte, podrá requerir la intervención de un médico forense, en los casos en que sea necesario su informe en función de las circunstancias particulares del caso, de la especialidad requerida y de la necesidad de su intervención, a la vista de los reconocimientos e informes que constaren previamente en las actuaciones».

El apartado 2 del art. 93 de LRJS otorga la potestad al juez de requerir al médico forense, no siendo una obligación, sino que el juez valora en cada caso la pertinencia, fundamento y la justificación de llevar a cabo la intervención. Si embargo la aceptación de esta prueba no es facultativa en todo caso, sino que cuando sea requerida por una parte que tenga derecho a la asistencia jurídica gratuita la misma es preceptiva como parte de ese derecho, así se ha declarado en la **STSJ de Cataluña n.° 4630/2023, de 17 de julio, ECLI:ES:TSJCAT:2023:7748** y en la **STSJ de Madrid n.° 771/2023, de 13 de septiembre, ECLI:ES:TSJM:2023:9653.**

Ahora bien, en el momento de pedirla ha de justificarse la necesidad de la prueba, de manera que el órgano judicial siempre puede rechazar justificadamente la prueba pedida en los casos del art. 283 de la LEC —no guarde relación con el objeto del proceso, la prueba en ningún caso pueda contribuir a esclarecer los hechos controvertidos, cuando la prueba consista en una actividad prohibida por la ley—.

Conforme a lo anterior se concluye los siguiente:

- Los titulares del derecho a la asistencia jurídica gratuita tienen derecho a valerse de prueba pericial a través del médico forense cuando sea precisa para su defensa en el acto del juicio.

- Para ello deben solicitar por escrito la práctica de la misma al órgano judicial con antelación a la fecha del juicio, para que pueda citarse al médico forense a dicho acto o para que pueda emitir su dictamen por escrito.

- Al solicitar la práctica de dicha prueba, el interesado debe especificar sobre qué hechos, de los alegados en la demanda, debe versar la misma, debiendo fundamentarse la petición de manera suficiente para que el órgano judicial pueda valorar su pertinencia.

Lo expuesto ha sido recogido por el TSJ de Madrid en la **sentencia n.º 355/2023, de 12 de abril, ECLI:ES:TSJM:2023:4108** que además señala:

> «Dejando aparte aquellos supuestos en que se pida la prueba pericial médica forense por persona que no sea titular o no invoque su derecho a la asistencia jurídica gratuita, cuando se solicite en virtud de la Ley 1/1996, la prueba médica forense se convierte en preceptiva si no resulta ni impertinente ni inútil. Y para valorar su necesidad será preciso que el solicitante, en el momento de pedirla, determine los extremos concretos de hecho sobre los que dicha prueba ha de versar. Y la prueba de médico forense no puede ser declarada impertinente por el mero hecho de que existan otros informes médicos de la sanidad pública, puesto que aun así la parte tendría pleno derecho a practicar prueba para intentar desvirtuar los hechos resultantes de tales informes que estimase incorrectos y contrarios a sus intereses».

RESOLUCIÓN RELEVANTE

Sentencia del TSJ de Madrid n.º 641/2023, de 9 de octubre, ECLI:ES:TSJM:2023:11203

« (...) El artículo 93.2 de la Ley reguladora de la Jurisdicción Social dispone que "el órgano judicial, de oficio o a petición de parte, podrá requerir la intervención de un médico forense, en los casos en que sea necesario su informe en función de las circunstancias particulares del caso, de la especialidad requerida y de la necesidad de su intervención, a la vista de los reconocimientos e informes que constaren previamente en las actuaciones". Una cuestión que se suscita, con relativa frecuencia, en los procesos laborales en relación con la prueba pericial, es la relativa a la intervención como perito del Médico Forense, sobre todo, en los procesos de Incapacidad Permanente. Como se ha reseñado, su intervención puede ser acordada por el órgano judicial, de oficio o a instancia de parte. Ahora bien, en relación con la admisión de la prueba pericial del Médico Forense, en los supuestos de litigantes con el beneficio de justicia gratuita, cabría plantearse si la admisión de esta prueba cuando la proponga la parte que tiene reconocido este beneficio, es preceptiva. Pues bien, ha de indicarse que, de acuerdo con el artículo 6.6 de la Ley 1/1996, de 10 de enero, de Asistencia Jurídica Gratuita, el derecho a la asistencia jurídica gratuita comprende la asistencia pericial gratuita en el proceso a cargo del personal técnico adscrito a los órganos jurisdiccionales o, en su defecto, a cargo de funcionarios, organismos o servicios técnicos

dependientes de las Administraciones públicas y, excepcionalmente, cuando ello no fuera posible, si el Juez o el Tribunal lo estima pertinente, en resolución motivada, por técnicos privados. Por lo tanto, si bien en el primer párrafo, se configura la asistencia pericial gratuita como un derecho, si se presta por personal técnico adscrito a los órganos jurisdiccionales, donde pueden encuadrarse los Médicos Forenses, no obstante, la parte que litiga con la asistencia jurídica gratuita no debe solicitar la intervención del Médico Forense sino la práctica de la prueba pericial gratuita, que se llevará a cabo por el técnico que corresponda. Si solicita la intervención del Médico Forense, será de aplicación el artículo 93.2 de la Ley reguladora de la Jurisdicción Social, que constituye una facultad del órgano judicial. Como declaró la Sentencia de la Sala de lo Social del Tribunal Supremo, dictada en recurso de casación para la unificación de doctrina, de 29 de mayo de 2007 —aunque no entró en el fondo de la controversia, porque apreció que no existía contradicción—, en la interpretación del artículo 6.6 de la Ley de Asistencia Gratuita, han de tenerse en cuenta dos precisiones. En primer lugar, que esta norma no prevé la designación de un Médico Forense sino la del perito que resulte adecuado y no necesariamente de aquella condición. Y, en segundo lugar, que el derecho a la prueba pericial gratuita no nace ope legis, sino que debe solicitarse a la Comisión de Asistencia Jurídica el reconocimiento expreso de la prueba pericial. Esta doctrina jurisprudencial se recoge también en la Sentencia de la Sala de lo Social del Tribunal Superior de Justicia de Extremadura de 2 de diciembre de 2008 (...)».

Prueba documental en el proceso laboral y el informe de expertos

La prueba documental es el medio probatorio consistente en un escrito o un soporte material en que consten datos fidedignos o susceptibles de ser empleados para demostrar y hacer patente la verdad o falsedad de algo que se alega en una causa *(Diccionario del español jurídico)*.

La prueba documental puede consistir en la aportación de documentos públicos o documentos privados. Conforme señala el art. 317 de la LEC a estos efectos se consideran documentos públicos:

«1.º Las resoluciones y diligencias de actuaciones judiciales de toda especie y los testimonios que de las mismas expidan los Letrados de la Administración de Justicia.

2.º Los autorizados por notario con arreglo a derecho.

3.º Los intervenidos por Corredores de Comercio Colegiados y las certificaciones de las operaciones en que hubiesen intervenido, expedidas por ellos con referencia al Libro Registro que deben llevar conforme a derecho.

4.º Las certificaciones que expidan los Registradores de la Propiedad y Mercantiles de los asientos registrales.

5.º Los expedidos por funcionarios públicos legalmente facultados para dar fe en lo que se refiere al ejercicio de sus funciones.

6.º Los que, con referencia a archivos y registros de órganos del Estado, de las Administraciones públicas o de otras entidades de Derecho público, sean expedidos por funcionarios facultados para dar fe de disposiciones y actuaciones de aquellos órganos, Administraciones o entidades».

Los documentos que no se encuentren en la enumeración citada se consideran documentos privados a los efectos de prueba.

La regulación de la prueba documental la encontramos en el art. 94 de la LRJS que comienza señalando que la prueba documental debe estar adecuadamente presentada, ordenada y numerada y de la misma se dará traslado a las partes en el acto del juicio para su examen.

Continúa el señalado precepto estableciendo que los documentos y otros medios de obtener certeza sobre hechos relevantes que se encuentren en poder de las partes deberán aportarse al proceso si hubieran sido propuestos como medio de prueba por la parte contraria y admitida ésta por el juez o tribunal o cuando éste haya requerido su aportación. Si no se presentaren sin causa justificada, podrán estimarse probadas las alegaciones hechas por la contraria en relación con la prueba acordada.

Este deber de exhibición documental entre las partes, en armonía con el art. 328 de la LEC supone que cada parte podrá solicitar de las demás la exhibición de documento que no se hallen a disposición de ella y que se refieran al objeto del proceso o a la eficacia de los medios de prueba; si éstos no se presentaran sin causa justificada, en virtud del principio de paridad procesal entre las partes, podrán estimarse probadas las alegaciones hechas por la contraria en relación con la prueba acordada, lo que es tanto como afirmar que el precepto faculta pero no obliga a la «ficta documentatio» y así lo ha señalado el TSJ de Madrid en la **sentencia n.º 695/2023, de 12 de julio, ECLI:ES:TSJM:2023:7963.**

|| **Informes de expertos**

El art 95 de LRJS regula los informes de expertos en la jurisdicción social señalando que el juez o tribunal, si lo estima procedente, podrá oír el dictamen de una o varias personas expertas en la cuestión objeto del pleito, en el momento del acto del juicio o, terminado éste, como diligencia final.

A continuación, el precepto señala una serie de precisiones en función del objeto del procedimiento:

– Interpretación de un convenio colectivo: en estos casos el órgano judicial podrá oír o recabar informe de la comisión paritaria del mismo.

> **CUESTIÓN**
>
> **¿El informe de la comisión paritaria es vinculante para el órgano judicial?**
>
> No, así lo ha recogido el TSJ de Zaragoza en la **sentencia n.º 680/2022, de 27 de septiembre, ECLI:ES:TSJAR:2022:1253** en la cual señala:
>
> *«Declara la jurisprudencia (STS de 20-3-2018, r. 1069/16; de 8/2/2010, r. 65/09, y la de 14-3-2007, r. 38/06: "...las Comisiones Paritarias designadas al amparo del art. 85 .3 .e) ET e integradas por representantes de los sindicatos firmantes del Convenio, tienen atribuidas exclusivamente funciones de interpretación, gestión y administración del Convenio y sus decisiones no tienen valor de convenio colectivo ni, por ende, eficacia normativa. Su competencia no se extiende pues a funciones de naturaleza negociadora cuyo ejercicio implica una acción normativa típica en la medida en que suponen una modificación de lo pactado, con la lógica consecuencia de que cualquier acto emanado de aquellas modificando el contenido del Convenio habría de ser declarado nulo". La traslación al caso de esta doctrina impide otorgar al acuerdo de la comisión paritaria el efecto vinculante que quiere atribuirle la recurrente, y que acertadamente niega la sentencia recurrida".*

> *De ahí que el art. 95 de la LRJS recoge sus dictámenes entre los que llama "informes de expertos", evidenciando su carácter no vinculante para el órgano judicial: "Cuando en un proceso se discuta sobre la interpretación de un convenio colectivo, el órgano judicial podrá oír o recabar informe de la comisión paritaria del mismo».*

- Discriminación: cuando en el proceso se haya suscitado una cuestión de discriminación por razón de sexo, orientación sexual, origen racial o étnico, religión o convicciones, discapacidad, edad o acoso, el juez o tribunal podrá recabar el dictamen de los organismos públicos competentes.

- Accidente de trabajo y enfermedad profesional: el órgano judicial, si lo estima procedente, podrá recabar informe de la Inspección de Trabajo y Seguridad Social y de los organismos públicos competentes en materia de prevención y salud laboral, así como de las entidades e instituciones legalmente habilitadas al efecto.

Cuando, sobre hechos relevantes para el proceso, sea pertinente que informen personas jurídicas y entidades públicas en cuanto tales, por referirse esos hechos a su actividad, sin que quepa o sea necesario individualizar en personas físicas determinadas el conocimiento de lo que para el proceso interese, la parte a quien convenga esta prueba podrá proponer que la persona jurídica o entidad, a requerimiento del tribunal, responda por escrito sobre los hechos en los diez días anteriores al juicio. Dicho informe se presentará hasta el momento del acto del juicio, sin previo traslado a las partes y sin perjuicio de que pueda acordarse como diligencia final su ampliación.

6.
PRUEBAS OBTENIDAS ILÍCITAMENTE. ANÁLISIS DE CASOS DESTACADOS

Perspectiva constitucional de la prueba ilícita

El Tribunal Constitucional ha creado una amplia doctrina entorno a la valoración de la prueba ilícitamente obtenida y ha señalado que la interdicción constitucional de la valoración judicial de la prueba ilícitamente obtenida constituye una garantía objetiva de nuestro sistema de derechos fundamentales vinculada a la idea de un proceso justo del art. 24.2 de la CE.

Como punto de inicio de esta doctrina constitucional se contempla la **sentencia del Tribunal Constitucional n.º 114/1984, de 29 de noviembre, ECLI:ES:TC:1984:114** en la que se formuló por primera vez una doctrina general sobre la relevancia constitucional de la prueba ilícita que puede sintetizarse en tres ideas que constituyen los principios rectores de la doctrina constitucional sobre esta materia:

- La inadmisión procesal de una prueba obtenida con vulneración de un derecho fundamental sustantivo no constituye una exigencia que derive del contenido del derecho fundamental afectado. Según este principio si se obtienen elementos de convicción con vulneración de un derecho fundamental sustantivo la atribución a aquellos de fuerza probatoria no supone, por sí misma una violación del contenido de dicho derecho fundamental, pues éste no incluye la obligación de privar de toda eficacia jurídica a las consecuencias de cualquier acto que atente contra el mismo.

- La pretensión de exclusión de la prueba ilícita deriva de la posición preferente de los derechos fundamentales en el ordenamiento, tiene naturaleza estrictamente procesal y ha de ser abordada desde el punto de vista de las garantías del proceso justo, y es que no puede entenderse que exista un derecho a la no recepción jurisdiccional de las pruebas de posible origen antijurídico, así lo ha recogido el Tribunal Supremo en el **auto, rec. 10249/2023, de 20 de julio, ECLI:ES:TS:2023:10787A** «En todo caso, la doctrina mayoritaria concluye que la exclusión de la prueba en estos supuestos no es expresión de un derecho constitucional subjetivo de la parte agraviada. En el mismo sentido, nuestro Tribunal Constitucional, en su STC 114/1984, de 29 de noviembre, reflejaba (FJ 2) que: "… no existe un derecho fundamental autónomo a la no recepción jurisdiccional de las pruebas de posible origen antijurídico. La imposibilidad de estimación procesal puede existir en algunos casos, pero no en virtud de un derecho fundamental que pueda considerarse originariamente afectado, sino como expresión de una garantía objetiva e implícita en el sistema de los derechos fundamentales, cuya vigencia y posición preferente en el ordenamiento puede requerir desestimar toda prueba obtenida con lesión de los mismos. Conviene por ello dejar en claro que la hipotética recepción de una prueba antijurídicamente lograda no implica necesariamente lesión de un derecho fundamental (…)».

— La violación de las garantías procesales del art. 24.2 CE ha de determinarse, en relación con la prueba ilícitamente obtenida a través de un juicio ponderativo tendente a asegurar el equilibrio y la igualdad de las partes, esto es, la integridad del proceso en cuestión como proceso justo y equitativo. A esta necesidad de ponderación se ha referido el Tribunal Supremo en el **auto, rec. 5321/2021, de 25 de mayo de 2022, ECLI:ES:TS:2022:8397A**:

«(…) Para establecer esa necesidad de ponderación, el Tribunal Constitucional se remite a su sentencia 114/1984, "[h]ay que ponderar en cada caso los intereses en tensión para dar acogida preferentemente en [la] decisión a uno u otro de ellos (interés público en la obtención de la verdad procesal e interés también en el reconocimiento de la plena eficacia de derechos constitucionales)". La hipotética vulneración del orden constitucional sólo puede producirse, en concreto, "por referencia a los derechos que cobran existencia en el ámbito del proceso (art. 24.2 CE (LA LEY 2500/1978))" (FJ 2). La decisión sobre la prueba ilícita enfrenta al órgano judicial que debe decidir sobre la admisibilidad de los elementos de convicción obtenidos con vulneración previa de un derecho fundamental sustantivo a "una encrucijada de intereses" que ha de resolverse, pues, mediante un juicio ponderativo (FJ 4)" (sic).

Viene a concluir en el fundamento cuarto de la STC 97/2019, que la ponderación ha de apreciar la existencia de una real necesidad de tutela del derecho, la cual vincula, se repite, a que procesalmente, la admisión de la prueba afectara al proceso justo y equitativo, para avalar en el quinto la conducta del Tribunal Supremo al entender que compete al Poder Judicial y al mismo Tribunal Constitucional apreciar a qué violación se refiere el art. 11.1 LOPJ, qué se entiende por violación a los efectos de la prueba ilícita y si este concepto puede construirse al margen o con independencia del derecho material mismo y referido, pues, a un concepto meramente instrumental. En definitiva, si el derecho fundamental, los requisitos para su vulneración legalmente establecidos o los que la jurisprudencia ha señalado en general para toda restricción de derechos, vinculan o implican la nulidad o si los tribunales pueden en cada caso, no de forma genérica para cada derecho o para todos, reducir o ampliar las condiciones establecidas».

Siendo necesaria esa ponderación, la **sentencia del Tribunal Constitucional n.º 97/2019, de 16 de julio, ECLI:ES:TC:2019:97** establece la necesidad de operar a través de un doble juicio.

En primer lugar, ha de determinarse la índole de la ilicitud verificada en el acto de obtención de los elementos probatorios. El Tribunal Constitucional distingue a estos efectos:

- Casos en que la prueba tiene una base estrictamente inconstitucional, en los que la decisión de incorporación de los elementos de convicción al acervo probatorio carece de relevancia desde el punto de vista del art. 24.2 CE.

- Casos en los que la ilicitud del acto de obtención de los elementos de convicción radica en la vulneración de un derecho fundamental de libertad o sustantivo.

El Tribunal ha considerado que sólo en el segundo supuesto pueden verse comprometidas las garantías constitucionales del proceso. La prohibición constitucional de valoración de prueba ilícita no entra en juego cuando el acto de obtención de los elementos de prueba ha sido conforme a la Constitución o cuando la vulneración de un derecho de libertad o sustantivo no ha sido debidamente individualizada en relación con el acto de obtención de la fuente de prueba.

Una vez que se ha constatado la lesión antecedente del derecho fundamental sustantivo, debe determinarse, como segundo paso, su ligamen o conexión con los derechos procesales de las partes desde el prisma del proceso justo y equitativo. Tal nexo existe si la decisión de incorporación al acervo probatorio evidencia una ruptura del equilibrio procesal entre las partes, esto es una desigualdad entre las partes en el juicio, desigualdad que ha procurado antijurídicamente en su provecho quien ha recabado los instrumentos probatorios. La prohibición constitucional de admisión de prueba ilícita se revela, así, como prohibición instrumental, esto es, como mandato constitucional de identificar aquellas vulneraciones de derechos fundamentales consumadas justamente para quebrar la integridad del proceso, esto es, encaminadas a obtener ventajas procesales en detrimento de la integridad y equilibrio exigibles en un proceso justo y equitativo.

La prohibición de valoración de la prueba obtenida vulnerando derechos fundamentales atañe tanto a la prueba directamente obtenida, cuanto a la derivada de ella. Así lo ha recogido la **sentencia del Tribunal Constitucional n.º 94/1999, de 31 de mayo, ECLI:ES:TC:1999:94**:

> «Sin embargo, en el caso de las pruebas derivadas de otras ilícitas, esto es, cuando se trata de determinar la validez constitucional de pruebas que, siendo lícitas por sí mismas, pueden resultar contrarias a la Constitución por haber sido adquiridas a partir del conocimiento derivado de otras que vulneraron directamente un derecho fundamental, hemos de establecer si entre unas y otras existe lo que en la STC 81/1998 denominamos "conexión de antijuridicidad".
>
> Pues bien: hicimos depender la existencia o inexistencia de dicha conexión, desde una primera perspectiva interna, de la índole y características

de la vulneración así como de su resultado, condicionándola, por regla general, a lo que determinase un juicio de experiencia, a llevar a cabo, en principio, por los Jueces y Tribunales ordinarios, acerca de si el conocimiento derivado hubiera podido adquirirse normalmente por medios independientes de la vulneración. Pero, también conectamos, en la citada STC 81/1998, la afirmación o negación de la conexión de antijuridicidad a una perspectiva complementaria, que pudiéramos llamar externa, la de las necesidades de tutela del derecho fundamental, que cabía inferir de la índole del derecho vulnerado, de la entidad de la vulneración y de la existencia o inexistencia de dolo o culpa grave, entre otros factores».

En cuanto a esta «conexión de antijuridicidad» ha entendido nuestro tribunal de garantías que en los casos en que el origen de la vulneración se halla en la insuficiente definición de la interpretación del ordenamiento, en que se actúa por los órganos investigadores en la creencia sólidamente fundada de estar respetando la Constitución y en que, además, la actuación respetuosa del derecho fundamental, hubiera conducido sin lugar a dudas al mismo resultado, la exclusión de la prueba se revela como un remedio impertinente y excesivo que es preciso rechazar (**STC n.º 22/2003, de 10 de febrero, ECLI:ES:TC:2003:22**).

6.1. La prueba ilícita y prueba irregular

Diferencia entre prueba ilícita y prueba irregular

El art. 11 de la LOPJ establece en su apartado 1:

> «1. En todo tipo de procedimiento se respetarán las reglas de la buena fe. No surtirán efecto las pruebas obtenidas, directa o indirectamente, violentando los derechos o libertades fundamentales».

A efectos de la aplicación de este precepto debemos distinguir:

- Prueba ilícita: se refiere a la prueba que es obtenida violentando derechos y libertades fundamentales.
- Prueba irregular: la cual adolece de una ilicitud ordinaria de forma que no se viola derechos y libertades fundamentales, sino solo derechos procesales.

Esta distinción ha sido señalada por el Tribunal Supremo en la **sentencia n.º 872/2022, de 7 de noviembre, ECLI:ES:TS:2022:4021** en la cual también se establece que la distinción entre la prueba ilícita y la irregular, en orden a la eficacia probatoria en el proceso penal, no son sin embargo apreciables en un primer grado, ya que tanto una como otra carecen de virtualidad al respecto.

> **A TENER EN CUENTA.** En caso de prueba irregular su validez dependerá de la naturaleza, gravedad y acumulación de irregularidades y sobre todo de la indefensión sufrida.

La principal diferencia entre la prueba ilícita y la prueba irregular se observa en relación con las pruebas relacionados con ellas:

- En el caso de la prueba ilícita se impone la ineficacia como consecuencia de una fuente de contaminación. Se presenta en este caso la conocida doctrina de los «frutos del árbol envenenado».

- Con relación a las pruebas derivadas de la prueba irregular no se produce la consecuencia anterior y nada obsta a que la convicción se obtenga por otros acreditamientos en la materia tal y como ha recogido el Tribunal Constitucional en la **sentencia n.º 197/2009, de 28 de septiembre, ECLI:ES:TC:2009:197** «Por lo demás, todos los registros fueron llevados a cabo con la presencia del interesado, sin que la ausencia de su Letrado, como cualquier otra incidencia en su práctica una vez obtenido el mandamiento judicial, pueda afectar desde la perspectiva constitucional al derecho fundamental invocado, sino en su caso a la validez de la prueba (por todas, SSTC 171/1999, de 27 de septiembre, FJ 11; 219/2006, de 3 de julio, FJ 7). Pero ello no impide que el resultado de la diligencia pueda ser incorporado al proceso por vías distintas a la propia acta, especialmente a través de las declaraciones de los policías realizadas en el juicio oral con todas las garantías, incluida la de contradicción (SSTC 303/1993, de 25 de octubre, FJ 5; 171/1999, de 27 de septiembre, FJ 12; 259/2005, de 24 de octubre, FJ 6; 219/2006, de 3 de julio, FJ 7)».

JURISPRUDENCIA

Sentencia del Tribunal Supremo n.º 1013/2022, 12 de enero, ECLI:ES:TS:2023:286

«Respuesta que, una vez más, se ajusta a los pronunciamientos de esta Sala, que tiene dicho que todo lo referente a las carencias por falta de concreción suficiente por parte del Letrado de la Administración de Justicia a la hora de extender las actas correspondientes a las diligencias de registro, es una materia que no afecta a la vulneración de derechos fundamentales, sino que ha de ubicarse en el ámbito de la legalidad procesal desde la perspectiva del resultado probatorio y de la eficacia de la prueba (STS 747/2015, de 19 de noviembre). E, incluso, recuerda (STS 166/2015, de 24 de marzo) que cualquier otra incidencia en la práctica del registro, una vez obtenido el mandamiento judicial, no puede afectar desde la perspectiva constitucional al derecho fundamental invocado, sino en su caso a la validez de la prueba (por todas, SSTC 171/1999, de 27 de septiembre, F. 11; 219/2006, de 3 de julio, F. 7). Pero ello no impide que el resultado de la diligencia pueda ser incorporado al proceso por vías distintas a la propia acta, especialmente a través de las declaraciones de los policías realizadas en el juicio oral con todas las garantías, incluida la de contradicción (SSTC 303/1993, de 25 de octubre, F. 5; 171/1999, de 27 de septiembre, F. 12; 259/2005, de 24 de octubre, F. 6; 219/2006, de 3 de julio, F. 7)».

Sentencia del Tribunal Supremo n.º 201/2022, de 3 de marzo, ECLI:ES:TS:2022:918

«Esta diferencia se resuelve en la práctica, por tanto, en la posibilidad de recuperación del material probatorio evidenciado por la prueba irregular, mediante su conversión en algún otro tipo de prueba subsidiaria, generalmente la testifical o la confesión, a modo de subsanación, posibilidad que es impensable en el caso de prueba ilícita.

> *En este sentido la STS 999/2004, de 19-9, ya señaló que si las infracciones cometidas tuvieran un mero carácter procesal, la consecuencia alcanzará tan solo al valor probatorio de los productos de la interceptación de las comunicaciones, pero manteniendo aún su valor como instrumento de investigación y fuente de otras pruebas de ella derivadas. No trascienden de la concreción de meras infracciones procesales, con el efecto y alcance ya señalados, otras irregularidades que no afecten al derecho constitucional al secreto de las comunicaciones y que tan solo privan de la suficiente fiabilidad probatoria a la información obtenida, por no gozar de la necesaria certeza y de las garantías propias del proceso o por sustraerse a las posibilidades de un pleno ejercicio del derecho de defensa, al no ser sometida a la necesaria contradicción».*

La sanción de ineficacia de las pruebas ilícitas implica su imposibilidad de convalidación o subsanación. Como ya hemos señalado, la prohibición de valoración de la prueba ilícita alcanza a:

- La prueba en cuya obtención se ha vulnerado un derecho fundamental.
- Aquellas otras que, habiéndose obtenido lícitamente, se basan, apoyan o deriven de la anterior, puesto que de esta forma se asegura que la prueba ilícita inicial no surta efecto alguno en el proceso. En el mundo anglosajón, esto se conoce como la doctrina del fruto podrido o manchado *(the tainted fruit)* o, genéricamente, doctrina de los frutos del árbol envenenado *(the fruit o the poisonous tree doctrine)*.

Cuando la prueba ha sido obtenida lícitamente, pero basándose en una ilícita, el Tribunal Constitucional ha matizado la aplicación del artículo 11.1 de la LOPJ antes mencionado, desarrollando la **doctrina de la conexión de antijuridicidad.**

La doctrina de la conexión de antijuridicidad se recoge en la **sentencia del Tribunal Constitucional n.º 66/2009, de 9 de marzo, ECLI:ES:TC:2009:66,** puesto que la mera conexión de causalidad, ya sea natural o jurídica, no es la que permite extender los efectos de la nulidad a otras pruebas, sino la conexión de antijuridicidad:

> «Junto a esta regla general, en supuestos excepcionales hemos considerado lícita la valoración de pruebas que, aun cuando se encuentren conectadas desde una perspectiva natural con el hecho vulnerador del derecho fundamental, por derivar del conocimiento adquirido a partir del mismo, puedan considerarse jurídicamente independientes (SSTC 86/1995, de 6 de junio, FJ 4; 54/1996, de 26 de marzo, FJ 6; 81/1998, de 2 de abril, FJ 4; 151/1998, de 13 de julio, FJ 3; 166/1999, de 27 de septiembre, FJ 4; 136/2000, de 29 de mayo, FJ 6). La razón fundamental que avala la independencia jurídica de unas pruebas respecto de otras radica en que las pruebas derivadas son, desde su consideración intrínseca, constitucionalmente legítimas, pues ellas no se han obtenido con vulneración de ningún derecho fundamental (STC 184/2003 de 23 de octubre, FJ 2). "Por ello, para concluir que la prohibición de valoración se extiende también a ellas, habrá de precisarse que se hallan vinculadas a las que vulneraron el derecho fundamental sustantivo de modo directo, esto es, habrá que establecer un nexo entre unas y otras que permita afirmar que la ilegitimidad constitucional de las primeras se extiende también a las segundas (conexión de antijuridicidad). En la presencia o ausencia de esa conexión reside,

pues, la ratio de la interdicción de la valoración de las pruebas obtenidas a partir del conocimiento derivado de otras que vulneran el derecho al secreto de las comunicaciones" (STC 81/1998, de 2 de abril, FJ 4).

En esta última Sentencia establecimos también una doble perspectiva de análisis para determinar si existe o no la conexión de antijuridicidad: una perspectiva interna, que atiende a la índole y características de la vulneración del derecho al secreto de las comunicaciones en la prueba originaria (qué garantías de la injerencia en el derecho se han visto menoscabadas y en qué forma), así como al resultado inmediato de la infracción (el conocimiento adquirido a través de la injerencia practicada inconstitucionalmente), y otra perspectiva externa, que atienda a las necesidades esenciales de tutela de la realidad y efectividad del derecho al secreto de las comunicaciones. Concretamente hemos dicho que: "Estas dos perspectivas son complementarias, pues sólo si la prueba refleja resulta jurídicamente ajena a la vulneración del derecho y la prohibición de valorarla no viene exigida por las necesidades esenciales de tutela del mismo cabrá entender que su efectiva apreciación es constitucionalmente legítima, al no incidir negativamente sobre ninguno de los dos aspectos que configuran el contenido del derecho fundamental sustantivo" (STC 81/1998, de 2 de abril, FJ 4; en el mismo sentido, entre otras, SSTC 121/1998, de 15 de junio, FJ 6; 49/1999, de 5 de abril, FJ 14; 94/1999, de 31 de mayo, FJ 6; 166/1999, de 27 de septiembre, FJ 4; 171/1999, de 27 de septiembre, FJ 4; 136/2000, de 29 de mayo, FJ 6)».

Así las cosas, parece que en estos casos la conexión de antijuridicidad operaría como un criterio limitativo del alcance del precepto y en perjuicio de la protección del derecho fundamental, no a la inversa.

El Tribunal Supremo en la **sentencia n.º 120/2021, de 11 de febrero, ECLI:ES:TS:2021:353,** en orden a la **transferencia mediata de la nulidad por vulneración de un derecho fundamental en la obtención de la prueba inicial,** ha expresado lo siguiente:

a) Hemos de partir de una fuente probatoria ilícita, es decir, obtenida, efectivamente, con violación del derecho fundamental constitucionalmente conocido y no afectada simplemente de irregularidad de carácter procesal, por grave que esta sea.

b) Que la nulidad constitucional de una prueba en el proceso no impide la acreditación de los extremos penalmente relevantes mediante otros medios de prueba de origen independiente al de la fuente contaminada, pues si no existe una conexión causal entre ambos, ese material desconectado estará desde un principio limpio de toda contaminación.

c) Por último, y esto es lo más determinante, que no basta con que el material probatorio derivado de esa fuente viciada se encuentre vinculado con ella en conexión exclusivamente causal de carácter fáctico, pues, para que se produzca la transmisión inhabilitante debe de existir entre la fuente corrompida y la prueba derivada de ella, lo que doctrinalmente se viene denominando «conexión de antijuridicidad».

Es decir, desde un punto de vista externo, que las exigencias marcadas por las necesidades esenciales de la tutela de la efectividad del derecho infringido requieran el rechazo de la eficacia probatoria del material derivado. En adición, desde una perspectiva interna, que la prueba ulterior no sea ajena a la vulneración del mismo derecho fundamental infringido por la originaria, sino que realmente se haya transmitido, de una a otra, ese carácter de inconstitucionalidad, atendiendo a la índole y características de la inicial violación del derecho y de las consecuencias que de ella se derivaron.

En definitiva, se trataría de dos perspectivas complementarias, en la medida en que la prueba refleja solo será constitucionalmente legítima cuando sea ajena a la vulneración del derecho y la prohibición de valorarla no viene exigida por las necesidades de tutela de tal derecho, al no incidir de forma negativa sobre ninguno de los dos aspectos que configuran el contenido del derecho fundamental sustantivo.

|| Supuestos de desconexión de la antijuridicidad de la prueba

La regla de exclusión de la prueba derivada o refleja no es absoluta, ya que en determinados casos los tribunales consideran que hay una ruptura de la conexión de antijuridicidad.

Las excepciones que la jurisprudencia establece a dicha regla tienen como objetivo último el de restringir, en cierta medida, la exclusión de las pruebas ilícitas y, especialmente, las indirectamente obtenidas con vulneración de los derechos fundamentales. Estas excepciones son consideradas factores de corrección que intentan evitar la potencial impunidad que pueda darse en la aplicación rígida de la norma. Serían las siguientes:

a) La **existencia de buena fe en la actuación policial**. Podríamos decir que cuando la vulneración del derecho fundamental es un mero accidente por parte de la autoridad policial, la prueba ilícitamente obtenida surtirá plenos efectos en el proceso. En este sentido se ha manifestado la **sentencia del Tribunal Constitucional n.º 22/2003, de 10 de febrero, ECLI:ES:TC:2003:22**:

> «La inconstitucionalidad de la entrada y registro obedece, en este caso, pura y exclusivamente, a un déficit en el estado de la interpretación del Ordenamiento que no cabe proyectar sobre la actuación de los órganos encargados de la investigación imponiendo, a modo de sanción, la invalidez de una prueba, como el hallazgo de una pistola que, por sí misma, no materializa en este caso, lesión alguna del derecho fundamental (vid. STC 49/1999, de 5 de abril, FJ 5) y que, obviamente, dada la situación existente en el caso concreto, se hubiera podido obtener de modo lícito si se hubiera tenido conciencia de la necesidad del mandamiento judicial. En casos como el presente, en que el origen de la vulneración se halla en la insuficiente definición de la interpretación del Ordenamiento, en que se actúa por los órganos investigadores en la creencia sólidamente fundada de estar respetando la Constitución y en que, además, la actuación respetuosa del derecho fundamental hubiera conducido sin lugar a dudas al mismo resultado, la exclusión de la prueba se revela como un remedio impertinente y excesivo que, por lo tanto, es preciso rechazar.

(...)

En efecto, no cabe hablar de que se haya vulnerado el derecho a un proceso con todas las garantías pues, en este caso, la vulneración del derecho a la inviolabilidad del domicilio es, por decirlo de algún modo, un mero accidente. El estatuto del imputado no hubiera podido impedir que la prueba se hubiera obtenido actuando conforme a la Constitución y, así las cosas, no cabe decir que haya sufrido desconocimiento alguno del principio de igualdad de armas. Igualmente, reconocer la validez de la prueba en virtud de la que fue condenado implica desestimar la alegada vulneración de la presunción de inocencia».

JURISPRUDENCIA

Doctrina del hallazgo casual

Sentencia del Tribunal Supremo n.º 548/2023, de 5 de julio, ECLI:ES:TS:2023:2958

«4.- En definitiva, el recto entendimiento de la doctrina que acaba de ser expuesta determina que cuando de un modo casual, no buscado o perseguido, en el curso de la investigación por un delito diferente, se hallaran signos o indicios significativos de la posible comisión de un ilícito penal distinto, naturalmente, los agentes no deberán hacer "oídos sordos" al descubrimiento, en tanto ajeno al objeto de la investigación inicial, sino que deberán proceder, expresada la evidencia de una posible actuación delictiva, en la forma indispensable, y por descontado normativamente adecuada, para su averiguación. Por eso, y en particular, si dichos hallazgos se producen en el marco de una lícita injerencia en los derechos fundamentales de la persona concernida (entrada y registro en su domicilio, intervenciones telefónicas), es claro que, debido al principio de especialidad que las anima, a su fundamento, y a las razones que legitimaron la injerencia, los agentes deberán poner el hallazgo casual en conocimiento inmediato de la autoridad judicial instructora, con la finalidad de que ésta valore la procedencia de acordar cualesquiera medidas limitativas de los derechos fundamentales referidos, ahora para la averiguación de las circunstancias del eventual nuevo delito que pudiera haber sido cometido.

Sin embargo, es claro que dicha doctrina se asienta en una premisa, primera e irrenunciable: la injerencia en el derecho fundamental, en cuyo desarrollo y de forma casual se descubre los nuevos indicios, ha de ser legítima. De ningún modo la doctrina del hallazgo casual puede ser extendida, con los devastadores efectos que ello generaría, a aquellos otros casos, como el presente, en los que la primera injerencia resulta manifiestamente nula (por vulneradora de derechos fundamentales) nulidad radical que, como en el caso, no puede ser ya subsanada sobre la base de la posterior intervención del juez instructor».

b) La **prueba independiente**. Abarca el supuesto por el cual, cuando no existe conexión causal entre la prueba ilícitamente obtenida y las demás que se hayan recabado en el marco de la investigación criminal, es evidente que esas últimas podrán ser valoradas con total independencia de los efectos que recaigan sobre la primera. La **sentencia del Tribunal Constitucional n.º 86/1995, de 6 de junio, ECLI:ES:TC:1995:86** ha declarado con relación a este punto lo siguiente:

«Ciertamente, contra la posibilidad de valoración probatoria de la confesión prestada ante la evidencia del hallazgo de los objetos incriminatorios puede aducirse que la misma difícilmente habría tenido lugar, de un modo espontáneo, de no haber estado precedida de la ocupación de los efectos del delito. Pero la validez de la confesión no puede hacerse depender de los motivos internos del confesante, sino de las condiciones externas y objetivas de su obtención. En este sentido, para determinar si la declaración confesoria del imputado se ha producido en condiciones de poder ser aceptada, y basar en ella una condena penal, deben tenerse en cuenta los diversos factores concurrentes en cada caso, de entre los que cabe destacar en el sometido a la consideración de este Tribunal si se hicieron al detenido las advertencias legales, si fue informado de sus derechos y si en la declaración estuvo presente un Abogado encargado de asistirle (...).

(...)

Por todo ello, ha de afirmarse que en este supuesto no se ha producido la pretendida vulneración de este derecho constitucional. Para apreciarla habría sido necesario constatar la existencia de un vacío probatorio por no haberse practicado prueba alguna, porque toda la practicada se hubiese obtenido sin respetar las garantías procesales, hubiese sido obtenida o se hubiere derivado de alguna prueba practicada con vulneración de los derechos fundamentales de los recurrentes. Ninguna de estas circunstancias concurre en el presente caso, pues de acuerdo con lo que se acaba de exponer la Sentencia condenatoria se fundamenta en una actividad probatoria de cargo, como lo son las manifestaciones inculpatorias realizadas con todas las garantías por un coimputado en el acto del juicio oral, que ha de considerarse suficiente para estimar desvirtuada la presunción de inocencia que se invoca como vulnerada».

c) La **prueba refleja jurídicamente independiente de la prueba ilícita**. Se refiere al supuesto en el que, aunque la prueba de cargo se hallaba naturalmente enlazadas con el hecho que ha ocasionado la vulneración del derecho fundamental por derivar del conocimiento que se ha obtenido a través del mismo, son jurídicamente independientes. La validez de estas pruebas las ha reconocido el Tribunal Constitucional en la **sentencia n.º 81/1998, de 2 de abril, ECLI:ES:TC:1998:81** en la que señala:

«El problema surge, pues, cuando, tomando en consideración el suceso tal y como ha transcurrido de manera efectiva, la prueba enjuiciada se halla unida a la vulneración del derecho, porque se ha obtenido a partir del conocimiento derivado de ella.

Pues bien: en tales casos la regla general, tal y como hemos expresado en diversas ocasiones (SSTC 85/1994, fundamento jurídico 5º;86/1995, fundamento jurídico 3º; 181/1995, fundamento jurídico 4º; 49/1996, fundamento jurídico 5º) y reafirmamos expresamente ahora, es que todo elemento probatorio que pretenda deducirse a partir de un hecho vulnerador del derecho fundamental al secreto de las comunicaciones telefónicas se halla incurso en la prohibición de valoración ex art. 24.2 C.E.

Sin embargo, a la vez que establecíamos la doctrina general que acabamos de exponer, y habida cuenta de que, como hemos dicho repetidamente, los derechos fundamentales no son ilimitados ni absolutos (STC. 254/1988, fundamento jurídico 3º), en supuestos excepcionales hemos admitido que, pese a que las pruebas de cargo se hallaban naturalmente enlazadas con el hecho constitutivo de la vulneración del derecho fundamental por derivar del conocimiento adquirido a partir del mismo, eran jurídicamente independientes de él y, en consecuencia, las reconocimos como válidas y aptas, por tanto, para enervar la presunción de inocencia (SSTC 86/1995, fundamento jurídico 4° y 54/1996, fundamento jurídico 9°).

(…)

Según se ha dicho, tales pruebas reflejas son, desde un punto de vista intrínseco, constitucionalmente legítimas. Por ello, para concluir que la prohibición de valoración se extiende también a ellas, habrá de precisarse que se hallan vinculadas a las que vulneraron el derecho fundamental sustantivo de modo directo, esto es, habrá que establecer un nexo entre unas y otras que permita afirmar que la ilegitimidad constitucional de las primeras se extiende también a las segundas (conexión de antijuridicidad). En la presencia o ausencia de esa conexión reside, pues, la ratio de la interdicción de valoración de las pruebas obtenidas a partir del conocimiento derivado de otras que vulneran el derecho al secreto de las comunicaciones».

JURISPRUDENCIA

Sentencia del Tribunal Supremo n.º 927/2012, de 27 de noviembre, ECLI:ES:TS:2012:7680

«No obstante, aun cuando existe una conexión natural entre las actuaciones procesales declaradas nulas con la detención del acusado y la posterior aprehensión de la droga, en base a la doctrina invocada, debemos entender que no existe esta conexión de antijuridicidad que permita invalidar probatoriamente el propio hallazgo de la droga, así como las actuaciones que luego derivan de esta intervención. Todo ello sin atender, exclusivamente, a la confesión sumarial del acusado o a su declaración final, al hacer uso del derecho de última palabra, cuando pidió perdón por lo que había hecho. Estas manifestaciones, al entender del tribunal, exclusivamente consideradas, carecen de entidad suficiente como para producir este efecto de desconexión: en cuanto a la primera, por sus circunstancias (proximidad a la detención, en diligencias bajo secreto sumarial), la segunda, puesto que después de haber hecho uso de su derecho a no declarar y a no autoincriminarse, autónomamente considerada, no es una manifestación inequívoca de reconocimiento de los hechos y de aceptación de su responsabilidad. Por esto, en este punto, a fines estrictamente dialécticos, sin perjuicio de su valoración probatoria, consideramos que la confesión del acusado, inmediata a su detención, cuando las actuaciones continúan secretas y no ha conocido el contenido de las escuchas previas y sus circunstancias, tratándose de una confesión que luego no ratifica, no permitiría "per se" la desconexión de la antijuridicidad (SSTS 29 diciembre 2006 y 24 de mayo 2010)."

(...)

Por ello, los juzgadores de instancia, exponen —con un razonamiento plenamente compartible— que ello "lleva a considerar que en la aprehensión final de la droga ha incidido un hecho inevitable o que con toda probabilidad lo era, en la medida que la expulsión de la droga no se ha producido por un procedimiento natural, incidiendo una circunstancia —en la causa se significa un obstrucción— que, en otro caso, habría precisado asistencia médica para su extracción, permitiéndose por ello concluir al valorar la transmisión de la antijuridicidad inicial a este suceso, que la extracción de la droga por un procedimiento quirúrgico, fundado en una decisión médica, por más que se produzca en el contexto de la detención policial, implica un suceso que por un conducto ajeno a la propia actuación investigadora previa, habría llevado también a la aprehensión de la droga."».

e) La confesión voluntaria del investigado. La confesión del investigado puede tener validez a pesar de que se derive de una prueba ilícita siempre que concurran en la misma una serie de requisitos, tal y como ha recogido el Tribunal Supremo en la **sentencia n.º 132/2011, de 7 de marzo, ECLI:ES:TS:2011:2294**:

> «Como recuerda la reciente STS 297/2010, de 23 de marzo, el Tribunal Constitucional viene advirtiendo que la desconexión de la antijuridicidad de las diligencias viciadas de ilicitud en origen con respecto a las pruebas derivadas ha de ser acogida de forma excepcional. De modo que la norma general será la transmisión de la ilicitud de las intervenciones telefónicas a las pruebas derivadas de las mismas, y sólo excepcionalmente se desvincularán jurídicamente unas pruebas de otras y se afirmará la legitimidad de las segundas. Cuando la confesión se eleva a la categoría de prueba independiente de las pruebas ilícitas de las que proviene, y en esa condición se constituye en la única prueba de cargo, es indispensable que esa declaración judicial autoinculpatoria sea absolutamente libre y voluntaria, sin que exista ningún factor que permita racionalmente sugerir fundadamente que la confesión ha sido consecuencia de elementos perturbadores de la libérrima decisión del confesante. Además, la confesión debe ser informada de manera que el declarante tenga previo conocimiento de la razonable probabilidad de que se declaren ilícitas las pruebas a las que está conectada y que, en tal caso, el único elemento probatorio de cargo sería la propia confesión para fundamentar la declaración de culpabilidad y la condena correspondiente».

CUESTIÓN

¿Qué requisitos debe cumplir la confesión para que pueda considerarse una prueba sin conexión de antijuridicidad?

Siguiendo lo dispuesto en la **sentencia del Tribunal Supremo n.º 427/2021, de 20 de mayo, ECLI:ES:TS:2021:2086** debe reunir los siguientes requisitos:

- Información previa de los derechos constitucionales del inculpado, entre los que se encuentra el de guardar silencio o negarse a contestar.
- Que se preste con asistencia de letrado.
- Declaración plenamente voluntaria, sin vicios ni situaciones sugestivas que puedan alterar su espontaneidad.
- Que se preste en el plenario, o acto de juicio oral, por ser el momento donde tales derechos y garantías se desarrollan en la mayor extensión.
- Con conocimiento de que se ha planteado por la defensa la posible anulación de la prueba de la que pudiera proceder el conocimiento inicial determinante de la imputación.

d) Obtención de pruebas por particulares. Debe tenerse en cuenta que esta no constituye una regla de validez general, sino que serán las propias circunstancias las que determinen la validez de la prueba obtenida por particulares con vulneración de derechos fundamentales. Con relación a esta posibilidad se ha pronunciado le Tribunal Supremo en reiteradas ocasiones, siendo recientemente señalado en la **sentencia n.° 597/2022, de 15 de junio, ECLI:ES:TS:2022:2348** los siguiente:

«La Sala entiende que la prohibición de valorar pruebas obtenidas con vulneración de derechos fundamentales cobra su genuino sentido como mecanismo de contención de los excesos policiales en la búsqueda de la verdad oculta en la comisión de cualquier delito. No persigue sobreproteger al delincuente que se ve encausado con el respaldo de pruebas que le han sido arrebatadas por un particular que cuando actuaba no pensaba directamente en prefabricar elementos de cargo utilizables en un proceso penal ulterior.

Este razonamiento no busca formular una regla con pretensión de validez general. Tampoco aspira a proclamar un principio dirigido a la incondicional aceptación de las fuentes de prueba ofrecidas por un particular y que luego son utilizadas en un proceso penal. La regla prohibitiva no excluye entre sus destinatarios, siempre y en todo caso, al particular que despliega una actividad recopiladora de fuentes de prueba que van a ser utilizadas con posterioridad en un proceso penal. También el ciudadano que busca acopiar datos probatorios para su incorporación a una causa penal tiene que percibir el mensaje de que no podrá valerse de aquello que ha obtenido mediante la consciente y deliberada infracción de derechos fundamentales de un tercero. Lo que allí se apunta sólo adquiere sentido si se interpreta como una llamada a la necesidad de ponderar las circunstancias de cada caso concreto. La vulneración de la intimidad de las personas —si éste es el derecho afectado por el particular— no puede provocar como obligada reacción, en todo caso, la declaración de ilicitud. Entre el núcleo duro de la intimidad y otros contenidos del círculo de exclusión que cada persona dibuja frente a los poderes públicos y frente a los demás ciudadanos, existen diferencias que no pueden ser orilladas en el momento de la decisión acerca de la validez probatoria.

Lo determinante es que nunca, de forma directa o indirecta, haya actuado como una pieza camuflada del Estado al servicio de la investigación penal. La prohibición de valorar esos documentos en un proceso penal se apoyaría en las mismas razones que ya hemos señalado para la prueba ilícita obtenida por agentes de policía. Y es que, en este caso, los funcionarios del Estado que investigan el delito han de estar convencidos de que tampoco su trabajo podrá ser valorado si las pruebas obtenidas lo han sido mediante el subterfugio de la utilización de un activo particular que, sabiéndolo o no, actúa a su servicio."».

JURISPRUDENCIA

Caso Falcini.

STS n.° 116/2017, de 23 de febrero, ECLI:ES:TS:2017:471

«Conforme a lo ya razonado, la valoración del criterio proclamado por la Audiencia Provincial de Madrid que, con apoyos argumentales entrecruzados y complementarios entre sí ha admitido la validez probatoria de la Lista Belarmino, exige ponderar las circunstancias que llevaron a Belarmino al apoderamiento de los datos personales custodiados en la entidad bancaria para la que prestaba sus servicios como informático.

Según puede leerse en el antecedente 3° del auto núm. 19/2003, dictado por la Sección Segunda de la Audiencia Nacional, en el procedimiento de extradición núm. 26/2012, '... la investigación suiza se inicia luego de una alerta del 20 de marzo de 2008 de la Asociación Suiza de Banqueros que informaba de que los llamados Vicenta y Juan Pablo, de la sociedad Palorva, se presentaron, el 4 de febrero de 2008, en el Banco Audi (Suisse) S.A, en Beirut con el fin de negociar la venta de una base de datos de clientes de diferentes bancos suizos: según la información, la base de datos habría sido creada pirateando (interceptación electrónica) faxes que se referían, sobre todo, órdenes relativas a instrucciones de suscripción de fondos, en las cuales aparecen los principales datos de los suscriptores (...). El 22 de diciembre de 2008, Vicenta y el llamadeo Juan Pablo —cuyo verdadero nombre es Belarmino—, ambos empleados en el departamento IT del HSBC Private Bank (Suisse) S.A en Ginebra, fueron detenidos en interrogados'.

Conviene resaltar que, conforme expresan las autoridades suizas en la demanda de extradición, la disponibilidad de esos datos estaba tendencialmente orientada a la obtención de un rendimiento económico. De hecho, fue así ofrecida a otro grupo bancario suizo en un proceso de negociación en el que el principal oferente se presentó con un nombre supuesto. En el apartado c) de la fundamentación jurídica de esa misma demanda extradicional se apunta que la información acopiada mediante técnicas de data miningtenía por objetivo '... convertir en dinero estas informaciones ofreciéndoselas a bancos o servicios estatales interesados'.

No existe, pues, dato indiciario alguno que explique la obtención de esos ficheros como el resultado de una colaboración —ad hoc sobrevenida— de Belarmino con servicios policiales, españoles o extranjeros. Tampoco hay dato alguno que fundamente la hipótesis de que, una vez ofrecida esa información, los servicios fiscales españoles se hicieran con ella en virtud de un pacto con el infractor. No hay constancia, ni en el hecho probado de la sentencia recurrida —que omite cualquier alusión al respecto— ni en la demanda de extradición cursada por las autoridades suizas cuando Belarmino fue identificado en España.

En consecuencia, los ficheros bancarios que se correspondían con personas y entidades que disponían de fondos, activos y valores en la entidad suiza HSBC, fueron correctamente incluidos en el material probatorio valorable por el Tribunal de instancia. No estaban afectados por la regla de exclusión. Se trataba de información contenida en unos archivos de los que se apoderó ilícitamente un particular que, cuando ejecutó la acción, no lo hizo como agente al servicio de los poderes públicos españoles interesados en el castigo de los evasores fiscales. Tampoco se trataba de ficheros informáticos cuya entrega hubiera sido negociada entre el transgresor y los agentes españoles. La finalidad disuasoria que está en el origen de la exclusión de la prueba ilícita no alcanzaba a Belarmino, que sólo veía en esa información una lucrativa fuente de negociación. En definitiva, no se trataba de pruebas obtenidas con el objetivo, directo o indirecto, de hacerlas valer en un proceso. La incorporación a la causa penal abierta en el Juzgado de instrucción núm. 4 de Alcobendas de esos archivos comprometedores para los afectados, no guarda conexión alguna —ni directa ni remota— con la vulneración de los datos personales que protegían a los evasores fiscales».

6.2. Las pruebas obtenidas ilícitamente en el proceso civil

La prueba obtenida ilícitamente en el proceso civil

El art. 287 de la LEC se refiere al procedimiento que debe seguirse para el caso de que alguna de las partes entienda que alguna de las pruebas admitidas se ha obtenido vulnerando derechos fundamentales:

«1. Cuando alguna de las partes entendiera que en la obtención u origen de alguna prueba admitida se han vulnerado derechos fundamentales habrá de alegarlo de inmediato, con traslado, en su caso, a las demás partes.

Sobre esta cuestión, que también podrá ser suscitada de oficio por el tribunal, se resolverá en el acto del juicio o, si se tratase de juicios verbales, al comienzo de la vista, antes de que dé comienzo la práctica de la prueba. A tal efecto, se oirá a las partes y, en su caso, se practicarán las pruebas pertinentes y útiles que se propongan en el acto sobre el concreto extremo de la referida ilicitud.

2. Contra la resolución a que se refiere el apartado anterior sólo cabrá recurso de reposición, que se interpondrá, sustanciará y resolverá en el mismo acto del juicio o vista, quedando a salvo el derecho de las partes a reproducir la impugnación de la prueba ilícita en la apelación contra la sentencia definitiva».

Del texto del mentado precepto se determina que la ilicitud de la prueba puede ser alegada por las partes o ser apreciada de oficio. Así lo ha señalado el Tribunal Supremo en la **sentencia n.º 175/2010, de 8 de abril, ECLI:ES:TS:2010:2161**:

«Aunque no lo expresen, hacen las recurrentes una llamada al artículo 11, apartado 1, de la Ley 6/1.985, de 1 de julio, del Poder Judicial, que niega efecto a las pruebas obtenidas, directa o indirectamente, violentando los derechos o libertades fundamentales, y al artículo 283, apartado 3, en relación con el 287, ambos de la Ley de Enjuiciamiento Civil, que, respectivamente, impiden admitir como prueba cualquier actividad prohibida por la norma legal y contemplan la posibilidad de que, además de las partes, suscite cuestión sobre la ilicitud de la prueba el propio Tribunal, de oficio».

Análisis de casos destacados sobre la prueba obtenida ilícitamente en el proceso civil

Validez de los informes de detective privado contratado por la exmujer en procedimiento de divorcio

Sentencia del Tribunal Supremo, n.º 851/2021, de 9 de diciembre, ECLI:ES:TS:2021:4614

a. Antecedentes de hecho

En procedimiento de divorcio se acordó que «B», exmarido de «A», debía abonarle una pensión compensatoria por un plazo determinado, así como una pensión de alimentos para las hijas. «B» incumplía de manera reiterada estas obligaciones, motivo por el cual «A» contrata a un detective privado con el fin de probar que su exmarido continúa trabajando como abogado.

Con el fin de cumplir con el encargo, una empleada del detective concertó una entrevista con «B» haciéndose pasar por una posible clienta y el día acordado se personó en el despacho profesional. Durante la entrevista captó la imagen de «B» sin que este se diera cuenta, y con los datos de la entrevista y el resultado de las pesquisas, se entregó a «A» el informe en el que se incluía la imagen de «B» y la de su secretaria, que el informe refiere como «pareja del investigado». En el momento de entrega del informe de la investigación, se advierte a «A» que el mismo es para su uso exclusivo, prohibiéndole divulgarlo o utilizarlo para cualquier fin no amparado por la ley.

Transcurridos unos meses «A» encarga un nuevo informe con el fin de comprobar si continuaba su relación, tanto laboral como personal (de convivencia), con su secretaria, ya al objeto de reclamarle la cantidad adeudada por impago de la pensión alimenticia de sus hijos. La empleada que había hecho la investigación anterior se apostó junto al domicilio de la secretaria y procedió a realizar un servicio de observación y seguimiento. Con esos datos se elaboró informe con la misma advertencia de uso exclusivo al igual que el anterior.

Estos informes fueron aportados como prueba por «A» y admitidos como tal en diversos procesos judiciales seguidos entre los excónyuges, sin que el órgano que conoció del asunto ni la representación procesal de «B» cuestionaran eficazmente la pertinencia, utilidad y legalidad de las grabaciones como medio de prueba, así como tampoco que en la obtención u origen de la prueba se hubieran podido vulnerar derechos fundamentales.

«B» interpone demanda interesando que se declare la existencia de una intromisión ilegítima en la intimidad y en la propia imagen alegando «(...) (i) que los informes elaborados por Unipol a petición de la Sra. Juliana, que esta aportó luego como prueba en juicio ('en los Juzgados de la Provincia de Málaga con fecha julio de 2017'), vulneraban el derecho del demandante a la propia imagen porque para su elaboración se había captado la imagen del demandante sin su consentimiento (unas veces en un lugar privado como el despacho y otras en lugar abierto) y sin que existiera interés público que lo justificara, toda vez que el encargo lo hizo aquella en su propio interés, para obtener una prueba sobre hechos que podría haber conocido 'de una forma diferente y sin riesgo para los derechos del demandante'; (ii) que también se había vulnerado la intimidad del demandante, pues se había accedido y divulgado información sobre su vida sentimental, perteneciente a su esfera privada, sin causa que lo justificara ya que el demandante no tenía notoriedad pública ni había observado una conducta reveladora de que tales datos pudieran ser conocidos por terceros; y (iii) que la indemnización solicitada era proporcionada a la gravedad de las intromisiones, dado que los informes habían ido pasando por diversas manos y llegado a un juzgado, 'lugar que por definición (profesión) puede o ha de ser recorrido por el demandante, con lo que de agravio supone haberse visto captado subrepticiamente con un teléfono/cámara oculto'».

La demanda fue desestimada en primera y segunda instancia. El demandante-apelante interpuso recurso de casación articulado en dos motivos, en los que discrepa del juicio de ponderación del tribunal sentenciador «entre derecho a la propia imagen y el interés ajeno» y «entre derecho a la intimidad y el interés ajeno».

b. Fundamentos de derecho

En este caso la controversia en casación se reduce a controlar el juicio de ponderación del tribunal sentenciador a partir de la delimitación de los derechos fundamentales en conflicto, que según la sentencia son, de una parte, los derechos fundamentales a la intimidad y a la propia imagen y, de otra, el derecho defensa.

Para la resolución del recurso el Tribunal Supremo se remite a la jurisprudencia recordando que los derechos fundamentales del art. 18.1 de la CE tienen sustantividad y contenido propio, sin perjuicio de que un mismo acto o comportamiento pueda lesionarlos simultáneamente. Por lo que respecta a los límites de tales derechos cuando entran en conflicto con otros derechos fundamentales distintos de las libertades de expresión e información, el Tribunal Constitucional señala que la constitucionalidad de cualquier medida restrictiva de derechos fundamentales viene determinada por la estricta observancia del principio de proporcionalidad —**STC n.º 186/2000, de 10 de julio, ECLI:ES:TC:2000:186**—. Además del requisito de proporcionalidad el Tribunal Constitucional viene declarando que «la previsión legal de una medida limitativa de derechos fundamentales es condición de su legitimidad constitucional» tal y como recoge la **STC n.º 233/2005, de 26 de septiembre, ECLI:ES:TC:2005:233**.

En aplicación de esta jurisprudencia al caso concreto el Tribunal Supremo señala:

– Son hechos probados que los informes que se aportaron como prueba se realizaron por un profesional legalmente habilitado —de acuerdo a los arts. 48 a 50 de la Ley 5/2014, de 4 de abril, de seguridad privada—. Estos informes fueron encargados por «A» previa acreditación del interés legítimo, consistente en su derecho a exigir el pago de las cantidades adeudadas y por tanto la finalidad de los mismos era servir como prueba en los juicios en los que efectivamente se aportaron siendo admitidos, sin que «B» alegara su ilicitud ni que esta se apreciara de oficio.

– Los informes eran medios de prueba de los que «A» pretendía valerse en ejercicio de su derecho de defensa de los que objetivamente podía resultar datos de interés para conseguir la efectividad de las obligaciones pecuniarias, en la medida en que este dato podía coadyuvar a desvirtuar alegaciones de «B» sobre su falta de recursos económicos o sobre la insuficiencia de sus ingresos.

– Desde la perspectiva de la proporcionalidad la sentencia recurrida en casación prioriza el derecho de defensa, siendo esto conforme con la normativa y jurisprudencia.

Esta conclusión se funda:

– Idoneidad y necesidad de la investigación. Los hechos probados indican una situación previa de incumplimientos reiterados, intentos infructuosos de trabar embargos y de la imposibilidad o gran dificultad de obtener por otros medios los datos sobre la situación económica que sí podían averiguarse mediante la investigación privada.

– Límite legal que las pesquisas no tengan lugar en domicilios o lugares reservados. En este caso los límites fueron respetados en la elaboración de los informes.

– Carácter meramente accesorio de las imágenes. En cuanto al derecho a la propia imagen, a pesar de que se han obtenido mediante un dispositivo oculto y por tanto sin su consentimiento, la sentencia pondera el factor consistente en su carácter meramente accesorio, orientado a dotar de mayor certidumbre a los informes. Se añade que las imágenes no se difundieron para el conocimiento general y que tampoco se desprende ningún elemento de desdoro para el interesado.

– Se ha respetado el derecho a la intimidad. No resulta que se invadiera el ámbito reservado, personal y familiar ya que el despacho era el lugar de trabajo donde recibía a los clientes, siendo su comportamiento con la detective igual al que habría tenido con cualquier otro cliente. Los datos incorporados al informe o bien eran públicos o bien habrían sido voluntariamente divulgados a otro cliente. A pesar de que en el segundo informe se hiciera referencia a la relación con la secretaria resulta que, el interés de «A» fue recabar datos económicos en la medida que convivencia de su exmarido con otra persona pudiera tener relación con la reiterada desatención de sus obligaciones familiares de carácter económico.

c. Resolución

El Tribunal Supremo desestima el recurso señalando que:

«En definitiva, la investigación cuestionada se sirvió de medios no desproporcionados para probar en juicio la actividad profesional del hoy recurrente y desvirtuar así la carencia de ingresos en que se escudaba para justificar una conducta tan reprobable que llegó a ser constitutiva de delito. Sería un contrasentido reconocer una indemnización por daño moral, fundada en la vulneración de sus derechos a la intimidad y a la propia imagen, a quien, como el recurrente, se resistió durante años a cumplir sus deberes familiares, fue penalmente condenado por ese incumplimiento y, en fin, dio lugar a que su exesposa tuviera que apuntar todos los medios legales a su alcance para intentar la efectividad de los derechos que ella y los hijos habidos de su matrimonio con el recurrente tenían reconocidos por sentencia firme».

Nulidad de los informes de detectives privado que recojan información de dispositivos GPS colocados en el coche de un tercero

STS n.º 278/2021, de 10 de mayo, ECLI:ES:TS:2021:1875

a. Antecedentes de hecho

En el supuesto concreto «A» contrató un detective privado para la elaboración de un informe sobre su exesposa que le sirviera como prueba en el procedimiento civil de modificación de medidas seguido para que se extinguiera la pensión compensatoria reconocida a la misma.

El detective privado colocó un dispositivo GPS en el automóvil propiedad de «B» (sospechoso de estar manteniendo una relación sentimental con la exesposa de «A») mediante el cual pudieron registrarse todos los movimientos de dicho vehículo durante un período de 4 meses.

Los datos obtenidos fueron incluidos en el informe del detective que «A» aportó como prueba en el proceso de familia. El informe fue admitido como prueba en primera instancia, aunque en segunda instancia se rechazó por considerarlo una prueba ilícitamente obtenida.

«B» interpuso demanda contra «A» y contra el detective interesando que se declarase la existencia de intromisión ilegítima en la intimidad. La sentencia de primera instancia desestimó la demanda respecto de «A» —al entender que se había limitado a contratar al detective—, estimando la misma respecto del detective, declarando la existencia de intromisión ilegítima en la intimidad del demandante. Frente a dicha sentencia se interpuso recurso de apelación ante la AP, que confirmó la existencia de intromisión ilegítima en la intimidad.

Todo ello al entender que la colocación de un dispositivo de GPS en el vehículo de una persona sin su consentimiento implica una intromisión en su derecho fundamental a la intimidad, pues permite a quien controla ese dispositivo conocer los desplazamientos del vehículo.

Contra dicha sentencia se interpuso por el detective recurso de casación ante el TS alegando, entre otros motivos que no se había vulnerado el derecho a la intimidad, de «B» porque los datos que proporcionaba el GPS instalado solo permiten saber dónde se encuentra el vehículo, pero no quién lo usa, ni qué es lo que están haciendo o hablando las personas que van en él, además el seguimiento del demandante se realizó siempre en espacios públicos.

b. Fundamentos de derecho

El Tribunal Supremo establece que no puede considerarse contrario a derecho el juicio de ponderación del tribunal sentenciador por las siguientes razones:

- El TEDH incluye en el derecho a la intimidad el derecho de todo ciudadano a mantener contacto con cualesquiera otras personas y a desarrollar relaciones personales sin ser sometido a innecesarias injerencias en su vida privada. Por eso consideró que la vigilancia por GPS, aunque difiera de otros procedimientos de seguimiento acústico o visual más susceptibles de interferir en la vida privada, no por ello deja de ser un medio idóneo para lesionar la intimidad, al servir para revelar datos o informaciones sobre la conducta de la persona investigada, algunos de los cuales, como ocurre en este caso, sí pueden estar directamente vinculados con su vida íntima o personal, como son sus relaciones personales o incluso sentimentales.

- La conducta enjuiciada tiene cabida en los supuestos de intromisión ilegítima a que se refiere el art. 7 de la LO 1/1982, de 5 de mayo, ya que para la jurisprudencia no constituye un *numerus clausus*, admitiéndose otras hipótesis que guarden cierta homogeneidad.

- No admite el Tribunal el argumento de que los avances tecnológicos y el uso generalizado de la geolocalización en dispositivos personales conlleva a una nueva realidad que obliga a reinterpretar el contenido y alcance del derecho fundamental a la intimidad, ya que ha de ser el ciudadano el que decida libremente hasta qué punto está dispuesto a sacrificar su intimidad en función de las ventajas o beneficios que le reporte el uso de esas aplicaciones o herramientas web.

- Solo las fuerzas y cuerpos policiales los que están legalmente habilitados para su uso, en la actualidad previa autorización judicial, pero siempre y cuando se utilicen como medios de investigación criminal de delitos graves y se trate de medidas proporcionales al fin constitucionalmente legítimo de su investigación. En ningún caso se equipara a la policía con los detectives o investigadores privados, y menos aún cabe buscar similitudes en un caso como este en el que la finalidad de la investigación privada era elaborar un informe que debía de servir de prueba en un procedimiento de familia sobre modificación de medidas acordadas en sentencia de divorcio. De ahí que, a la falta de habilitación legal, se sume en este caso la falta de proporcionalidad de la medida, toda vez que existían alternativas menos invasivas para obtener los datos que se consideraban útiles a los fines del procedimiento de familia.

c. Resolución

El TS desestima el recurso interpuesto, al entender que mediante la colocación del sistema GPS por un detective privado se ha vulnerado el derecho a la intimidad.

6.3. Pruebas obtenidas ilícitamente en el proceso penal

La prueba obtenida ilícitamente en el proceso penal

El Tribunal Supremo en la **sentencia n.° 116/2017, de 23 de febrero, ECLI:ES:TS:2017:471 (Caso Falciani)** se refiere a la necesidad de excluir del conjunto probatorio como garantía del sistema constitucional, en concreto la protección del derecho a un proceso con todas las garantías. Así el TS señala:

«Que la prueba obtenida con vulneración de un derecho fundamental ha de ser excluida de la apreciación probatoria forma parte de las garantías del sistema constitucional. Más allá de su proclamación expresa en un enunciado normativo, su vigencia es nota definitoria del derecho a un proceso con todas las garantías. La exclusión de prueba ilícita del material valorable por el órgano decisorio forma parte del patrimonio jurídico de los sistemas democráticos. Y es que como proclamara esta Sala mediante un brocardo de obligada cita cuando se aborda esta materia, la verdad real no puede obtenerse a cualquier precio (cfr. ATS 18 de junio de 1992 —rec. 610/1990—). La necesidad de hacer eficaz esa regla de exclusión viene impuesta incluso por una exigencia ética ligada a la fuente legitimante de la función jurisdiccional. La incorporación de un acto lesivo de los derechos fundamentales al conjunto probatorio que ha de ser apreciado por el órgano sentenciador acarrea el riesgo de lo que la STS 195/2014, 3 de marzo, ha denominado una metástasis procesal. De ahí la importancia de que con anterioridad al proceso valorativo se proceda a un verdadero saneamiento del proceso, excluyendo aquellos elementos de prueba con virtualidad contaminante».

La LOPJ recoge la previsión para garantizar la exclusión de las pruebas obtenidas ilícitamente en el art. 11.1 al señalar «1. En todo tipo de procedimiento se respetarán las reglas de la buena fe. No surtirán efecto las pruebas obtenidas, directa o indirectamente, violentando los derechos o libertades fundamentales».

Análisis de casos concretos sobre la prueba obtenida ilícitamente en el proceso penal

|| Grabación de una conversación en el orden penal

| STS n.º 360/2020, de 1 de julio, ECLI:ES:TS:2020:2140

a. Antecedentes de hecho

En este caso la casación se articula en el motivo de infracción de precepto constitucional, al amparo del art. 5.4 de la LOPJ, en relación con el art. 24 de la CE, al entender vulnerado el derecho a la tutela judicial efectiva al **admitir como prueba exculpatoria las conversaciones que de forma privada se aportaron a la causa.** Mostrando su disconformidad con la admisión como prueba exculpatoria de la aportada por la defensa en relación a unas conversaciones que fueron grabadas por uno de los acusados, sin consentimiento y sin conocimiento de la recurrente y que después se han utilizado en el juicio en contra de sus propios intereses.

Señala el recurrente que para la intervención telefónica a una persona de la cual la policía tiene sospechas de que está cometiendo un delito, para su admisión como prueba en un procedimiento penal se exigen una serie de requisitos cualificados, pero en este supuesto se admitió la prueba sin requisitos de ninguna índole y sirve como prueba básica para la absolución de delitos muy graves, sin ningún tipo de requisito.

b. Fundamentos de derecho

Recuerda el Tribunal Supremo en esta resolución que de forma reiterada ha declarado la **no afectación al derecho al secreto de las comunicaciones y el derecho a la intimidad cuando una persona, graba sus propias conversaciones con terceros,** con exclusión de aquellos supuestos relacionados con:

- La provocación delictiva.
- Su empleo como medio de indagación desde estructuras oficiales de investigación delictiva.

– Afectan al núcleo de la intimidad.

– El contenido de lo grabado es divulgado, ocasionando un daño a la intimidad para lo que habría de estarse al contenido, íntimo o no, de lo que se divulga y ha sido obtenido de forma irregular.

Salvados esos escollos su utilización podrá ser considerada inapropiada, o cuestionada éticamente, pero no supone una vulneración del derecho al secreto de las comunicaciones.

La sentencia objeto de análisis se remite a la **STS n.º 652/2016, de 17 de julio, ECLI:ES:TS:2016:3585** que recoge:

«En primer lugar **parece existir consenso en que la utilización en el proceso penal de grabaciones de conversaciones privadas grabadas por uno de los interlocutores, no vulnera en ningún caso el derecho constitucional al secreto de las comunicaciones.**

En segundo lugar **también existe consenso en que no vulneran el derecho constitucional a la intimidad, salvo casos excepcionales** en que el contenido de la conversación afectase al núcleo íntimo de la intimidad personal o familiar de uno de los interlocutores.

En tercer lugar **existe una mayor polémica en lo que se refiere a la posible vulneración del derecho fundamental a no declarar contra si mismo y a no confesarse culpable,** que recoge el principio 'nemo tenetur'. El planteamiento restrictivo de la STS citada en el caso actual por la parte recurrente, STS 178/96, de 1 de marzo, que considera que la utilización de estas grabaciones vulnera el citado derecho fundamental, no ha sido seguido de modo generalizado por la doctrina jurisprudencial, que matiza diversos supuestos. La doctrina criticó esta resolución aduciendo que los derechos a guardar silencio, a no declarar contra si mismo y a no declararse culpable son garantías constitucionales que despliegan sus efectos en relación con las declaraciones del imputado ante la Autoridad o sus agentes (STC 197/95, de 21 de diciembre o STC 313/97, de 2 de octubre), por lo que no deben aplicarse a manifestaciones realizadas entre particulares y fuera del procedimiento».

También se refiere a las conclusiones que el propio Tribunal Supremo, a la luz de la doctrina del Tribunal Constitucional y del Tribunal Europeo de Derecho Humanos, señala en la **STS n.º 214/2018, de 8 de mayo, ECLI:ES:TS:2018:1551:**

«1º) La utilización en el proceso penal de grabaciones de conversaciones privadas grabadas por uno de los interlocutores, **no vulnera en ningún caso el derecho constitucional al secreto de las comunicaciones.**

2º) **Tampoco vulnera el derecho constitucional a la intimidad,** salvo casos excepcionales en que el contenido de la conversación afectase al núcleo íntimo de la intimidad personal o familiar de uno de los interlocutores.

3º) **Vulneran el derecho fundamental a no declarar contra si mismo y a no confesarse culpable,** y en consecuencia incurren en nulidad probatoria, **cuando las grabaciones se han realizado desde una posición de superioridad institucional** (agentes de la autoridad o superiores jerárquicos) para obtener una confesión extraprocesal arrancada mediante engaño, salvo los supuestos de grabaciones autorizadas por la autoridad judicial conforme a los art 588 y siguientes de la Lecrim.

4º) No vulneran el derecho fundamental a no declarar contra si mismo y a no confesarse culpable, cuando se han realizado en el ámbito particular.

5º) Pueden vulnerar el derecho a un proceso con todas las garantías, cuando la persona grabada ha sido conducida al encuentro utilizando argucias con la premeditada pretensión de hacerle manifestar hechos que pudieran ser utilizados en su contra, en cuyo caso habrán de ponderarse el conjunto de circunstancias concurrentes.

6º) La doctrina jurisprudencial prescinde de calificar las manifestaciones realizadas por el inculpado en estas grabaciones como confesión, utilizando las grabaciones como ratificación de las declaraciones de los demás intervinientes en la conversación, que tienen el valor de testimonio de referencia sobre las declaraciones del inculpado».

c. Resolución

El Alto Tribunal desestima el resulta al concluir «Como consecuencia de la valoración de todo el elenco probatorio, la Sala no ha entendido plenamente acreditados, más allá de toda duda razonable, todo el conjunto fáctico denunciado, exclusivamente, el que se declara probado, del cual no se desprende que los hechos sean constitutivos de los delitos por los que la recurrente ahora interesa la condena de los acusados, siendo de aplicación la jurisprudencia de esta Sala que ha declarado la no afectación al derecho al secreto de las comunicaciones y el derecho a la intimidad cuando una persona, graba sus propias conversaciones con terceros, con exclusión de aquellos supuestos relacionados con la provocación delictiva o su empleo como medio de indagación desde estructuras oficiales, que no es el caso analizado».

‖ Requisitos para la validez de colocación de dispositivos de grabación en el domicilio del investigado

| STS n.º 718/2020, de 28 de diciembre, ECLI:ES:TS:2020:4436

a. Antecedentes de hecho

En el supuesto de esta resolución el juez autorizó mediante auto, la entrada e instalación de dispositivos de grabación de audio y escucha en el domicilio del acusado. La defensa entiende que esta resolución incumplía con lo dispuesto en el art. 588 bis a.2 de la LECrim al no especificar la comisión de un delito concreto cometido o que estuviere cometiendo en el seno de un grupo u organización criminal, entendiendo la defensa que se trata de una resolución basada en meras sospechas y que además no especificaba el tiempo concreto de duración de la injerencia.

b. Fundamentos de derecho

Comienza el Tribunal Supremo señalando que la utilización de dispositivos electrónicos para la captación y grabación de las comunicaciones orales y, en su caso, para la obtención de imágenes en el domicilio del investigado no es una prueba más. El grado de injerencia que esa medida representa en el espacio que cada ciudadano define para excluir a los poderes públicos y a terceros de su propia privacidad, no puede ser ponderado con el mismo ángulo valorativo con el que se aceptan otras medidas de investigación.

La utilización de los dispositivos a que se refiere el art. 588 quater a) de la LECrim no afecta sólo al investigado. Alcanza también a su familia, a los residentes habituales y a los que excepcionalmente o de forma esporádica pueden llegar a compartir la vivienda del sospechoso. De ahí que **el grado de motivación de la resolución que autoriza la injerencia, el respeto a los estándares impuestos por los principios de proporcionalidad y necesidad y, sobre todo, la duración de la medida han de ser objeto de una escrupulosa valoración judicial**. La utilización de un dispositivo de esta naturaleza desnuda al investigado de su propia vida familiar, lo coloca a merced de los investigadores, que se convierten así en privilegiados conocedores de una información generada en el día a día y que desborda con creces aquello que pueda resultar de interés para el delito investigado. La autorización judicial para la colocación de esos dispositivos deja sin efecto la protección constitucional de la inviolabilidad domiciliaria. Neutraliza también los derechos a la intimidad y a la propia imagen. De ahí que asimilar su funcionalidad a la que es propia de otras medidas limitativas de los derechos reconocidos en el art. 18 de la CE supone distorsionar los términos con los que su legítima utilización ha de ser valorada.

Establece el Alto Tribunal en la sentencia analizada:

>«La legitimidad de la colocación de dispositivos de grabación del sonido en el domicilio del investigado —la Sala no aborda la protección reforzada que esta medida exigiría cuando se trata de captar imágenes— no puede limitarse a un examen rituario y formal de las alegaciones que, en respaldo de esa medida, ofrecen el Fiscal o los agentes de la autoridad. El Juez de instrucción no puede convertirse en un simple órgano convalidante de una decisión gubernativa de intromisión en la intimidad del investigado. Y en el cumplimiento del mandato constitucional que le incumbe, como órgano de protección y garantía de los derechos fundamentales, **debe filtrar la solicitud a través de los principios de proporcionalidad y necesidad** a que se refiere el art. 588 bis a) de la LECrim. Una lectura literal de los presupuestos de legitimidad a que se refiere el art. 588 quater b) podría conducir a la errónea conclusión de que, por ejemplo, la investigación de delitos dolosos castigados con pena de prisión con límite máximo de, al menos, 3 años de prisión, permitiría, siempre y en todo caso, recurrir a esta modalidad de investigación. No es así. Es preciso algo más. Y ese juicio de procedencia ha de hacerse explícito en la resolución habilitante».

Con relación a la duración de la medida señala que **la falta de fijación por la ley de un plazo acotado de duración de la medida no puede ser interpretada como una invitación a decisiones jurisdiccionales con términos temporales abiertos y susceptibles de sucesivas prórrogas**:

>«Para la legitimidad de una diligencia de investigación de tanta incidencia en el espacio ciudadano de exclusión de terceros, es indispensable

que la resolución habilitante no pierda de vista el significado constitucional de la medida que autoriza el art. 588 quater a) de la LECrim, que no es otro que permitir la grabación de conversaciones —excepcionalmente, con inclusión de imágenes— que sea previsible van a producirse en un encuentro concreto entre los investigados. La capacidad del Estado para adentrarse en el domicilio de cualquier ciudadano —por más que se trate del sospechoso de una infracción penal— no puede aspirar a prolongarse en el tiempo. La utilización de dispositivos de grabación y escucha en el domicilio del investigado ha de ser concebida como un acto procesal de máxima injerencia —y, por tanto, de mínima duración— en la inviolabilidad del domicilio y, con carácter general, de la privacidad».

Concluye el Tribunal señalando que el sistema constitucional no autoriza una resolución jurisdiccional que despoje al investigado de la intensa y reforzada expectativa de privacidad que es consustancial a los actos propios de la vida que se desarrollan en el domicilio. Y no avala, desde luego, una resolución habilitante que fije un período abierto de duración de la injerencia, desconectado de la específica mención de los encuentros que aspiran a ser grabados y, lo que es igualmente grave, sin indicación expresa de aquellos lugares de la vivienda que van a quedar afectados por la intromisión. **Sólo la justificada excepcionalidad de la gravedad del hecho investigado, ponderada a partir del filtro que ofrecen los principios de excepcionalidad, necesidad y proporcionalidad [art. 588 bis a) de la LECrim], puede abrir la puerta a una medida de esta naturaleza.**

c. Resolución

El Tribunal Supremo estima parcialmente el recurso declarando la nulidad del auto que autorizó la grabación, aunque ello no tendrá incidencia en la calificación jurídica de los hechos, en la declaración de autoría ni en la determinación de la penal y ello por cuanto el tribunal entiende que no ha existido conexión de antijuridicidad.

Nulidad de las intervenciones telefónicas autorizadas judicialmente sin previa investigación policial

STS n.º 699/2021, de 16 de septiembre, ECLI:ES:TS:2021:3431

a. Antecedentes de hecho

En este caso, los acusados organizaron, entre 2004 y 2007, un entramado de sociedades con la finalidad de operar en la compraventa y exportación de teléfonos móviles, obteniendo importantes beneficios, algunos de ellos no declarados a Hacienda, y devoluciones indebidas del IVA. Por tales hechos fueron acusados por el Ministerio Fiscal y el abogado del Estado por un delito contra la hacienda pública, si bien la AP declaró nulidad de todas las resoluciones en las que se acordaron intervenciones telefónicas y absolvió a los acusados por entender que no se han respetado los principios de proporcionalidad y de necesidad, al considerar que el Servicio de Vigilancia Aduanera (SVA) no realizó previamente diligencia de investigación de ningún género.

Frente a dicha sentencia se interpuso por el abogado del Estado recurso de casación ante el TS alegando, entre otros motivos, la vulneración de su derecho a la tutela judicial efectiva, en cuanto a la utilización de medios de prueba, por indebida declaración de nulidad de las intervenciones telefónicas.

Por su parte el Ministerio Fiscal y el letrado de la defensa interesaron la desestimación del recurso.

b. Fundamentos de derecho

Comienza el Alto Tribunal señalando que **el art. 18.3 de la CE garantiza el secreto de las comunicaciones, pero con la expresa posibilidad de que mediante resolución judicial se adopte una medida que de alguna manera mediatice el contenido natural de tales derechos fundamentales.** De la síntesis de la jurisprudencia constitucional y del Tribunal Europeo de Derechos Humanos deriva que una medida restrictiva del derecho al secreto de las comunicaciones sólo puede entenderse constitucionalmente legítima desde la perspectiva de este derecho fundamental si, en primer lugar, está **legalmente prevista con suficiente precisión** —principio de legalidad formal y material—, si, en segundo lugar, **se autoriza por autoridad judicial en el marco de un proceso** y, en tercer lugar, si **se realiza con estricta observancia del principio de proporcionalidad.**

Los indicios que deben servir de base a una intervención telefónica han de ser entendidos, pues, no como la misma constatación o expresión de la sospecha, sino **como datos objetivos que por su naturaleza han de ser susceptibles de verificación posterior,** que permitan concebir sospechas que puedan considerarse razonablemente fundadas acerca de la existencia misma del hecho que se pretende investigar y de la relación que tiene con él la persona que va a resultar directamente afectada por la medida.

Señala la sentencia referenciada:

> «Han de ser objetivos "en un doble sentido. En primer lugar, en el de ser accesibles a terceros, sin lo que no serían susceptibles de control. Y, en segundo lugar, en el de que han de proporcionar una base real de la que pueda inferirse que se ha cometido o se va a cometer el delito sin que puedan consistir en valoraciones acerca de la persona" (STC 184/2003, de 23 de octubre).
>
> Y su contenido ha de ser de tal naturaleza que "permitan suponer que alguien intenta cometer, está cometiendo o ha cometido una infracción grave o en buenas razones o fuertes presunciones de que las infracciones están a punto de cometerse" (Sentencias del Tribunal Europeo de Derechos Humanos de 6 de septiembre de 1978, caso Klass, y de 15 de junio de 1992, caso Ludí) o, en los términos en los que se expresa el actual artículo 579 de la Ley de Enjuiciamiento Criminal), en "indicios de obtener por estos medios el descubrimiento o la comprobación de algún hecho o circunstancia importante de la causa" (artículo 579.1 de la Ley de Enjuiciamiento Criminal) o "indicios de responsabilidad criminal" (artículo 579.3 de la Ley de Enjuiciamiento Criminal " (STC 167/2002, de 18 de septiembre).

En definitiva, el control posterior sobre la decisión que acordó la medida debe revelar que el Juez tenía a su alcance datos objetivos acerca de la existencia del delito y de la participación del sospechoso, así como acerca de la utilidad de la intervención telefónica, de forma que quede de manifiesto que aquella era necesaria y que estaba justificada (STS núm. 635/2012, de 17 de julio).

Igualmente ha de tenerse en cuenta que la ilegitimidad constitucional de la primera intervención afecta a las prórrogas y a las posteriores intervenciones ordenadas sobre la base de datos obtenidos en la primera. Ciertamente el resultado de la intervención telefónica precedente puede proporcionar datos objetivos indicativos de la existencia de un delito grave, pero la ilegitimidad constitucional de la primera intervención contamina irremediablemente las ulteriores de ella derivadas (SSTC 171/99 del 27 septiembre, 299/2000 de 11 diciembre, 184/2003 del 23 octubre, 165/2005 de 20 junio, 253/2006 de 11 septiembre)».

Por ello, conforme concluye la AP y respalda el TS, el SVA fundamentó su solicitud en base a meros intentos de prospección, o informaciones no concretadas ni especificadas. En definitiva, la información que se trataba de obtener podía adquirirse sin afectar este derecho fundamental. En este caso, la declaración de nulidad de las intervenciones telefónicas acordada por la AP determina, por conexión de antijuridicidad, la imposibilidad de valoración de las demás pruebas practicadas, como son la documental de los registros practicados o la declaración de testigos, procediendo necesariamente a la absolución de todos los acusados.

c. Resolución

El Tribunal Supremo desestima el recurso ya que la declaración de nulidad de las intervenciones telefónicas acordada por la Audiencia determina, por conexión de antijuridicidad, la imposibilidad de valoración de las demás pruebas practicadas, como son la documental intervenida como consecuencia de los registros practicados, declaración de los acusados, testifical y pericial, ya que fueron obtenidas directamente conectadas con aquellas.

6.4. Pruebas obtenidas ilícitamente en el procedimiento contencioso

La prueba ilícita en el proceso contencioso-administrativo

Demos partir del hecho de que la **prueba ilícita es aquella obtenida con violación de derechos fundamentales** y que por tanto determina **su exclusión del conjunto probatorio** para garantizar el derecho a un proceso con todas las garantías.

Análisis de casos concretos sobre la prueba ilícita en el proceso contencioso-administrativo

Límites a la invalidación de las pruebas obtenidas con vulneración del derecho a la inviolabilidad del domicilio

STS n.º 861/2023, de 26 de junio, ECLI:ES:TS:2023:2970

a. Antecedentes de hecho

El objeto del recurso de casación consiste en determinar el alcance de las facultades de control del tribunal encargado de dilucidar la legalidad de la liquidación o sanción, en relación con la valoración de la prueba ilícitamente obtenida por vulneración del derecho fundamental a la inviolabilidad de domicilio, y, si estas facultades se ven de algún modo condicionadas, limitadas o mermadas en relación con la invocación de la violación del derecho fundamental a la inviolabilidad del domicilio cuando se ha autorizado por resolución firme la entrada en el domicilio del contribuyente.

b. Fundamentos de derecho

El asunto es idéntico al que ya había resuelto la misma sala en la **STS n.º 773/2023, de 9 de junio, ECLI:ES:TS:2023:2742 y STS n.º 772/2023, de 9 de junio, ECLI:ES:TS:2023:2766.** La cuestión objeto de controversia viene referida a la validez, eficacia, y posibilidad de control respecto al previo auto de autorización de entrada domiciliaria adoptado judicialmente para acceder a domicilios determinados de ciertas personas físicas y jurídicas, que en conjunto guardan relación con las regularizaciones posteriormente emprendidas.

En el caso no se cuestiona la existencia de la vulneración del derecho a la inviolabilidad del domicilio, sino que, **se plantea los límites a la invalidación de unas pruebas obtenidas con vulneración del derecho.**

La sentencia recurrida aplica de manera absoluta e incondicionada la denominada «regla de la exclusión» de la prueba ilícita. La regla de exclusión requiere la **necesaria ponderación de sus consecuencias,** lo que resulta tanto más necesario cuando, como ocurre en este caso, las pruebas y evidencias se obtuvieron en el curso de una actuación autorizada judicialmente, en un proceso en el que, sin perjuicio de las precisiones que luego se harán, se observaron las garantías y presupuestos para otorgar la autorización.

El Alto Tribunal se remite a la doctrina del Tribunal Constitucional recogida en la **sentencia n.º 97/2019, de 16 de julio, ECLI:ES:TC:2019:97:**

> «La constatación de la violación originaria del derecho fundamental sustantivo (en este caso, del derecho a la intimidad) no determina por sí sola, sin embargo, la automática violación del derecho a un proceso con todas las garantías (art. 24.2 CE), generando la necesidad imperativa de inadmitir la correspondiente prueba. La apelación al art. 24.2 CE sería superflua si toda violación de un derecho fundamental sustantivo llevara consigo, per se, la consiguiente imposibilidad de utilizar los materiales derivados de ella. Si así fuera, la utilización de tales materiales dentro del proceso penal

sería, de por sí, una violación del derecho sustantivo mismo (en este caso, la intimidad) sin que el recurso al art. 24.2 CE para justificar la exclusión tuviera ninguna relevancia o alcance. Nuestra doctrina, como ya se ha expuesto, no impone semejante automatismo, sino que lleva, antes bien, a la realización de un juicio ponderativo de los intereses en presencia».

Deriva de ello que **no toda lesión de un derecho fundamental se traduce automáticamente en una vulneración del derecho a un proceso con todas las garantías**. La aplicación del art. 11.1 LOPJ **requiere de un juicio ponderativo** que verifique si existe una conexión o ligamen entre el acto determinante de la injerencia en el derecho fundamental sustantivo y la obtención de fuentes de prueba, y, además, si tal conexión requiere, para el debido equilibrio y garantías de proceso justo, que se excluya tal material probatorio.

En este supuesto la causa de la vulneración del derecho a la inviolabilidad del domicilio radica en este caso, exclusivamente, en la falta de la notificación previa al obligado tributario de la incoación del procedimiento inspector para el que se solicitó la autorización de entrada. Se trata por tanto del **incumplimiento de un elemento que pertenece al ámbito de los requisitos de legalidad ordinaria del acto que se pretendía ejecutar**, aunque ello, sin duda, conlleve la lesión del derecho a la inviolabilidad del domicilio. Ahora bien, la parquedad de la regulación legal sobre el procedimiento y condiciones para otorgar la autorización de entrada para el desarrollo de actuaciones de la inspección tributaria en los procedimientos de aplicación de los tributos (arts. 113 y 142.2 de la LGT) se ha tenido que suplir por una doctrina jurisprudencial que ha colmado la escasa densidad normativa de la regulación legal.

Concluye el Tribunal Supremo señalando:

«Así, cabe apreciar que en el caso que enjuiciamos la admisión y valoración de la prueba que se obtuvo por la Administración tributaria no vulnera la integridad de las garantías del proceso contencioso-administrativo, ya que la única conexión jurídica entre el vicio determinante de la lesión del derecho a la inviolabilidad del domicilio y la obtención de la prueba es la valoración que se hace sobre la autorización judicial firme, a la luz de una evolución de la interpretación jurisprudencial acerca de uno de los requisitos para acceder a la solicitud de autorización de entrada. Esta evolución de la interpretación jurisprudencial no afecta a ningún elemento nuclear del juicio de idoneidad, necesidad y proporcionalidad de la autorización de entrada, sino a un requisito de notificación previa al obligado tributario de la iniciación del procedimiento inspector. La existencia de una conexión natural y jurídica entre el acto de lesión del derecho fundamental a la inviolabilidad del domicilio y la obtención de pruebas y evidencias, no deviene por sí misma, en un caso como el que examinamos, en una lesión efectiva del derecho a un proceso con todas las garantías del art. 24.2 CE, por lo que la aplicación ponderada del art. 11.1 LOPJ no ampara la exclusión de las pruebas obtenidas en el acto de entrada y registro autorizado en el auto del Juzgado de lo Contencioso-administrativo. La existencia adicional de otras carencias o defectos en el auto de autorización de entrada podría llevar a otra conclusión, pero no es esto lo que se plantea en el caso que resolvemos. Sobre la relación entre el proceso de autorización judicial de entrada y registro y el proceso en que se enjuicia el asunto de fondo, las consideraciones del anterior fundamento jurídico sexto exponen los criterios rectores que han de ser aplicados»

c. Resolución

El Tribunal Supremo desestima el recurso de casación y, con anulación de la sentencia recurrida, acordar la retroacción de las actuaciones, tal y como solicita en su recurso de casación la abogacía del Estado, para que la Sala de instancia, con nuevo señalamiento, resuelva sobre las pretensiones valorando con arreglo a Derecho el conjunto de pruebas y evidencias aportadas, sin que pueda excluir, por el motivo que en esta sentencia hemos examinado, las obtenidas directa o indirectamente en el acto de entrada y registro autorizado.

Autorización de entrada y registro a domicilio constitucionalmente protegido

STS 1163/2021, de 23 de septiembre, ECLI:ES:TS:2021:3502

a. Antecedentes de hecho

El objeto de este recurso de casación consiste en **precisar si el auto de autorización de entrada en la sede de la empresa recurrente** —en particular, en el núcleo de sus instalaciones que tiene la condición, no controvertida aquí, de domicilio constitucionalmente protegido, a efectos de lo establecido en el art. 18.2 de nuestra Constitución, que consagra el derecho fundamental a la inviolabilidad del domicilio—, **observa los preceptos legales** que disciplinan la competencia judicial (para otorgar la autorización) y administrativa (para solicitarla), así como los límites concretados por la jurisprudencia.

b. Fundamentos de derecho

El Alto Tribunal comienza con las consideraciones acerca del **momento en que cabe la solicitud y autorización de entrada** en el domicilio constitucionalmente protegido. Para ello se remite a la **STS n.º 1231/2020, de 1 de octubre, ECLI:ES:TS:2020:3023** de la que deriva que para otorgar la autorización debe superarse un **triple juicio** que debe realizar el juez competente:

- **Idoneidad de la medida,** toda vez que ésta debe ser útil para la actuación inspectora.
- **Necesidad,** esto es, que no exista otra medida sustitutiva más moderada que la intromisión que se pretende.
- **Proporcionalidad,** pues han de ponderarse los beneficios de tal medida para el fin perseguido frente al sacrificio de un derecho fundamental.

Señala el Tribunal Supremo que a lo anterior debe añadirse que **la entrada debe ser pedida y concedida en el curso de un procedimiento de inspección ya abierto y dado a conocer al interesado,** en cuyo seno se hayan conocido por la Administración los datos e indicios que hagan, previa ponderación, imprescindible la entrada en un domicilio inviolable, como máxima medida invasiva.

Además, añade que la consideración de que la autorización judicial de entrada adoptada por auto motivado lo es, en la atribución de la competencia al juzgado de lo contencioso-administrativo, solo **para una finalidad bien precisada en la ley,** que no puede ser objeto de interpretación extensiva en contra del contenido esencial de un derecho fundamental, tal como, ha sido interpretado por nuestro Tribunal Constitucional y por el Tribunal Europeo de Derechos Humanos.

Con relación a este asunto el Tribunal Supremo, con remisión una vez más a la sentencia de 1 de octubre de 2020, **fija la siguiente jurisprudencia**:

> «(I) La autorización judicial de entrada y registro en un domicilio constitucionalmente protegido debe estar conectada con la existencia de un procedimiento inspector ya abierto y cuyo inicio se haya notificado al inspeccionado, con indicación de los impuestos y periodos a que afectan las pesquisas por derivar tal exigencia de los artículos 113 y 142 de la LGT . Sin la existencia de ese acto previo, que deberá acompañarse a la solicitud, el juez no podrá adoptar medida alguna en relación con la entrada en el domicilio constitucionalmente protegido a efectos de práctica de pesquisas tributarias, por falta de competencia (art. 8.6 LJCA y 91.2 LOPJ).
>
> (II) No resultando necesaria, en principio y en todo caso, la audiencia previa y contradictoria de los titulares de los domicilios o inmuebles concernidos por la entrada, la posibilidad de adopción de la autorización de entrada inaudita parte se refiere a la eventualidad de no anunciar la diligencia de entrada con carácter previo a su práctica, situación, de rigurosa excepcionalidad, que ha de ser objeto de expresa fundamentación sobre su necesidad en el caso concreto, tanto en la solicitud de la Administración y, con mayor obligación, en el auto judicial, sin que quepa presumir en la mera comprobación un derecho incondicionado o natural a entrar en el domicilio».

c. Resolución

Tras la fijación de la jurisprudencia señalada el Alto Tribunal declara que hay lugar al recurso de casación con la consiguiente anulación de las resoluciones judiciales recurridas.

6.5. Pruebas obtenidas ilícitamente en el proceso laboral

La prueba ilícita en el proceso laboral

El art. 90.2 de la LRJS señala:

> «2. No se admitirán pruebas que tuvieran su origen o que se hubieran obtenido, directa o indirectamente, mediante procedimientos que supongan violación de derechos fundamentales o libertades públicas. Esta

cuestión podrá ser suscitada por cualquiera de las partes o de oficio por el tribunal en el momento de la proposición de la prueba, salvo que se pusiese de manifiesto durante la práctica de la prueba una vez admitida. A tal efecto, se oirá a las partes y, en su caso, se practicarán las diligencias que se puedan practicar en el acto sobre este concreto extremo, recurriendo a diligencias finales solamente cuando sea estrictamente imprescindible y la cuestión aparezca suficientemente fundada. Contra la resolución que se dicte sobre la pertinencia de la práctica de la prueba y en su caso de la unión a los autos de su resultado o del elemento material que incorpore la misma, sólo cabrá recurso de reposición, que se interpondrá, se dará traslado a las demás partes y se resolverá oralmente en el mismo acto del juicio o comparecencia, quedando a salvo el derecho de las partes a reproducir la impugnación de la prueba ilícita en el recurso que, en su caso, procediera contra la sentencia».

Análisis de casos concretos sobre la prueba ilícita en el proceso laboral

La prueba ilícita en el proceso laboral: cuestiones de legitimación, intimidad y protección de datos personales

STS n.º 194/2022, de 8 de marzo, ECLI:ES:TS:2022:889

a. Antecedentes de hecho

En el caso de la resolución la actora fue objeto de despido disciplinario, frente al que reaccionó mediante la oportuna demanda en la que postulaba únicamente la improcedencia del despido alegando tanto la inexistencia de las faltas imputadas, como la prescripción de las mismas. El juzgado estimó la demanda declarando improcedente el despido. Dicha sentencia consideró **inválida la prueba de auditoria aportada por la empresa** ya que la entidad bancaria, además de realizar una auditoría interna destinada a comprobar el cumplimiento regular de las obligaciones de la demandante en su puesto de trabajo, **llevó a cabo una investigación pormenorizada sobre las cuentas de las que esta era titular,** que fue rechazada por el juzgado por atentar contra derechos fundamentales de la trabajadora.

La entidad demandada recurrió en suplicación lo que dio lugar a la sentencia de la sala de lo social del tribunal superior de justicia recurrida que estimó parcialmente el mencionado recurso. Respecto de la validez de la prueba, la sala no la admitió razonando que en el caso se produce la particularidad de que la demandante mantiene una doble relación con la entidad bancaria, por un lado, como trabajadora de la misma, y, por otro, como titular de un contrato de cuenta corriente; en esta segunda faceta **es evidente que la titular de la cuenta no ha prestado consentimiento para el tratamiento de sus datos bancarios con finalidades distintas a la de gestión del contrato,** y dado que la entidad recurrente no ha recabado esos datos con dicha finalidad, la actuación de la entidad bancaria carece de todo amparo legal.

El recurso de casación para la unificación de la doctrina se interpone por la empresa, constando de una compleja articulación, si bien tiene por objeto una única pretensión para que se dé validez a la auditoría efectuada por la empresa sobre la cuenta corriente de la trabajadora por no haber sido esta realizada con vulneración de derechos fundamentales.

b. Fundamentos de derecho

Comienza el Tribunal analizando la **legitimación de la recurrente teniendo en cuenta que no existe gravamen** para recurrir dado que la sentencia impugnada fue desestimatoria de la demanda absolviendo a la empresa satisfaciendo su pretensión. Para dar respuesta se remite a la **STS n.º 119/2018, de 8 de febrero, ECLI:ES:TS:2018:594** que señala:

> «(...) no cabe negar su legitimación para recurrir, siendo así que si bien tradicionalmente se ha venido sosteniendo la doctrina del «gravamen» o vencimiento como presupuesto procesal para recurrir, afirmándose que «que el vencido pueda siempre recurrir, si la Ley lo permite y no puede hacerlo el vencedor que, por definición, no ha sufrido ningún perjuicio con la decisión del juez o tribunal inferior» (así, STS SG STS 21/02/00 —rcud 1872/99—). Pero no hay que olvidar que tal criterio fue en gran medida superado por la posterior doctrina de la Sala, al conectar la idea de «gravamen» con la más amplia de «interés» —directo o indirecto— derivado del pronunciamiento (SSTS 26/10/06 —rcud 3484/05—; 03/10/07 —rco 104/06—; 10/10/11 —rcud 4312/10—; y 19/07/12 —rcud 2454/11—), en línea con diversos precedentes relativas a excepciones rechazadas a la parte que —pese a todo— obtiene sentencia favorable (SSTS 28/05/92 —rec. 3551/89—; 22/07/93 —rec. 1586/92—; 08/06/99 —rec. 3491/98—; 21/02/00 —rec. 1872/99—; y 10/04/00 —rec. 2646/99—), y sobre todo se ha de tener en cuenta que esa corriente ampliadora de la legitimación para recurrir ha tenido expresa consagración en la literalidad del art. 448.1 LECiv [«Contra las resoluciones ...que les afecten desfavorablemente, las partes podrán interponer los recursos previstos en la ley»] y en el Preámbulo de la Ley 36/2011, cuando sostiene como una de las novedades de la LJS [«el reconocimiento de legitimación para recurrir también a la parte favorecida aparentemente por el fallo, de acuerdo con los criterios constitucionales sobre la afectación real o gravamen causado por el pronunciamiento»]».

En el caso de la sentencia objeto de análisis señala el TS «Interés o gravamen que no puede negarse en el presente caso, dado que no sólo está en juego la amplitud de los poderes empresariales de control, sino de manera especial y principal, la posible exigencia de responsabilidades de todo orden por una actuación de la empresa que la sentencia recurrida ha calificado atentatoria a derechos fundamentales del trabajador».

A continuación, la resolución de 8 de marzo de 2022 se refiere a la **posible vulneración del derecho a la intimidad de la trabajadora y violación del derecho a la protección de datos** causada por la utilización en el informe de la auditoría de los datos de la cuenta corriente de la trabajadora.

En el caso que nos ocupa entre las partes ha habido dos tipos de vinculación contractual: por un lado, un contrato de trabajo y, por otro, un contrato bancario. El problema se sitúa en el plano de la utilización de los datos de la cuenta corriente más allá de las necesidades que deriven de las obligaciones y derechos inherentes a la relación mercantil de las partes; y, más en concreto, en la utilización de tales datos en el ámbito de las relaciones laborales. Y es que hay que tener en cuenta que no consta, ni que, como consecuencia del contrato de servicios bancarios, ni en ningún momento posterior, que la trabajadora haya autorizado a la entidad financiera la utilización de los datos derivados del contrato bancario fuera de dicho ámbito.

Para dar respuesta a la posible vulneración de los derechos aludidos el Alto Tribunal se remite a la doctrina constitucional señalando:

> «(...) el artículo 18.1 CE impone como regla de principio y, de forma añadida al resto de sus garantías, un **deber de información que protege frente de intromisiones ilegítimas en la intimidad.** Así lo expresa rotundamente la STC 196/2004 cuando proclama que se vulnera el derecho a la intimidad personal cuando la actuación sobre su ámbito propio y reservado no sea acorde con la ley y no sea consentida, o cuando, aun autorizada, subvierta los términos y el alcance para el que se otorgó el consentimiento, quebrando la conexión entre la información personal que se recaba y el objetivo tolerado para el que fue recogida.
>
> Igualmente, la STC 292/2000, señaló que el art. 18.4 CE garantiza no sólo un ámbito de protección específico sino también más idóneo que el que podían ofrecer, por sí mismos, los derechos fundamentales mencionados en el apartado 1 del precepto, añadiendo que la peculiaridad de este derecho fundamental a la protección de datos respecto de aquel derecho fundamental, tan afín como es el de la intimidad, radica en su distinta función, lo que conlleva que también su objeto y contenido difieran. La función del derecho fundamental a la intimidad del art. 18.1 CE es la de proteger frente a cualquier invasión que pueda realizarse en aquel ámbito de la vida personal y familiar que la persona desea excluir del conocimiento ajeno y de las intromisiones de terceros en contra de su voluntad (por todas STC 144/1999). En cambio, el **derecho fundamental a la protección de datos persigue garantizar a esa persona un poder de control sobre sus datos personales, sobre su uso y destino,** con el propósito de impedir su tráfico ilícito y lesivo para la dignidad y derecho del afectado. Por lo tanto, **es complemento indispensable del derecho fundamental del art. 18.4 CE la facultad de saber en todo momento quién dispone de esos datos personales y a qué uso los está sometiendo.** En consecuencia, constituye elemento caracterizador de la definición constitucional del art. 18.4 CE, de su núcleo esencial, el derecho del afectado a ser informado de quién posee los datos personales y, especialmente por lo que a los presentes efectos interesa, con qué fin son *utilizados*».

La aplicación al caso concreto de esta doctrina supone que **la sentencia recurrida aplica de manera correcta la doctrina constitucional al invalidar la prueba de auditoría,** en la medida que los datos de la cuenta corriente de la trabajadora **fueron usados, sin autorización ni información previa de la**

trabajadora, para fines distintos de los que podrían derivarse de una legítima finalidad, anudada al contrato mercantil sobre cuenta corriente bancaria existente entre las partes.

Establece también el Tribunal Supremo que **la intervención empresarial no se encuentra amparada por el art. 20.3 del ET que habilita al empresario para adoptar las medidas que estime más oportunas de vigilancia y control** para verificar el cumplimiento de sus obligaciones y deberes laborales; porque tal habilitación se permite cuando en su adopción y aplicación se guarde la consideración debida a su dignidad, lo que permite entender que tal límite se relaciona con el necesario respeto a los derechos fundamentales del trabajador, de manera especial con los vinculados a su derecho a la intimidad y a la protección de datos. En cuanto a esta consideración razona el tribunal:

> «En el presente caso, tales límites no han sido respetados por la actuación empresarial ya que, de manera subrepticia, la empresa procedió a examinar y, especialmente, a utilizar datos, de los que tenía conocimiento en virtud de un contrato mercantil que le obligaba a la custodia y gestión administrativa de fondos ingresados por la actora, para conformar un medio probatorio justificativo de presuntos incumplimientos contractuales del contrato laboral, sin que existiese previamente una autorización de la interesada para el uso de tales datos con dicha u otra finalidad ajena a la inherente al propio contrato bancario, ni siquiera una previa comunicación a su legítima titular en la que se le informase del destino que se iba a dar a los datos conocidos a través de otra relación contractual paralela. Es más, el conocimiento extracontractual laboral de los datos de la cuenta corriente, inevitable por la existencia de la relación mercantil entre las partes, ya situaba, legítimamente, en una posición privilegiada a la empresa que derivaba de dicho conocimiento, por lo que podía, bien intentar probar las presuntas irregularidades cometidas a través de otros medios de prueba, bien solicitar del órgano judicial autorización, al amparo del artículo 90.4 LRJS, para el acceso y utilización de los datos de la cuenta corriente, previo cumplimiento de las exigencias que dicho precepto establece»

c. Resolución

El tribunal desestima el recurso y por tanto confirma la sentencia de instancia que entendía vulnerados los derechos a la intimidad y a la protección de datos en la prueba relativa a la auditoría.

|| Validez de la prueba obtenida por detective privado

| STS n.º 551/2023, de 12 de septiembre, ECLI:ES:TS:2023:3677

a. Antecedentes de hecho

La sentencia recurrida confirma la de instancia que estimó la demanda interpuesta por el trabajador declarando nulo el despido por lesión al derecho fundamental a la intimidad. Durante la relación laboral la empresa decidió someter al trabajador a seguimiento por detective y con el resultado se acuerda el despido. En la carta le imputaban incumplimientos relativos a seis días de trabajo por trabajar y conducir bajo los efectos del alcohol, atribuyéndole también empleo de herramientas de la empresa para usos propios, fraude, deslealtad y abuso de confianza en las gestiones encomendadas, embriaguez habitual, disminución continuada y voluntaria en el rendimiento del trabajo, desobediencia e imprudencia en acto de servicio, abandono del puesto de trabajo sin causa justificada e incumplimientos constantes de la jornada laboral.

La resolución de instancia consideró que la empleadora no había justificado el uso de la prueba de detective por lo que no era posible tomar en cuenta los resultados probatorios obtenidos a partir de ese seguimiento, habiéndose lesionado sin sustento alguno el derecho a la intimidad del trabajador, determinante de la calificación como nulo del despido. La Sala confirma este razonamiento indicando que estamos ante una prueba ilícita, vulneradora del derecho a la intimidad del demandante.

b. Fundamentos de derecho

Inicia el Alto Tribunal trayendo a colación diversos pronunciamientos y preceptos que acotan el debate sobre la ilicitud de la prueba relativa al informe del detective privado:

– **Derecho a la presunción de inocencia.** En el ámbito de las relaciones laborales **no puede alegarse** el derecho fundamental a la presunción de inocencia cuando éstas son extinguidas unilateralmente por el empleador mediante el despido disciplinario. Entiende el Tribunal Constitucional en la **sentencia n.º 153/2000, de 12 de junio, ECLI:ES:TC:2000:153** que «(...) cuando el empresario sanciona con el despido una conducta del trabajador constitutiva de incumplimiento grave y culpable de la relación contractual, no se halla en juego, en puridad, la inocencia o culpabilidad del trabajador despedido, ni, en consecuencia, la actividad probatoria producida en el proceso laboral emprendido frente al acto extintivo se encamina a destruir la presunción de inocencia garantizada por el art. 24.2 de la Constitución, sino, más sencillamente, a justificar el hecho o hechos causantes del despido y su atribución al trabajador (...)».

– **Derecho a la intimidad personal en cuanto valor fundamental de la propia dignidad humana.** La facultad empresarial de exigir el correcto cumplimiento de los deberes laborales y de instrumentar los mecanismos de vigilancia oportunos ha de producirse dentro del debido respeto a la dignidad del trabajador. Ahora bien, **el respeto a ese valor básico no ha de anular el derecho de vigilancia,** de tal forma, que cuando la actividad laboral se desarrolla fuera del centro de trabajo y no existe otro medio de control, el seguimiento del trabajador no puede tildarse como una medida atentatoria a la propia dignidad de la persona del trabajador y, mucho menos, a su intimidad. Lo expuesto lo ha establecido el Tribunal Supremo en la **sentencia de 19 de julio de 1989, ECLI:ES:TS:1989:13116.**

Las facultades empresariales de vigilancia y control resultarán constreñidas por el contenido esencial de los derechos fundamentales de los trabajadores y su ejercicio habrá de ser acorde con esa naturaleza. Paralelamente, **el derecho a la prueba es un derecho limitado por la ilicitud de la prueba** que dimana del quebrantamiento de derechos fundamentales.

En el supuesto objeto de análisis **la observación del detective no tiene lugar ni en el domicilio del trabajador ni en otros lugares reservados**. La encomienda vino referida al desempeño del trabajo o actividad asignada al trabajador fuera del centro de trabajo. La razón alegada por la empresa, según relataba la resolución de instancia, confirmada por la recurrida, era la indicación de otros trabajadores que prestaban servicios en los mismos entornos que el despedido.

En el curso del juicio la testifical practicada no se consideró suficiente por el órgano judicial al no estar avalada por otros elementos probatorios, concluyendo la falta de acreditación solvente del presupuesto que justificaría el recurso al seguimiento por el detective. En sede de suplicación la Sala considera también que la prueba es ilícita y vulneradora del derecho a la intimidad del demandante, por las razones explicitadas, sumando el carácter de prueba testifical de la prueba de detective y que, por tanto, su valoración queda a la libre apreciación del juzgador de instancia.

El iter descrito **revela** que no se trató de una expulsión del proceso de un elemento probatorio aportado al litigio, ni un rechazo indebido del propuesto, circunstancias que, en su caso, hubieran podido dar lugar a apreciar la existencia de la indefensión proscrita por el art. 24 CE, sino que, una vez incorporada, **fue objeto de evaluación en la sentencia, habiéndose alcanzado la convicción de su ilicitud**.

En cuanto a la **exigencia de indicios** que fundamenten el seguimiento por el detective la sentencia objeto de análisis señala:

«El texto legal de cobertura —Ley 5/2014— salvaguarda el derecho a la intimidad cuando diseña la obligación de os detectives privados a guardar reserva sobre las investigaciones que realicen, la prohibición de dar datos o informaciones sobre estas más que a las personas que se las encomendaron y a los órganos judiciales y policiales competentes, y que solo mediante requerimiento judicial o solicitud policial relacionada con el ejercicio de sus funciones en el curso de una investigación criminal o de un procedimiento sancionador se podrá acceder al contenido de las investigaciones que hubieren realizado.

La referencia que la propia ley efectúa al respecto de los principios de razonabilidad, necesidad, idoneidad y proporcionalidad, alcanza a los informes realizados por los servicios de investigación privada, pero no requiere la concurrencia de sospechas fundadas ni de un número determinado de indicios a la hora de valorar la licitud o ilicitud de la prueba. También vimos que las sospechas acerca del desempeño inadecuado del trabajo sirvieron de causa bastante para activar el seguimiento en las sentencias relatadas, que coinciden en la carencia de afectación a los denominados lugares reservados.

Descartamos la calificación de ilicitud de la prueba que se hace depender de una existencia previa de indicios relevantes de los eventuales incumplimientos en la prestación de servicios. La clave del juicio de licitud no resulta tributaria de la causa remota. Por otra parte, **la exigencia de indicios relevantes o sospechas fundadas llegaría a hacer inútil o superflua la adición de otros elementos probatorios.**

En consecuencia, y en línea con lo informado por el Ministerio Fiscal, tampoco vamos a confirmar la quiebra del derecho a la intimidad que afirma la recurrida con fundamento en la ilicitud que se elimina. **La vigilancia acordada con cobertura en las facultades de dirección no puede tildarse en este caso de atentatoria a la propia dignidad del trabajador ni a su intimidad personal».**

Con relación a la naturaleza de la prueba **el informe del detective** no es realmente un documento, sino la **plasmación por escrito de la prueba testifical sobre hechos observados por quien lo firma**. El TC ha venido señalando al respecto que consiste en una prueba personal que los tribunales pueden valorar libremente, en función del conjunto de circunstancias concurrentes tanto desde el punto de vista de la legalidad de su intervención como desde el de la credibilidad de sus manifestaciones.

c. Resolución

El Tribunal Supremo estima en parte el recurso de casación y revoca la sentencia del juzgado declarando la improcedencia del despido.

‖ Supuestos de licitud de la prueba de videovigilancia

‖ STS n.º 274/2023, de 17 de abril, ECLI:ES:TS:2023:1599

a. Antecedentes de hecho

La cuestión que se suscita en el recurso de casación para la unificación de doctrina se centra en **determinar si la prueba de videovigilancia**, que se ha presentado como tal en el acto de juicio para acreditar los hechos imputados en la carta de despido, **es nula.**

En lo relativo a las cámaras de videovigilancia, se declara probado que en el centro de trabajo donde el demandante prestaba servicios, **existían carteles de zona de videovigilancia** en el exterior del recinto. En los carteles de zona de videovigilancia instalados en la empresa consta que la finalidad de las cámaras es garantizar la seguridad de las personas, bienes e instalaciones, siendo el destinatario de las grabaciones las fuerzas y cuerpos de seguridad.

La parte actora presentó demanda por despido nulo por vulneración del derecho a la intimidad y a la propia imagen, al haberse identificado la conducta sancionada mediante el uso de dispositivos de videovigilancia y por vulneración de la garantía de indemnidad. El juzgado de lo social, en lo que aquí interesa, **declara la nulidad del despido porque rechaza la prueba de videovigilancia,** condenando a la empresa aquí recurrente a sus consecuencias. Dicha sentencia fue recurrida en suplicación por la demandada.

La sala de suplicación considera que la empresa **no dio información previa al trabajador de la posibilidad de que las cámaras se pudieran utilizar para el control laboral**. Señala, así mismo, que no puede sostenerse la legitimación empresarial de hacer uso de las imágenes cuestionadas para acreditar el ilícito laboral porque las cámaras no fueron colocadas tras un indicio de incumplimiento laboral, que como dice la sentencia recurrida no se acredita más allá de unilateral y subjetiva afirmación y no se justifica que los representantes legales de los trabajadores o especialmente nuestro trabajador actor no fuera informada expresamente de la colocación de la misma y de que potencialmente las imágenes obtenidas por las mismas podían ser utilizadas para la acreditación de ilícitos laborales.

b. Fundamentos de derecho

La **sentencia de contraste** alegada se refiere a otro trabajador de la misma empresa que la sentencia recurrida, y que prestaba servicios en el mismo centro y en la que la sala de suplicación revoca la sentencia de instancia que declaró la nulidad del despido, al **entender que la prueba de videovigilancia era lícita**. La licitud en este caso tenía su base en que **existían carteles de zona de videovigilancia** en el exterior del recinto por lo que el trabajador podía saber que podía ser grabado en su trabajo, a lo que se une el hecho de que incluso **en el contrato de trabajo** suscrito por el mismo **se hacía constar de forma expres**a que en el centro de trabajo existían cámaras de videovigilancia, siendo uno de los objetivos un control de grabación de las obligaciones laborales de los empleados e incumplimientos contractuales o de cualquier otro tipo que afecten a la relación laboral existente y de **que podía ser sancionado por el contenido de las grabaciones.**

Entiende el Tribunal Supremo que entre las sentencias **no concurre la identidad necesaria** para apreciar que sus pronunciamientos son contradictorios. Hay un elemento decisivo para entender que los pronunciamientos, aunque son contradictorios atiende a las circunstancias fácticas del caso, tal y como se advierte de las propias sentencias contrastadas. La decisión adoptada en la sentencia de contraste sobre la licitud de dicha prueba reposa en un elemento esencial que no está presente en el caso de la sentencia recurrida, al existir en aquel caso un dato como es el que al trabajador, cuando suscribió el contrato de trabajo, se le informó de forma expresa de la existencia y destino de las cámaras de videovigilancia para el control de las obligaciones laborales y que lo visionado en ella podría ser objeto de sanción disciplinaria, tal y como se recogía en una cláusula del mismo.

De cara a apreciar la identidad de supuestos y contradicción en los pronunciamientos judiciales es **determinante la información que se le dio al trabajador** en el caso de la sentencia de contraste a la hora de interpretar si la prueba era lícita.

El Alto Tribunal en su sentencia se remite a la doctrina constitucional recogida en la **STC n.º 119/2022, de 29 de septiembre, ECLI:ES:TC:2022:119**:

> «En consecuencia, en el marco general del control del cumplimiento de un contrato de trabajo, y a estos solos fines, el empresario podrá instalar un sistema de videovigilancia. La instalación y uso del sistema **no reque-**

rirá el consentimiento de los trabajadores, pero sí exige un deber de informar a estos con carácter previo y de forma expresa sobre su existencia y finalidad. La ubicación de las cámaras habrá de respetar la intimidad propia de los lugares destinados al descanso o esparcimiento, o que tengan un carácter reservado. No obstante, la utilización de las imágenes captadas para verificar o acreditar **la comisión flagrante de un acto ilícito no exigirá el previo deber de información,** que podrá entenderse cumplido cuando se haya colocado en lugar visible un distintivo informativo de la existencia del sistema, de su responsable y de su finalidad».

En principio, el **deber de información del empresario ha de cumplimentarse de forma previa, expresa, clara y concisa.** Sin embargo, en caso de **flagrancia de una conducta ilícita,** el deber de información **se puede entender efectuado mediante la colocación en lugar visible de un distintivo que advierta sobre la existencia** del sistema, su responsable y los derechos derivados del tratamiento de datos.

Por tanto, en la valoración de la ilicitud de la prueba en el caso de la sentencia de contraste bastaba con advertir que el trabajador fue expresa y claramente informado de la instalación de las cámaras y su tratamiento. Sin embargo, en la sentencia objeto de recurso, requería un examen de los elementos que, en ausencia de esa información, son necesarios analizar para validar la prueba como lícita.

c. Resolución

Concluye el Tribunal Supremo que no cabe admitir el recurso de unificación de doctrina ya que no existe identidad sustancial en los hechos al ser diferente la posición del trabajador respecto a los sistemas de videovigilancia.

ANEXO I.
CASOS PRÁCTICOS

Caso práctico | ¿Supone indefensión que no se realice el interrogatorio de la propia parte tras haber sido admitido?

PLANTEAMIENTO

Una de las partes de un procedimiento civil interesa como prueba en la audiencia previa la admisión de la prueba documental aportada, el interrogatorio de parte y el interrogatorio de contrario. La prueba fue íntegramente admitida por el juzgador, pero llegado el momento de la vista no se practicó ninguno de los interrogatorios solicitados, dando paso al resto de la prueba sin que se plantease ninguna alegación al respecto. ¿Puede plantearse el recurso de la sentencia alegando indefensión por este motivo?

RESPUESTA

No, tal y como se recoge en la **sentencia de la Audiencia Provincial de Guadalajara n.º 40/2022, de 20 de enero, ECLI:ES:APGU:2022:55**, no se incurre en infracción alguna en orden a la admisión y práctica de la prueba ya que en la propia vista la parte no realizó objeción alguna.

Analiza la mentada sentencia que, en primer lugar, **la Ley de Enjuiciamiento Civil no contempla el interrogatorio de la propia parte**, sino que únicamente podrá solicitarse el interrogatorio de contrario. Así, el art. 301 de la LEC dispone que:

> «1. Cada parte podrá solicitar del tribunal el interrogatorio de las demás sobre hechos y circunstancias de los que tengan noticia y que guarden relación con el objeto del juicio. Un colitigante podrá solicitar el interrogatorio de otro colitigante siempre y cuando exista en el proceso oposición o conflicto de intereses entre ambos.
> 2. Cuando la parte legitimada, actuante en el juicio, no sea el sujeto de la relación jurídica controvertida o el titular del derecho en cuya virtud se acciona, se podrá solicitar el interrogatorio de dicho sujeto o titular».

Sólo en el caso de ser solicitado de contrario, una vez respondidas las preguntas formuladas por el abogado de la parte que solicitó la prueba, podrán formularse nuevas preguntas por el abogado de la propia parte.

En segundo lugar, se centra la sentencia en que durante el acto del juicio nada se dijo por la parte ahora recurrente sobre la prueba del interrogatorio, ni al comenzarse la práctica de la prueba con la declaración de los testigos, ni cuando se dio inicio al trámite de conclusiones. En este sentido, se establece en la sentencia que:

> «(…) la parte no realiza objeción alguna en el acto del juicio a que la práctica de la prueba se iniciara y quedase circunscrita al interrogatorio del testigo y representante legal de la parte demandada(…), debiendo recordar que el artículo 459 de la Ley de Enjuiciamiento Civil establece **en el caso de apelación por infracción de normas o garantías procesales el apelante deberá acreditar que denunció oportunamente la infracción**, si hubiere tenido oportunidad procesal para ello. Tampoco cita el recurrente conforme a este precepto las normas que se consideran infringidas. Como recoge reiterada jurisprudencia, para que pueda afirmarse la existencia de indefensión es preciso que concurran los siguientes requisitos: a) Que el vicio sea grave y esencial; b) Que produzca una indefensión real y efectiva —o sea material, no solamente formal—, (STS de 18 de julio de 2002); y c) Que se haya pedido la subsanación de la falta en el

momento procesal procedente (STS de 6 de abril de 2000). Y en el presente caso como decimos, **el interrogatorio del actor no había sido interesado de contrario, por lo que su falta de práctica no integra infracción alguna del ordenamiento jurídico causante de indefensión, y tampoco se hizo valer recurso o protesta alguna** cuando la Juez a quo resuelve el inicio de la práctica de la prueba con la declaración del testigo y posteriormente se acuerda completar la práctica de la prueba con la declaración del legal representante de la parte demandada».

Caso práctico | ¿Son nulas las actuaciones en las que declara como testigo quien ha firmado la carta de despido?

PLANTEAMIENTO

A un trabajador se le comunica su despido objetivo por causas organizativas y de producción por lo que decide interponer demanda para que se declare la improcedencia del despido, su demanda es desestimada en primera y segunda instancia. Ante la desestimación de su pretensión decide recurrir en suplicación en el que solicita la nulidad de las actuaciones argumentando que en el acto del juicio prestó declaración en calidad de testigo la persona que, en representación de la empresa, firmó el despido. ¿Este motivo sería suficiente para decretar la nulidad de las actuaciones?

RESPUESTA

El art. 91.5 de la LRJS establece:

> «La declaración de las personas que hayan actuado en los hechos litigiosos en nombre del empresario, cuando sea persona jurídica privada, bajo la responsabilidad de éste, como administradores, gerentes o directivos, solamente podrá acordarse dentro del interrogatorio de la parte por cuya cuenta hubieran actuado y en calidad de conocedores personales de los hechos, en sustitución o como complemento del interrogatorio del representante legal, salvo que, en función de la naturaleza de su intervención en los hechos y posición dentro de la estructura empresarial, por no prestar ya servicios en la empresa o para evitar indefensión, el juez o tribunal acuerde su declaración como testigos. Las referidas prevenciones deberán advertirse expresamente al efectuar la citación para el interrogatorio en juicio».

De este precepto se deduce que la persona que, en nombre de la empresa, ha firmado la carta de despido debe ser interrogado como parte, limitándose su intervención como testigo a los supuestos que recoge el precepto transcrito.

En un caso similar al expuesto el Tribunal Supremo en el **auto, rec. 3402/2022, de 29 de marzo de 2023, ECLI:ES:TS:2023:3984A** señala:

> «Pues bien, sostiene la sentencia que de conformidad con lo dispuesto en el art 91.5 LRJS no debió haber sido admitido esa prueba. Ahora bien, no se admite la declaración de nulidad de actuaciones por cuanto el trabajador no habiendo protestado en tiempo y forma, de forma que esa falta de protesta ampara la prueba aceptada por la Juzgadora, que la practica en calidad de testigo».

Se concluye de lo anterior que en caso de que en el supuesto enjuiciado no concurran las condiciones para que la persona que ha firmado la carta de despido pueda acordarse que declare como testigo, para que pudiera decretarse la nulidad de actuaciones es necesario que el trabajador formule protesta en tiempo y forma. Si no se formulase dicha protesta no se podrá declarar la nulidad de actuaciones ya que su falta ampara la prueba aceptada por la juzgadora.

Caso práctico | ¿Pueden los vecinos de una comunidad de propietarios que actúe en un proceso como demandante intervenir como testigos en el proceso a pesar de ser parte de la comunidad?

PLANTEAMIENTO

David y María son dos propietarios de una vivienda que han sido denunciados por la comunidad. En el juicio no solo comparece el presidente como representante de la comunidad, si no que otros vecinos acuden a declarar como testigos. David y María creen que esta testifical no debería haber sido admitida por el tribunal dado que forman parte de la comunidad demandante y tendrían que considerarse parte y no testigos. ¿Están en lo cierto?

RESPUESTA

No, los vecinos de la comunidad de propietarios sí que podrían ser interrogados como testigos, si bien será el tribunal el que decida qué valoración dará a dicha testifical.

En este sentido podemos citar la **sentencia de la Audiencia Provincial de Salamanca n.º 591/2017, de 29 de diciembre, ECLI:ES:APSA:2017:757**, que en un supuesto similar entiende que la admisión de la prueba de los testigos oídos en el juicio, que son vecinos de la comunidad de propietarios demandante y también intervinientes en las juntas de la comunidad en las cuales emitieron votos, no genera indefensión a los demandados.

Concluye la sala que la declaración de vecinos en calidad de testigos tiene cabida dentro de los artículos 360 y 361 de la LEC, y que esto no vulneraría ningún derecho de los demandados:

> «La Comunidad de Propietarios sí va a ser tributaria de la personalidad procesal: para facilitar su actuación en el proceso se utilizará la abstracción de atribuir a su Presidente la facultad ex lege de representar a la Comunidad. Así, específicamente el artículo 6.1-5º LEC reconoce personalidad procesal y capacidad para ser parte a "las entidades sin personalidad jurídica a las que la ley reconozca capacidad para ser parte".
>
> Y si es la Comunidad a quien se le atribuye la capacidad para ser parte, nada impide que los vecinos sean traídos como testigos, por la misma; algo a lo que estamos acostumbrados; por lo cual, el problema no es de infracción procesal, sino de la valoración probatoria que se otorga a sus declaraciones testificales en juicio. Es obvio que su admisión encaja en el art. 301, último párrafo LEC y es obvio que, cuando se le realizan las preguntas generales, un testigo, que sea vecino, puede reconocer que tiene interés en que gane la Comunidad, o puede negar el interés y afirmar, como ocurre en numerosos casos, que afirme que se actúe conforme a la ley.
>
> No es un problema de infracción procesal, sino de valoración probatoria de tales declaraciones, por el Juez a quo.
>
> El artículo 360 de la LEC establece que las partes podrán solicitar que declaren como testigos las personas que tengan noticia de hechos controvertidos relativos a lo que sea objeto del juicio. Y en el artículo 361 del mismo cuerpo legal, en relación con la idoneidad para ser testigos, se establece que podrán ser testigos todas las personas, salvo las que se hallen permanentemente privadas de razón o del uso de sentidos respecto de hechos sobre los que únicamente quepa tener conocimiento por dichos sentidos.

Los menores de catorce años podrán declarar como testigos si, a juicio del Tribunal, poseen el discernimiento necesario para conocer y para declarar verazmente.

Pudo la parte hoy recurrente realizar a los testigos todas las preguntas que considerara oportunas, a los efectos de fijar la convicción del juzgador a quo».

Caso práctico | Utilización de detective privado ante baja médica falsa o sospechosa del trabajador

PLANTEAMIENTO

Una empresa tiene sospechas de que una de sus personas trabajadoras está fingiendo una incapacidad temporal. Por lo que decide contratar un detective privado para que realice tareas de seguimiento, vigilancia y observación durante la vida privada del trabajador. El detective, ve, desde la calle, y documenta al trabajador, de baja médica por lumbalgia, realizando labores de albañilería, así como tareas en su hogar limpiando cristales.

1.- ¿Puede un empresario recurrir a un detective privado al objeto de que realice tareas de seguimiento, vigilancia y observación durante la vida privada del trabajador que se encuentre de baja médica?

2.- ¿Sirve el informe de la agencia de investigación de prueba incriminatoria?

3.- A la hora de configurar el despido disciplinario ¿Las pruebas obtenidas por detectives deben tratarse como testificales o documentales?

RESPUESTA

1.- Sí. No obstante, ha de respetarse el derecho a la intimidad y a la dignidad del trabajador por lo que se limita su utilización como medio de prueba.

El significado y contenido del derecho fundamental a la intimidad en relación con el alcance de las facultades empresariales de vigilancia y control de los trabajadores y sus límites ha sido tratada en múltiples ocasiones por las salas de lo social de distintos tribunales. Pudiendo extraerse una serie de conclusiones a analizar antes de profundizar en la actuación de los detectives privados y la validez de los métodos que éstos pueden utilizar:

A) El **derecho a la intimidad** se ha definido por el TS (entre otras **STS n.º 119/2018, de 8 de febrero, ECLI:ES:TS:2018:594**) como un ámbito propio y reservado frente a la acción y el conocimiento de los demás, necesario, según las pautas de nuestra cultura, para mantener una calidad mínima de la vida humana, cuya delimitación ha de hacerse en función del libre desarrollo de la personalidad. Esta garantía se traduce en un poder de control sobre la publicidad de la información relativa a la persona y su familia, con independencia del contenido de aquello que se desea mantener al abrigo del conocimiento público, de modo que «(...) lo que el art. 18.1 CE garantiza es un derecho al secreto, a ser desconocido, a que los demás no sepan qué somos o lo que hacemos, vedando que terceros, sean particulares o poderes públicos, decidan cuales sean los lindes de nuestra vida privada, pudiendo cada persona reservarse un espacio resguardado de la curiosidad ajena, sea cual sea lo contenido en ese espacio (...)» (**STC n.º 92/2023, de 11 de septiembre, ECLI:ES:TC:2023:92**).

La función del derecho a la intimidad, afirma el máximo intérprete de la Constitución, «(...) es la de proteger frente a cualquier invasión que pueda realizarse en aquel ámbito de la vida personal y familiar que la persona desea excluir del conocimiento ajeno y de las intromisiones de terceros en contra de su voluntad (...)» (**STC n.º 29/2013, de 11 de febrero ECLI:ES:TC:2013:29**), garantizando el «(...) secreto sobre nuestra propia esfera de vida personal (...)» (**STC n.º 7/2014, de 27 de enero, ECLI:ES:TC:2014:7**), confiriendo al individuo el poder jurídico de imponer a terceros el deber de abstenerse de toda intromisión en la esfera íntima y la prohibición de hacer uso de lo así conocido, salvo que la intromisión esté fundada «(...) en una previsión legal que tenga justificación constitucional y que sea proporcionada, o que exista un consentimiento eficaz que lo autorice, pues corresponde a cada persona acotar el ámbito de intimidad personal y familiar que reserva al conocimiento ajeno (...)» **(STC n.º 119/2022, de 1 de noviembre, ECLI:ES:TC:2022:119)**.

El propio TC ha dicho que el art. 18.1 de la Constitución Española impone «(...) la defensa y garantía del ámbito de privacidad (...)» de la persona **(STC n.º 81/2020, 15 de julio, ECLI:ES:TC:2020:81)**. «De aquí el reconocimiento global de un derecho a la intimidad o a la vida privada que abarque las intromisiones que por cualquier medio puedan realizarse en ese ámbito reservado de vida. No siempre es fácil, sin embargo, acotar con nitidez el contenido de la intimidad» **(STC n.º 110/1984, de 26 de noviembre, ECLI:ES:TC:1984:110)**.

Además, el Tribunal Constitucional ha afirmado que el derecho a la intimidad ha adquirido también una dimensión positiva «(...) en relación con el libre desarrollo de la personalidad, orientada a su plena efectividad, razón por la que se hace imprescindible asegurar su protección no sólo frente a las injerencias ya mencionadas, sino también frente a los riesgos que puedan surgir en una sociedad tecnológicamente avanzada (...)» **(STC n.º 38/2023, de 20 de abril, ECLI:ES:TC:2023:38)**, siendo el elemento teleológico de ese derecho «la protección de la vida privada como garantía de la libertad y de las posibilidades de autorrealización del individuo» **(STC n.º 196/2004, de 15 de noviembre, ECLI:ES:TC:2004:196)**.

En orden a lo previsto en el art. 10.2 de la Constitución Española, es de señalar que el artículo 8 del Convenio europeo de derechos humanos, y el artículo 7 de la Carta de los derechos Fundamentales de la Unión Europea, reconocen el derecho de toda persona al respeto de su vida privada y familiar, de su domicilio y de sus comunicaciones. Así mismo los artículos 12 de la Declaración Universal de derechos Humanos y 17 del Pacto internacional de derechos civiles y políticos garantizan que nadie será objeto de injerencias arbitrarias o ilegales en su vida privada, su familia, su domicilio o su correspondencia.

El art. 2 de la LO 1/1982, de 5 de mayo establece que la protección civil de la intimidad y de la propia imagen quedará delimitada por las leyes y por los usos sociales atendiendo al ámbito que, por sus propios actos, mantenga cada persona reservando para sí misma o su familia. A continuación, el artículo 7 de la misma ley señala las actuaciones que tendrán la consideración de intromisiones ilegítimas:

«1. El emplazamiento en cualquier lugar de aparatos de escucha, de filmación, de dispositivos ópticos o de cualquier otro medio apto para grabar o reproducir la vida íntima de las personas.

2. La utilización de aparatos de escucha, dispositivos ópticos, o de cualquier otro medio para el conocimiento de la vida íntima de las personas o de manifestaciones o cartas privadas no destinadas a quien haga uso de tales medios, así como su grabación, registro o reproducción.

3. La divulgación de hechos relativos a la vida privada de una persona o familia que afecten a su reputación y buen nombre, así como la revelación o publicación del contenido de cartas, memorias u otros escritos personales de carácter íntimo.

4. La revelación de datos privados de una persona o familia conocidos a través de la actividad profesional u oficial de quien los revela.

5. La captación, reproducción o publicación por fotografía, filme, o cualquier otro procedimiento, de la imagen de una persona en lugares o momentos de su vida privada o fuera de ellos, salvo los casos previstos en el artículo octavo, dos.

6. La utilización del nombre, de la voz o de la imagen de una persona para fines publicitarios, comerciales o de naturaleza análoga.

7. La imputación de hechos o la manifestación de juicios de valor a través de acciones o expresiones que de cualquier modo lesionen la dignidad de otra persona, menoscabando su fama o atentando contra su propia estimación.

8. La utilización del delito por el condenado en sentencia penal firme para conseguir notoriedad pública u obtener provecho económico, o la divulgación de datos falsos sobre los hechos delictivos, cuando ello suponga el menoscabo de la dignidad de las víctimas».

B) Debemos atender, así mismo, a las facultades de control que tiene el empresario con relación al cumplimiento de sus obligaciones por parte del trabajador. Esta función de control se recoge en el art. 20.3 del ET que dispone:

«El empresario podrá adoptar las medidas que estime más oportunas de vigilancia y control para verificar el cumplimiento por el trabajador de sus obligaciones y deberes laborales, guardando en su adopción y aplicación la consideración debida a su dignidad y teniendo en cuenta, en su caso, la capacidad real de los trabajadores con discapacidad».

Estas facultades de vigilancia y control resultarán constreñidas por el contenido esencial de los derechos fundamentales de los trabajadores y su ejercicio habrá de ser acorde con esa naturaleza, en este sentido se ha pronunciado la **STS n.º 551/2023, de 12 de septiembre, ECLI:ES:TS:2023:3677** que añade:

«Paralelamente, el derecho a la prueba reconocido en el citado art. 24 CE es un derecho modalizado o limitado por la ilicitud de la prueba que dimana del quebrantamiento de los derechos fundamentales contemplados por la Carta Magna. La STC 184/1984 declaraba que la admisión de una prueba obtenida con infracción de derechos fundamentales afectaría al consagrado en el art. 24.2 CE, resultando también concernido ahora su art. 18, y así el derecho a la intimidad que garantiza.

Sentado lo anterior, resaltaremos que la clave del juicio de ilicitud de la prueba no reside en la causa o motivo que la soporta. La concurrencia de ligeras sospechas, de meros indicios o de indicios relevantes no determinan la licitud o ilicitud de la prueba en sí misma considerada (...)».

La sentencia del **TSJ de Madrid n.º 851/2023, de 4 de octubre, ECLI:ES:TSJM:2023:10526** ha señalado «Aun cuando los trabajadores tiene los mismos derechos fundamentales que el resto de los ciudadanos, el marco de la relación laboral determina que los términos de dicho reconocimiento sea más restrictivo, reduciéndose el ámbito de protección, lo que deriva del ejercicio de las facultades empresariales que derivan del mismo contrato de trabajo y de la libertad de empresa, (art. 38 CE) entre las que se encuentran la organización del trabajo, control de su cumplimiento y de las obligaciones contractuales y, en su caso, sanción de los incumplimientos. Con todo, tal poder empresarial no es absoluto, pues estamos en un régimen de libertades democráticas y no en un sistema feudal, siendo bien conocida la reiterada la doctrina del TCO de que la limitación de derechos fundamentales de los trabajadores debe superar los juicios o test de idoneidad, necesidad y proporcionalidad, para juzgar la racionalidad de la medida».

Por lo que concierne a la realización de trabajos durante la baja médica del trabajador la doctrina jurisprudencial, reflejada en la **STSJ de Castilla y León n.º 260/2020, de 24 de julio, ECLI:ES:TSJCL:2020:2538**, reconoce que realizar trabajos en situación de incapacidad temporal es una clara transgresión a de la buena fe contractual. Con esta conducta se defrauda tanto a la empresa —obligada a abonar unas cotizaciones de un trabajador que no le presta servicio alguno—, como a la Seguridad

Social —que satisface unas prestaciones sanitarias y económicas a quien en su conducta demuestra que no está incapacitado.

Esta misma doctrina ha aclarado que no toda actividad desarrollada durante la situación de incapacidad temporal puede calificarse de conducta desleal sancionable con el despido. Se ha establecido como criterio general la necesidad de que la actividad desarrollada por el trabajador perturbe o demore la curación o su futura aptitud laboral. Para ello debe valorarse en cada caso las circunstancias concurrentes —especialmente la índole de la enfermedad y características de la actividad— ya que la situación de incapacidad laboral no impide al trabajador llevar una vida normal o desarrollar actividades que resulten compatibles con el tratamiento médico y no perjudiquen o retrasen su curación.

2.- Sí. Su utilización como medio de prueba será valorada por el juez de lo social en función al respeto del derecho a la intimidad y a la dignidad del trabajador.

Acerca del informe de detective privado como prueba se ha referido el Tribunal Supremo en la **sentencia n.º 551/2023, de 12 de septiembre, ECLI:ES:TS:2023:3677** la cual establece con relación a la misma:

> «El elenco normativo se integra por el art. 48.1 a) de la Ley 5/2014, de 4 de abril, de Seguridad Privada, cuyo tenor literal expresa: "Los servicios de investigación privada, a cargo de detectives privados, consistirán en la realización de las averiguaciones que resulten necesarias para la obtención y aportación, por cuenta de terceros legitimados, de información y pruebas sobre conductas o hechos privados relacionados con los siguientes aspectos:
>
> a) Los relativos al ámbito económico, laboral, mercantil, financiero y, en general, a la vida personal, familiar o social, exceptuada la que se desarrolle en los domicilios o lugares reservados."
>
> Del mismo extraemos que habilita expresamente a los servicios de investigación privada, a cargo de detectives privados, a la realización de las averiguaciones necesarias para obtención y aportación, por cuenta de terceros legitimados, de pruebas sobre conductas o hechos privados relativos, entre otros, al ámbito laboral.
>
> El apartado 3 de dicho precepto establece que "en ningún caso se podrá investigar la vida íntima de las personas que transcurra en sus domicilios u otros lugares reservados, ni podrán utilizarse en este tipo de servicios medios personales, materiales o técnicos de tal forma que atenten contra el derecho al honor, a la intimidad personal o familiar o a la propia imagen o al secreto de las comunicaciones o a la protección de datos."
>
> Los informes realizados por los servicios de investigación privada, que han de ejecutarse con respeto a los principios de razonabilidad, necesidad, idoneidad y proporcionalidad (art. 48.6), tienen carácter reservado y los datos obtenidos a través de las investigaciones solo se podrán poner a disposición del cliente o, en su caso, de los órganos judiciales (art. 49.5). Los detectives privados están obligados a guardar reserva sobre las investigaciones que realicen, y no pueden facilitar datos o informaciones sobre estas más que a las personas que se las encomendaron y a los órganos judiciales y policiales competentes para el ejercicio de sus funciones (art. 50.1 de la misma Ley 5/2014). Solo mediante requerimiento judicial o solicitud policial relacionada con el ejercicio de sus funciones en el curso de una investigación criminal o de un procedimiento sancionador se podrá acceder al contenido de las investigaciones realizadas por los detectives privados (art. 50.2)».

El derecho a la intimidad personal, en cuanto valor fundamental de la propia dignidad humana, por su naturaleza comporta un reducto individual dotado de pleno contenido jurídico que ha de quedar preservado de todo tipo de intromisión extraña, cualquiera que pueda ser la legitimidad que acompañe a esta última.

No cabe la menor duda de que el ejercicio de la facultad empresarial de exigir, en todo momento, el correcto cumplimiento de los deberes laborales impuestos al trabajador y de instrumentar, al efecto, los mecanismos de vigilancia oportunos que permitan, en su caso, la ulterior y justificada actuación de la actividad sancionadora ha de producirse, lógicamente, dentro del debido respeto a la dignidad del trabajador como así lo imponen, ya de forma específica, los arts. 4.2 e), 18 y 20.3 del ET. Ahora bien, el respeto de ese valor básico, dentro del que se ha de desenvolver la relación jurídico-laboral, no ha de anular, como es obvio, el derecho de vigilancia que, por preceptiva estatutaria también, incumbe al empresario, integrando la facultad directiva y controladora que se revela imprescindible para la buena marcha de la actividad empresarial **(STSJ de Cataluña n.º 3579/2023, de 7 de julio, ECLI:ES:TSJCAT:2023:6527).**

3.- Testificales. Los documentos que reflejan manifestaciones de terceros, entre ellos, los informes de detectives privados, no es dable configurarlos como prueba documental.

El Tribunal Supremo ha señalado que la prueba del informe de detectives deben ser valoradas como testificales que adquieren su valor procesal en el momento en que es ratificado en el juicio por sus firmantes, así lo ha señalado la **STS rec. 1654/2013, de 15 de octubre de 2014, ECLI:ES:TS:2014:4632**:

> «Es por tanto, doctrina de esta Sala, la que asumimos y reiteramos, que los documentos que reflejan manifestaciones de terceros, entre ellos, los informes de detectives privados, no es dable configurarlos como prueba documental a los efectos de fundamentar la revisión fáctica en suplicación (art. 193 c LRJS), --ni tampoco el error de hecho en casación ordinaria (art. 207 d LRJS)--, al no tratarse de un auténtico documento sino de meras manifestaciones testimoniales formuladas por escrito que por ello no pierden su verdadero carácter de prueba testifical o de una denominada prueba testifical impropia, que solo habría adquirido todo su valor procesal como tal prueba testifical de haber sido ratificada en juicio por sus firmantes, cuya valoración queda a la libre apreciación del juzgador de instancia, como se deduce, además, palmariamente de la redacción literal de los preceptos procesales reguladores; y ello, aunque la prueba testifical en algunos supuestos pueda ofrecer « un índice de comprensión sobre el propio contenido de los documentos en los que la parte » encuentra fundamento para las modificaciones propuestas».

Caso práctico | ¿Es prueba válida las fotocopias presentadas en el momento final del juicio penal?

PLANTEAMIENTO

En la celebración de un juicio penal una testigo en el momento final presenta las fotocopias de unas facturas. El tribunal concedió un turno de intervención a las partes para que manifestaran si solicitaban su incorporación. La acusación solicitó la incorporación de los documentos, mientras que la defensa se opuso alegando que eran simples fotocopias. El tribunal acordó su admisión. ¿Esta prueba es válida?

RESPUESTA

Sí, en el caso que se plantea debemos tener en cuenta dos cuestiones: presentación en el momento final del juicio y la validez de las fotocopias.

El Tribunal Supremo en la **sentencia n.º 464/2023, de 14 de junio, ECLI:ES:TS:2023:2627** se ha referido a estas circunstancias.

Admisión de las pruebas aportadas en el momento final

De conformidad con lo que previene el artículo 729.3 de la LECrim podrán admitirse con posterioridad a las pruebas propuestas, tanto en los escritos de calificación, como al inicio del juicio, «Las diligencias de prueba de cualquiera clase que en el acto ofrezcan las partes para acreditar alguna circunstancia que pueda influir en el valor probatorio de la declaración de un testigo, si el Tribunal las considera admisibles».

Por tanto, el tribunal puede admitir en cualquier momento del juicio las pruebas que tengan influencia o relevancia para establecer el valor probatorio de un determinado testimonio. La incorporación de estos documentos se hará de acuerdo con las previsiones legales cuando tengan relación con el testimonio prestado y sirvan exclusivamente como un elemento indiciario para acreditar su veracidad.

Admisión como prueba de una fotocopia

La sentencia del Tribunal Supremo a la que hemos hecho referencia señala:

> «Pues bien, residenciando la cuestión en este último ámbito, la admisión como prueba de una fotocopia no es una decisión que contravenga norma procesal alguna o siquiera la doctrina jurisprudencial, en la medida en que si bien es cierto que en ocasiones esta Sala ha manifestado su desconfianza hacia los documentos aportados mediante fotocopia, exigiendo su adveración mediante prueba testifical o mediante cotejo con el original, también se ha admitido ese tipo de documentos sin necesidad de esas formalidades, atendiendo a las circunstancias en cada caso concurrentes (...)».

La jurisprudencia no ha sido uniforme en relación con este asunto, sin embargo, el Alto Tribunal entiende que es lícita la aportación de documentos mediante fotocopia y su valoración como prueba documental. En caso de que alguna de las partes la impugne está sujeta a la prudente valoración del tribunal en función de las circunstancias concurrentes.

Caso práctico | En un proceso penal, ¿son válidas como prueba unas grabaciones emitidas en un programa de televisión?

PLANTEAMIENTO

En un procedimiento penal, una de las partes ha aportado unas grabaciones videográficas emitidas en un programa de televisión como prueba de la comisión de un delito durante una manifestación en la vía pública. ¿Pueden ser admitidas como prueba dichas grabaciones?

RESPUESTA

Sí, nuestro Tribunal Supremo se ha pronunciado en numerosas ocasiones sobre la validez de las grabaciones en espacios públicos como medio de prueba, debiendo ser admitidas por el juzgador, independientemente de la valoración posterior que sobre las mismas pueda hacer.

La **sentencia del Tribunal Supremo n.º 132/2005, de 19 de enero, ECLI:ES:TS:2005:132**, con relación a la admisión de grabaciones como medio de prueba en el proceso penal establece que:

> «(...) esta clase de pruebas está ya expresamente contemplada en las normas procesales civiles, con su carácter general de supletoriedad, sino que además, en nuestro proceso Penal específicamente, imbuido de principios tales como el de oficialidad y búsqueda de la verdad material, no puede hablarse de exclusión "a priori" de ninguna clase de prueba o actividad que pudiera proporcionar datos que faciliten al Tribunal la averiguación de lo realmente acontecido.
> Cosa distinta será la valoración que esa prueba posteriormente merezca y, en concreto, la fiabilidad que a la misma se otorgue por quien ostenta la facultad para ello.
> Y, en este sentido, en nada difiere la aportación del documento videográfico de la declaración testifical de quien directamente presenció lo acontecido, en la que también pueden caber razones para dudar de su credibilidad o de la integridad y fiabilidad en la percepción de lo ocurrido y posteriormente narrado».

En el mismo sentido, la **STS n.º 1140/2010, de 29 de diciembre, ECLI: ES:TS:2010:7184**, que con relación a la valoración de las grabaciones dice que:

> «Cosa distinta será la valoración que esa prueba posteriormente merezca y, en concreto, la fiabilidad que a la misma se otorgue por quien ostenta la facultad para ello, por cuanto, de todos modos, **un vídeo no puede probar más de lo que pueda probar una percepción visual o auditiva, esto es lo que la persona filmada dice, no la veracidad de sus manifestaciones**, por cuanto en nada difiere la aportación del documento videográfico de la declaración testifical de quien directamente presenció lo acontecido, o tuvo conocimiento de ello, en la que también pueden caber razones para dudar de su credibilidad o de la integridad y fiabilidad en la percepción de lo ocurrido y posteriormente narrado».

En esta sentencia, el Alto Tribunal resume la postura de la sala en la siguiente forma:

> «1) **Corresponde a los jueces determinar la legitimidad de este medio** de tan gran actualidad ahora. El trucaje, la manipulación o la distorsión de las cintas grabadas se evitará no solo por medio de la técnica más depurada, sino

también si la prueba se práctica, a través de lo que las partes hayan solicitado, en el juicio oral con publicidad e inmediación, incluso con la visualización y audición de las mismas y la intervención pericial oportuna en los casos en que sea necesario porque, se insiste, así haya sido pedido y así haya sido entendido por el Tribunal.

Cualquier medio, en tanto en el proceso penal no rige el sistema de prueba tasada será válido si se respetan los derechos de las partes y sirve para algo tan esencial como es en la investigación criminal, la identificación y el reconocimiento de las personas presuntamente culpables.

2)La validez de la prueba practicada con la filmación o grabación de cintas de vídeo supone que, en la línea de lo explicado antes, no se vulneren derechos esenciales tales como la intimidad o la dignidad de la persona o personas afectadas por la filmación llevada a cabo previa autorización judicial en los casos en que ésta sea necesaria, o por los particulares, Policía judicial, cuerpos de seguridad privada, etc.… cuando la misma no sea precisa (SSTS. 353/96 de 19.4, 620/97 de 5.5).

En definitiva queda, con ello remitida la cuestión sometida a la censura casacional de esta Sala a los aspectos propios de esa valoración, en concreto la suficiencia probatoria para enervar o coadyuvar al enervamiento del derecho a la presunción de inocencia del acusado y a la razonabilidad de la misma, pero sin que, en cualquier caso, por el mero hecho de la admisión de semejante prueba y su consiguiente incorporación al Juicio se pueda hablar de vulneración de derecho fundamental, especialmente si la libre intervención de las Defensas en dicho acto y a lo largo del procedimiento desde que la prueba tuvo en él entrada permite confirmar que se cumplió también con el debido sometimiento al principio de contradicción, haciendo posible incluso la propuesta de prueba pericial que complementase, de haberse así solicitado, la documental videográfica».

La **STS n.º 909/2021, de 24 de noviembre, ECLI:ES:TS:2021:4312**, señala con relación a este tipo de pruebas reconocidas en la LEC, que se aplica de forma supletoria al proceso penal, que son legítimas y válidas las grabaciones captadas en espacios públicos, cuando las mismas sean auténticas y no se encuentren manipuladas:

«Conforme señalamos en la sentencia núm. 649/2019, de 20 de diciembre 'la doctrina jurisprudencial entiende, con carácter general, que **las grabaciones videográficas de imágenes captadas en espacios públicos, a condición de que sean auténticas y de que no estén manipuladas, constituyen un medio de prueba legítimo y válido en el proceso penal** —previsto ahora expresamente en el art. 382 Lec y aplicable de forma supletoria conforme a lo dispuesto en el art. 4 Lec—, sin que se requiera para su captación la previa autorización judicial. En efecto, nos encontramos con la posibilidad del uso de la prueba documental tecnológica del proceso civil aplicable al proceso penal, como en estos casos se realiza cuando las Fuerzas y Cuerpos de Seguridad del Estado recaban del comercio la observación de las imágenes en uso de las facultades investigadoras que se les confiere».

Caso práctico | Unas grabaciones en un garaje comunitario, ¿son prueba válida en un proceso penal?

PLANTEAMIENTO

Una persona ha sido condenada por tráfico de drogas, y la principal prueba en su contra son unas grabaciones realizadas en un garaje comunitario. Esta persona cree que con esa prueba ha vulnerado su derecho a la intimidad personal. ¿Está en lo cierto? ¿Vulnera la mentada grabación sus derechos fundamentales?

RESPUESTA

Sí, el Tribunal Constitucional en la **STC n.º 92/2023, de 11 de septiembre, ECLI:ES:TC:2023:92**, ha considerado vulnerado el derecho fundamental a la intimidad personal, por unas grabaciones realizadas por la Guardia Urbana de Barcelona en el garaje de la comunidad de propietarios del recurrente, por entender que el lugar mantenía una legítima expectativa de privacidad.

El TC diferencia entre las vulneraciones del derecho fundamental a la intimidad, y el derecho fundamental a la propia imagen, señalando que en este caso estaríamos ante una vulneración de la intimidad personal:

> «(...) que el derecho fundamental concernido en este caso es el derecho fundamental a la intimidad personal, pues la Guardia Urbana de Barcelona se sirvió en su investigación de unas **imágenes obtenidas sin el conocimiento del recurrente** mediante una cámara instalada en un lugar en el que aquel mantenía una legítima expectativa de privacidad, como es el garaje de una comunidad de vecinos. Sin necesidad de entrar a dilucidar si ese garaje tiene la condición de domicilio a los efectos del art. 18.2 CE, pues el derecho a la inviolabilidad del domicilio no se invoca en el presente recurso de amparo, es notorio que, conforme al referido criterio de **expectativa razonable de privacidad**, ese espacio pertenece al ámbito de la intimidad protegida por el art. 18.1 CE, pues se trata de un **lugar cerrado que es, además, una propiedad privada de acceso restringido** (a los titulares de las plazas de aparcamiento y a terceros a los que aquellos permitan la entrada) y por tanto es patente que se trata de un lugar en el que **el recurrente tenía una expectativa razonable de no ser escuchado u observado subrepticiamente por terceras personas**».

El Tribunal Constitucional recuerda que el derecho a la intimidad personal reconocido en el art. 18.1 de la CE, si bien no es un derecho absoluto, se configura como un derecho de la personalidad, que atribuye a su titular la facultad de reservarse un espacio resguardado de la curiosidad ajena, de una publicidad no querida, y, en consecuencia, el poder jurídico de imponer a terceros, sean particulares o poderes públicos, el deber de abstenerse de toda intromisión en la esfera íntima y la prohibición de hacer uso de lo así conocido, a fin de asegurar un ámbito privativo para el desarrollo de la propia personalidad ajeno a las injerencias externas. Y destaca que toda injerencia en el ámbito de los derechos fundamentales y libertades públicas que incida directamente en su desarrollo, o limite o condicione su ejercicio necesita una habilitación legal.

En el caso concreto analizado la sala entiende que un garaje de una comunidad de propietarios no puede considerarse espacio público a los efectos del art. 588 quinquies a) de la LECrim: «(...) El apartado primero del art. 588 quinquies a) LECrim se refiere de manera incontrovertible a la captación de imágenes en lugares o espacios públicos, no en lugares o espacios de otra naturaleza, como puedan serlo los garajes privados, aunque estos sean utilizados por una pluralidad de personas (...)».

Concluye el Tribunal que:

> «En suma, ha de concluirse que la captación policial de imágenes del recurrente en amparo en el interior del garaje privado en el que se hallaba estacionado el automóvil en el que finalmente fue incautado un alijo de 44 kilos de hachís carecía de habilitación legal, por lo que vulneró el derecho del recurrente a la intimidad personal (art. 18.1 CE), deviniendo nula la prueba de cargo obtenida por ese medio».

Consecuentemente al declarar nula la prueba consistente en la ilícita captación de imágenes, el TC declara que se han de retrotraer las actuaciones al momento anterior al fallo en la instancia, para que el juzgado de lo penal pueda fundamentar el juicio de conexión o desconexión entre la prueba declarada nula y la que derive de ella, y valorar las restantes pruebas de cargo contra el recurrente.

ANEXO II.
FORMULARIOS

Escrito de petición de prueba de interrogatorio de parte, prueba documental o prueba testifical antes del juicio

Procedimiento: [DESCRIPCIÓN]

Número: [NÚMERO]

AL JUZGADO DE LO SOCIAL N.º [NÚMERO] DE [LOCALIDAD]

Don/Doña [NOMBRE_LETRADO/GRADUADO_SOCIAL], letrado/a del Ilustre Colegio de [LOCALIDAD_COLEGIO_ABOGADOS/GRADUADO_SOCIAL], en nombre y representación de don/doña [NOMBRE_REPRESENTADO], representación que acredito mediante copia de poder apud acta/notarial que se acompaña con el presente escrito, con domicilio a efectos de notificaciones en [DOMICILIO_NOTIFICACIONES], demandante/demandada en el procedimiento al margen referenciado, ante el juzgado comparezco y como mejor proceda en derecho,

DIGO

Mediante el presente escrito solicito la práctica anticipada de prueba conforme a lo establecido en el art. 78.2 de la LRJS, a la vista que las misma no podrán ser practicadas en el acto del juicio, y ello con base en los siguientes,

HECHOS

PRIMERO.- Interesa al derecho de esta parte que sean practicadas antes del acto del juicio los siguientes medios de prueba:

a) Interrogatorio de la parte [DEMANDADA/DEMANDANTE] con advertencia de que en caso de incomparecencia se la podrá tener por confesa de las posiciones planteadas por esta parte.

b) Documental. Que se requiera al [DEMANDADO/DEMANDANTE] a fin de que el día del juicio aporte los siguientes documentos que obran en su poder:

Primero.- [DOCUMENTO].

Segundo.- [DOCUMENTO].

Tercero.- [DOCUMENTO].

c) Interrogatorio de testigos. Que se tome declaración testifical a don/doña [NOMBRE_TESTIGO], que puede ser citado en [DIRECCIÓN_TESTIGO].

SEGUNDO.- La razón de la necesidad de la práctica anticipada de las pruebas propuestas antes del juicio estriba en que es previsible que las mismas no puedan ser practicadas en el acto del juicio por las siguientes razones [ESPECIFICAR].

Por todo lo expuesto,

SUPLICO AL JUZGADO:

Que tenga por presentada esta solicitud junto con sus documentos, este juzgado los admita, y tenga por formulada SOLICITUD DE PRUEBA ANTICIPADA.

Es Justicia que se pide en [LOCALIDAD] a [DÍA] de [MES] de [AÑO].

Ldo.

[NOMBRE_ABOGADO_CLIENTE]

Solicitud de prueba testifical anticipada

Procedimiento [ESPECIFICAR] [NÚMERO]/[AÑO]

AL JUZGADO DE INSTRUCCIÓN [NÚMERO] DE [LOCALIDAD]

Don/Doña [NOMBRE_PROCURADOR_CLIENTE], procurador/a de los tribunales, en nombre y representación de don/doña [NOMBRE_CLIENTE], con la asistencia del/de la letrado/a don/doña [NOMBRE_ABOGADO_CLIENTE], con n.º de colegiado/a [NÚMEROCOLEGIADO_ABOGADO_CLIENTE] ante el juzgado comparezco y como mejor proceda en derecho,

DIGO

Que mediante el presente escrito vengo a solicitar la práctica anticipada de prueba testifical de conformidad con el artículo 777 LECrim, ello con base en las siguientes,

ALEGACIONES

PRIMERA.- Interesa al derecho de mi mandante que se tome declaración a el/la siguiente testigo [NOMBRE_TESTIGO] en relación con su conocimiento de los siguientes [HECHOS] objeto de la presente instrucción.

SEGUNDA.- El/La testigo reside en [LUGAR] por lo que presumiblemente no podrá comparecer el día que se señale para la celebración del juicio oral.

Con la finalidad de que no se suspenda el mismo, así como para preservar el derecho de defensa de mi mandante, solicitamos por la presente que se acuerde la práctica de la declaración testifical como prueba anticipada y se documente en soporte de grabación y reproducción adecuado.

Ello al amparo del artículo 777.2 LECrim que dispone: *«Cuando, por razón del lugar de residencia de un testigo o víctima, o por otro motivo, fuere de temer razonablemente que una prueba no podrá practicarse en el juicio oral, o pudiera motivar su suspensión, el Juez de Instrucción practicará inmediatamente la misma, asegurando en todo caso la posibilidad de contradicción de las partes.*

Dicha diligencia deberá documentarse en soporte apto para la grabación y reproducción del sonido y de la imagen o por medio de acta autorizada por el letrado de la Administración de Justicia, con expresión de los intervinientes».

Por lo expuesto,

AL JUZGADO SUPLICO:

Que tenga por presentado este escrito, se sirva a admitirlo y en su virtud acuerde la práctica como prueba anticipada la declaración testifical de don/doña [NOMBRE_TESTIGO].

Es justicia que pido en a [LUGAR], a [FECHA].

Ldo.   Proc.

[NOMBRE_ABOGADO_CLIENTE]   [NOMBRE_PROCURADOR_CLIENTE]

Formulario de oposición al recurso de apelación civil por prueba ilícita y prueba extemporánea

Procedimiento: [ESPECIFICAR]

Autos: [NÚMERO/AÑO]

A LA AUDIENCIA PROVINCIAL DE [PROVINCIA] (1)

Don/Doña [NOMBRE_PROCURADOR_CLIENTE], procurador/a de los tribunales en nombre y representación de don/doña [NOMBRE_CLIENTE], según tengo acreditado en los autos de [PROCEDIMIENTO] señalados con el número [NÚMERO] bajo la dirección letrada de don/doña [NOMBRE_ABOGADO_CLIENTE], ante el juzgado comparezco y como mejor proceda en derecho,

DIGO

El día [FECHA] fue notificada resolución del letrado de la Administración de Justicia dando traslado a esta parte para formular oposición al recurso de apelación interpuesto por la parte adversa frente a la sentencia dictada el [FECHA] por el juzgado al que me dirigido en el proceso [ESPECIFICAR]. Mediante el presente escrito vengo a formular **OPOSICIÓN AL RECURSO DE APELACIÓN,** en tiempo y forma, en base a las siguientes,

ALEGACIONES

PREVIA.- El presente escrito de oposición al recurso de apelación se presenta de acuerdo con los artículos 461 de la Ley de Enjuiciamiento Civil que establece:

«1. Del escrito de interposición del recurso de apelación, el letrado o letrada de la Administración de Justicia dará traslado a las demás partes, emplazándolas por diez días para que presenten escrito de oposición al recurso o, en su caso, de impugnación de la resolución apelada en lo que le resulte desfavorable

2. Los escritos de oposición al recurso y, en su caso, de impugnación de la sentencia por quien inicialmente no hubiere recurrido, se formularán con arreglo a lo establecido para el escrito de interposición.

3. Podrán acompañarse los documentos y solicitarse las pruebas que la parte o partes apeladas consideren necesarios, con arreglo a lo dispuesto en el artículo anterior, así como formularse las alegaciones que se estimen oportunas sobre la admisibilidad de los documentos aportados y de las pruebas propuestas por el apelante.

4. De los escritos de impugnación a que se refieren los apartados 1 y 2 de este artículo, el Letrado de la Administración de Justicia dará traslado al apelante principal, para que en el plazo de diez días manifieste lo que tenga por conveniente sobre la admisibilidad de la impugnación y, en su caso, sobre los documentos aportados y pruebas propuestas por el apelado.

5. En los procesos en los que sean de aplicación los artículos 81 y 82 del Tratado de la Comunidad Europea o los artículos 1 y 2 de la Ley de Defensa de la Competencia, el Letrado de la Administración de Justicia dará traslado a la Comisión Nacional de la Competencia del escrito de interposición del recurso de apelación».

PRIMERA.- OPOSICIÓN AL MOTIVO CORRELATIVO (2)

Expresamos nuestra disconformidad con los hechos y fundamentaciones esgrimidas de adverso en el recurso de apelación, en cuanto se opongan a los expuestos por esta parte. El recurso de apelación interpuesto por la adversa frente a la resolución dictada por el Juzgado de Primera Instancia de [ESPECIFICAR] número [NÚMERO], adolece de base alguna, primeramente, al entender esta parte que ya en su contestación/demanda efectuada en instancia no se subsumía en lo preceptuado legal y jurisprudencialmente.

SEGUNDA.- CONSIDERACIONES AL RECURSO DE APELACIÓN

Por la parte recurrente se interesa un pronunciamiento contrario al de instancia con base en unos hechos y argumentaciones que ni se presentaron ni, por tanto, se discutieron en la misma; por ende, las alegaciones formuladas sobre estos aspectos en este recurso es una cuestión nueva que no se planteó en el momento procesal oportuno para ello y que, en consecuencia, no puede ser atendida en segunda instancia.

TERCERA.- OBJETO DE OPOSICIÓN

Entiende esta parte que no ha existido error en la valoración de la prueba en la resolución dictada, hoy recurrida, así como no ha existido tampoco infracción de forma ni de fondo. La sentencia fue emitida con una perfecta valoración de la argumentación jurídica, todo ello proveniente de lo estipulado en la normativa referente al caso, tal y como se hizo constar tanto en la demanda rectora como durante la tramitación del procedimiento.

El recurso interpuesto ha de ser desestimado al no resultar atendibles los argumentos en él expuestos ni desvirtuar los mismos las consideraciones recogidas en la resolución recurrida. Con relación a la prueba presentada por esta parte y que de adverso pretenden hacer pasar como ilícita, podemos decir que la jurisprudencia es pacífica al menos en un extremo, se pueden aportar al proceso grabaciones de conversaciones particulares realizadas por uno de sus protagonistas. Debemos mentar la **sentencia del Tribunal Constitucional n.º 56/2003, de 24 de marzo, ECLI:ES:TC:2003:56** que aclara el alcance de lo que se debe entender por comunicación:

> «Por otra parte, en la citada STC 114/1984, de 29 de noviembre, ya señalábamos que "no hay secreto para aquél a quien la comunicación se dirige, ni implica contravención de lo dispuesto en el art. 18.3 CE la retención, por cualquier medio, del contenido del mensaje. Dicha retención (la grabación, en el presente caso) podrá ser, en muchos casos, el presupuesto fáctico para la comunicación a terceros, pero ni aún considerando el problema desde este punto de vista puede apreciarse la conducta del interlocutor como preparatoria del ilícito constitucional, que es el quebrantamiento del secreto de las comunicaciones" (FJ 7). Más adelante también se indicaba que "Quien entrega a otro la carta recibida o quien emplea durante su conversación telefónica un aparato amplificador de la voz que permite captar aquella conversación a otras personas presentes no está violando el secreto de las comunicaciones, sin perjuicio de que estas mismas conductas, en el caso de que lo así transmitido a otros entrase en la esfera 'íntima' del interlocutor, pudiesen constituir atentados al derecho garantizado en el art. 18.1 CE (...)».

También debe desestimarse con relación al **informe del detective** ya que el juzgado ha llevado a cabo el juicio de ponderación priorizando el derecho de defensa conforme con la normativa y jurisprudencia sobre esta materia. Con relación a la licitud de la prueba se ha pronunciado el Tribunal Supremo en la **sentencia n.º 551/2023, de 12 de septiembre, ECLI:ES:TS:2023:3677**:

> «1.ª) Son hechos probados que los informes se realizaron por un profesional legalmente habilitado; que fueron encargados por la codemandada Sra. Juliana previa acreditación ante dicho profesional del interés legítimo que ostenta-

ba, consistente en su derecho a exigir del investigado el pago de las cantidades que adeudaba en concepto de pensiones fijadas a su cargo en el proceso de divorcio; que, por tanto, la finalidad exclusiva de los informes fue servir como prueba en los juicios que pendían entre los excónyuges, relacionados con la negativa del exmarido a hacerse cargo de dichas obligaciones familiares; que efectivamente se aportaron como prueba en diferentes procedimientos, 'principalmente de carácter civil', y fueron admitidos sin que por el hoy recurrente se impugnara su ilicitud ni esta se apreciara de oficio; y, en fin, que no tuvieron otra divulgación fuera de esos procesos.

2.ª) En estas circunstancias, la realización de los informes y su posterior aportación como prueba en los juicios pendientes entre las partes contaba con la habilitación resultante de lo previsto en arts. 265.5 LEC y 48 a 50 LSP porque, a diferencia del caso de la sentencia 278/2021, en el presente los informes eran medios de prueba de los que la codemandada pretendía valerse en ejercicio de su derecho de defensa, de los que objetivamente podía resultar datos de interés para conseguir la efectividad de las obligaciones pecuniarias impuestas al hoy recurrente —en esencia, que continuaba desempeñando su actividad profesional como letrado—, en la medida en que este dato podía coadyuvar a desvirtuar alegaciones del hoy recurrente sobre su falta de recursos económicos o sobre la insuficiencia de sus ingresos».

[ESPECIFICAR] (3)

CUARTA.- DE LAS PRUEBAS PRESENTADAS Y SOLICITADAS DE ADVERSO (4)

Deben inadmitirse las pruebas presentadas y/o solicitadas por incumplimiento del artículo 460 de la LEC, que establece:

«1. Sólo podrán acompañarse al escrito de interposición los documentos que se encuentren en alguno de los casos previstos en el artículo 270 y que no hayan podido aportarse en la primera instancia.

2. En el escrito de interposición se podrá pedir, además, la práctica en segunda instancia de las pruebas siguientes:

1.ª Las que hubieren sido indebidamente denegadas en la primera instancia, siempre que se hubiere intentado la reposición de la resolución denegatoria o se hubiere formulado la oportuna protesta en la vista.

2.ª Las propuestas y admitidas en la primera instancia que, por cualquier causa no imputable al que las hubiere solicitado, no hubieren podido practicarse, ni siquiera como diligencias finales.

3.ª Las que se refieran a hechos de relevancia para la decisión del pleito ocurridos después del comienzo del plazo para dictar sentencia en la primera instancia o antes de dicho término siempre que, en este último caso, la parte justifique que ha tenido conocimiento de ellos con posterioridad.

3. El demandado declarado en rebeldía que, por cualquier causa que no le sea imputable, se hubiere personado en los autos después del momento establecido para proponer la prueba en la primera instancia podrá pedir en la segunda que se practique toda la que convenga a su derecho».

QUINTA.- PRUEBAS

Se da por reproducida la prueba presentada junto con la demanda, y de conformidad con el artículo 460 de la LEC se presentan/solicitan las siguientes pruebas:

[ESPECIFICAR]

SEXTA.- COSTAS

Artículos 394 y siguientes de la LEC en cuanto a costas, a las cuales ha de ser condenada la adversa.

Por lo expuesto,

SUPLICO A LA AUDIENCIA PROVINCIAL:

Que tenga por presentado este escrito, lo admita y tenga por formulado **ESCRITO DE OPOSICIÓN** al recurso de apelación interpuesto por don/doña [NOMBRE_PARTE_CONTRARIA], y, previos los trámites legales oportunos, dicte sentencia por la que se confirme la resolución recurrida con imposición de costas a la parte apelante.

Por ser justicia que pido, en [LOCALIDAD], a [FECHA].

<table>
<tr><td>Ldo.</td><td>Proc.</td></tr>
<tr><td>[NOMBRE_ABOGADO_CLIENTE]</td><td>[NOMBRE_PROCURADOR_CLIENTE]</td></tr>
</table>

---

(1) Tras la reforma del art. 458 de la LEC, por Real Decreto-ley 6/2023, de 19 de diciembre, los recursos de apelación se interpondrán ante el tribunal competente para conocer del mismo. Esta reforma entrará en vigor el 20 de marzo de 2024, hasta ese momento los recursos de apelación continuarán presentándose ante el órgano que haya dictado la resolución que se impugna.

(2) Deben indicarse las causas por las que debe desestimarse el recurso de apelación de la adversa.

(3) Concretar las causas por las que la prueba es lícita.

(4) Deben alegarse las razones por las que tienen que desestimarse las pruebas presentadas o solicitadas por la parte contraria, si no cumplen los requisitos de los artículos 270 y 460 de la LEC.

Solicitud de práctica anticipada de la prueba

Procedimiento n.º [NÚMERO]

AL JUZGADO DE PRIMERA INSTANCIA N.º [NÚMERO] DE [LOCALIDAD]

Don/Doña [NOMBRE_PROCURADOR/A], procurador/a de los tribunales, en nombre y representación de don/doña [NOMBRE], tal y como consta en autos, bajo la dirección letrada de don/doña [NOMBRE_ABOGADO/A] colegiado n.º [NÚMERO] del ICA de [LOCALIDAD], ante el juzgado comparezco y, como mejor proceda en derecho,

DIGO

Que, por medio del presente escrito, en virtud de lo expresado en los arts. 293 y ss. de la LEC, interpongo **ESCRITO DE PETICIÓN DE PRÁCTICA ANTICIPADA DE PRUEBA**, en concreto se solicita que se practique:

La prueba [DESCRIPCIÓN].

Esta petición se fundamenta en los siguientes,

MOTIVOS

PRIMERO.- Esta prueba es importante para el proceso ya que [ESPECIFICAR_MOTIVOS].

SEGUNDO.- Existe riesgo de que dicha prueba pueda desaparecer y no se pueda practicar en su momento debido a [ESPECIFICAR_MOTIVOS].

TERCERO.- La petición de práctica anticipada de la prueba se basa en la Ley de Enjuiciamiento Civil. En ésta, en el artículo 293 y siguientes (2). Se prevé la posibilidad de que, en un proceso ya abierto cualquiera de las partes solicite la práctica anticipada de una prueba por temor a que ésta desaparezca y no se pueda utilizar en el momento oportuno.

Por lo expuesto,

SUPLICO AL JUZGADO:

Tenga por presentado este **ESCRITO DE SOLICITUD DE PRÁCTICA ANTICIPADA DE LA PRUEBA**, lo admita y proponga la práctica de dicha prueba a la mayor brevedad.

Por ser justicia que pido en [LOCALIDAD] a [DÍA] de [MES] de [AÑO].

Ldo.   Proc.

[NOMBRE_ABOGADO_CLIENTE]   [NOMBRE_PROCURADOR_CLIENTE]

PRIMER OTROSÍ DIGO: Siendo intención de esta parte cumplir con todos los requisitos legales, a tenor de lo previsto en el artículo 231 de la Ley de Enjuiciamiento Civil, se solicita se le diere traslado de cualquier defecto que adoleciere el presente escrito, para la inmediata subsanación del mismo.

En su virtud,

SUPLICO AL JUZGADO:

Tenga por efectuada la anterior manifestación a los efectos oportunos.

Por ser justicia, en la fecha y el lugar indicados *ut supra*.

Ldo.   Proc.

[NOMBRE_ABOGADO_CLIENTE]   [NOMBRE_PROCURADOR_CLIENTE]

---

(1) Proceso verbal o proceso ordinario

(2) Según el 294 LEC si el Tribunal estimare fundada la petición, dispondrá por medio de providencia, que las actuaciones se practiquen cuando se considere necesario, siempre con anterioridad a la celebración del juicio o vista, realizándose por el Letrado de la Administración de Justicia, el oportuno señalamiento.

Solicitud de intervención en la prueba pericial

Procedimiento: [ESPECIFICAR]

Autos: [NÚMERO]

AL JUZGADO DE PRIMERA INSTANCIA
NÚMERO [NÚMERO] DE [LOCALIDAD]

Don/Doña [NOMBRE_PROCURADOR_CLIENTE], procurador/a de los tribunales, en nombre y representación de Don/Doña [NOMBRE_CLIENTE], según tengo acreditado en los presentes autos, bajo la dirección letrada de don/doña [NOMBRE_ABOGA-DO_CLIENTE], comparezco ante el juzgado y como mejor proceda en derecho,

DIGO

Que, por la presente, y siguiendo las expresas instrucciones de mi representado/a formulo **solicitud de intervención en la prueba pericial** que viene acordada, y ello sobre la base de los siguientes,

HECHOS

PRIMERO.- Esta parte presentó en su día demanda en reclamación de [OBJETO] contra don/doña [NOMBRE_PARTE_CONTRARIA].

SEGUNDO.- Acordada la prueba pericial de don/doña [NOMBRE] para la emisión de dictamen sobre [CONCEPTO] es de máximo interés para esta parte la intervención en la misma por las siguientes razones [ESPECIFICAR_MOTIVOS].

Como fundamento de los anteriores hechos se adjuntan a la presente petición los siguientes:

DOCUMENTOS:

A) Con relación al primer hecho, se adjunta como documento n.º 1 [DESCRIPCIÓN]

B) En relación al segundo hecho, se adjuntan a la presente solicitud los siguientes documentos:

documento n.º 2 [DESCRIPCIÓN]

documento n.º 3 [DESCRIPCIÓN]

(...)

A los anteriores hechos son de aplicación los siguientes:

FUNDAMENTOS DE DERECHO

ÚNICO.- Establece el artículo 345 de la Ley de Enjuiciamiento Civil, que cuando la emisión del dictamen requiera algún reconocimiento de lugares, objetos o personas o la realización de operaciones análogas, las partes y sus defensores podrán presenciar uno y otras, si con ello no se impide o estorba la labor del perito y se puede garantizar el acierto e imparcialidad del dictamen.

Si alguna de las partes solicitare estar presente en las operaciones periciales del apartado anterior, el tribunal decidirá lo que proceda y, en caso de admitir esa presencia, ordenará al perito que dé aviso directamente a las partes, con antelación de al menos cuarenta y ocho horas, del día, hora y lugar en que aquellas operaciones se llevarán a cabo.

Por lo expuesto,

SUPLICO AL JUZGADO:

Que tenga por presentada esta solicitud junto con sus documentos y copias, se sirva en admitirla y tener por formulada **petición de intervención en el reconocimiento pericial** y acordando ordenar al perito que dé aviso directamente a esta parte, con antelación de al menos cuarenta y ocho horas, del día, hora y lugar en que las operaciones de reconocimiento se llevarán a cabo.

Es justicia que se pide en [LOCALIDAD] a [DÍA] de [MES] de [AÑO].

Ldo.   Proc.

[NOMBRE_ABOGADO_CLIENTE]   [NOMBRE_PROCURADOR_CLIENTE]

Solicitud de aseguramiento de prueba durante el proceso

Procedimiento: [DESCRIPCIÓN]

Número: [NÚMERO]/[AÑO]

AL JUZGADO DE PRIMERA INSTANCIA [NÚMERO] DE [LOCALIDAD]

Don/Doña [NOMBRE_PROCURADOR_CLIENTE] procurador/a de los tribunales, en nombre y representación de don/doña [NOMBRE_CLIENTE] tal y como consta en las actuaciones, y bajo la dirección letrada de don/doña [NOMBRE_ABOGADO_CLIEN-TE], ante este juzgado comparezco y, como mejor proceda en derecho,

DIGO

Que, por medio del presente escrito, formulo **SOLICITUD DE ASEGURAMIENTO DE PRUEBA**, con base en los siguientes,

HECHOS

PRIMERO.- Esta parte presentó en su día demanda en reclamación de [DESCRIP-CIÓN] contra don/doña [NOMBRE_PARTE_CONTRARIA].

SEGUNDO.- El documento [DOCUMENTO], cuyo único original se encuentra en poder de la parte contraria, es fundamental para las posiciones de mi representado/a, por lo que me veo en la necesidad de solicitar la previa exhibición y testimonio judicial del mismo, para asegurar la prueba ante su posible destrucción por la parte demandada o por un tercero.

Como fundamento de los anteriores hechos se adjuntan a la presente solicitud los siguientes DOCUMENTOS:

- [DOCUMENTO]

A los anteriores hechos son de aplicación los siguientes:

FUNDAMENTOS DE DERECHO

PRIMERO.- Conforme al artículo 297 de la Ley de Enjuiciamiento Civil:

«1. Antes de la iniciación de cualquier proceso, el que pretenda incoarlo o cualquiera de los litigantes durante el curso del mismo, podrá pedir del tribunal la adopción, mediante providencia, de medidas de aseguramiento útiles para evitar que, por conductas humanas o acontecimientos naturales, que puedan destruir o alterar objetos materiales o estados de cosas, resulte imposible en su momento practicar una prueba relevante o incluso carezca de sentido proponerla.

2. Las medidas consistirán en las disposiciones que, a juicio del tribunal, permitan conservar cosas o situaciones o hacer constar fehacientemente su realidad y características. Para los fines de aseguramiento de la prueba, podrán también dirigirse mandatos de hacer o no hacer, bajo apercibimiento de proceder, en caso de infringirlos, por desobediencia a la autoridad.

En los casos de infracción de los derechos de propiedad industrial y de propiedad intelectual, una vez el solicitante de las medidas haya presentado aquellas pruebas de la infracción razonablemente disponibles, tales medidas podrán consistir en especial en la descripción detallada, con o sin toma de muestras, o la incautación efectiva de las mercancías y objetos litigiosos, así como de los materiales e instrumentos utilizados en la producción o la distribución de estas mercancías y de los documentos relacionados con ellas.

3. En cuanto a la jurisdicción y a la competencia para el aseguramiento de la prueba, se estará a lo dispuesto sobre prueba anticipada.

4. Cuando las medidas de aseguramiento de la prueba se hubiesen acordado antes del inicio del proceso, quedarán sin efecto si el solicitante no presenta su demanda en el plazo de veinte días siguientes a la fecha de la efectiva adopción de las medidas de aseguramiento acordadas. El tribunal, de oficio, acordará mediante auto que se alcen o revoquen los actos de cumplimiento que hubieran sido realizados, condenará al solicitante en las costas y declarará que es responsable de los daños y perjuicios que haya producido al sujeto respecto del cual se adoptaron las medidas».

Tal como señala la doctrina las medidas de anticipación y aseguramiento de prueba tienen como finalidad adelantar o garantizar incluso antes del inicio del procedimiento aquella prueba relativa al fondo del asunto que corre el riesgo de no poder practicarse si se sujeta a las ordinarias disposiciones temporales. Mientras el fundamento de la prueba anticipada y del aseguramiento de prueba es el de conseguir la mayor justicia posible en la resolución de fondo que se adopte, impidiendo la pérdida de datos e informaciones importantes para la reconstrucción de los hechos alegados, y la garantía o aseguramiento para evitar su destrucción, la finalidad de la diligencia preliminar es la evitación de errores no deseados en la configuración fáctica y subjetiva del proceso, sea cual fuera la suerte de dicha pretensión correctamente formulada.

SEGUNDO.- Según el artículo 328.1 de la Ley de Enjuiciamiento Civil:

«Cada parte podrá solicitar de las demás la exhibición de documentos que no se hallen a disposición de ella y que se refieran al objeto del proceso o a la eficacia de los medios de prueba.»

Y de acuerdo con el apartado 1 del artículo 296 de la LEC, los documentos y demás piezas de convicción en que consistan las pruebas anticipadas quedarán bajo la custodia del letrado de la Administración de Justicia que hubiera acordado la prueba hasta que se interponga la demanda.

Por ello,

SUPLICO:

Tenga por presentada esta escrito, junto con sus documentos, y tenga por formulada **PETICIÓN DE ASEGURAMIENTO DE PRUEBA DOCUMENTAL** mediante la **EXHIBICIÓN DE DOCUMENTOS PRIVADOS** de la parte contraria don/doña [NOMBRE_PARTE_CONTRARIA] a quien deberá darse traslado de la presente solicitud y acordar requerirla para que la fecha y hora que se determine exhiba el siguiente documento privado [DOCUMENTO] procediéndose por el letrado de la Administración de Justicia al correspondiente testimonio y custodia del mismo para su posterior unión a los autos una vez presentada por esta parte la correspondiente demanda.

Por ser justicia que se pide en [LUGAR] a [FECHA]

Letrado/a [NOMBRE_ABOGADO_CLIENTE] Procurador/a [NOMBRE_PROCURADOR_CLIENTE]

PRIMER OTROSÍ DIGO: A los efectos prevenidos en el artículo 328.2 de la Ley de Enjuiciamiento Civil, se adjunta a la presente solicitud la presente copia simple del citado documento.

SUPLICO:

Téngase por presentada la referida copia a los efectos oportunos.

SEGUNDO OTROSÍ DIGO: Esta parte hace constar, a los efectos del artículo 298.2 de la Ley de Enjuiciamiento Civil ofrece cumplir con la eventual contra cautela que solicite el tribunal en garantía de los daños y perjuicios que la adopción de la medida pudiera irrogar al futuro demandado.

SUPLICO:

Téngase por efectuada la anterior manifestación a los efectos oportunos.

Por ser justicia que pido en lugar y fecha indicados *ut supra*

Ldo.   Proc.

[NOMBRE_ABOGADO_CLIENTE]   [NOMBRE_PROCURADOR_CLIENTE]

Solicitud de prueba anticipada. Reconocimiento judicial

AL JUZGADO DE PRIMERA INSTANCIA DE [LOCALIDAD]

Don/Doña [NOMBRE_PROCURADOR], procurador/a de los tribunales, en nombre y representación de don/doña [NOMBRE], mayor de edad, con DNI [NÚMERO], domiciliado en [DOMICILIO], según acredito mediante copia de escritura pública que acompaño y que ruego me sea devuelta por necesitarla para otros asuntos, bajo la dirección letrada de don/doña [NOMBRE_ABOGADO] comparezco ante el juzgado y como mejor proceda en derecho

DIGO

Que mediante este escrito presento **solicitud de prueba anticipada**, previa al correspondiente juicio ordinario que se interpondrá en su día contra don/doña [NOMBRE], con DNI [DNI] y domiciliado en [DOMICILIO], en reclamación de [DESCRIPCIÓN] y en base a los siguientes:

HECHOS

PRIMERO.- Esta parte presentará en su día demanda en reclamación de [DESCRIPCIÓN] contra don/doña [NOMBRE_PARTE_CONTRARIA]. Como documento n.º [NÚMERO] se adjunta [DOCUMENTO], a efectos probatorios.

SEGUNDO.- Es fundamental para el derecho de esta parte el inmediato reconocimiento judicial de [DESCRIPCIÓN] dados los daños sufridos en el accidente de fecha [FECHA] al poder desaparecer los vestigios de los hechos por el transcurso del tiempo. Para probar este hecho se adjunta como documento n.º [NÚMERO] [DOCUMENTO].

TERCERO.- [ESPECIFICAR_MOTIVOS] (1)

El Juzgado al que me dirijo tiene competencia objetiva y territorial para el conocimiento de la futura demanda. Como fundamento de los anteriores hechos se adjuntan a la presente solicitud los siguientes DOCUMENTOS [DOCUMENTO].

A los anteriores hechos son de aplicación los siguientes:

FUNDAMENTOS DE DERECHO

PRIMERO.- Establece el artículo 293 de la Ley de Enjuiciamiento Civil que:

> «1. Previamente a la iniciación de cualquier proceso, el que pretenda incoarlo, o cualquiera de las partes durante el curso del mismo, podrá solicitar del tribunal la práctica anticipada de algún acto de prueba, cuando exista el temor fundado de que, por causa de las personas o por el estado de las cosas, dichos actos no puedan realizarse en el momento procesal generalmente previsto.
>
> 2. La petición de actuaciones anticipadas de prueba, que se formule antes de la iniciación del proceso, se dirigirá al tribunal que se considere competente para el asunto principal. Este tribunal vigilará de oficio su jurisdicción y competencia objetiva, así como la territorial que se fundase en normas imperativas, sin que sea admisible la declinatoria.
>
> Iniciado el proceso, la petición de prueba anticipada se dirigirá al tribunal que esté conociendo del asunto».

SEGUNDO.- Establece el artículo 294. 1 de la misma Ley que «la proposición de pruebas anticipadas se realizará conforme a lo dispuesto en esta Ley para cada una de ellas, exponiendo las razones en que se apoye la petición» (1).

TERCERO.- Según el artículo 353.1 de la Ley de Enjuiciamiento Civil: «el reconocimiento judicial se acordará cuando para el esclarecimiento y apreciación de los hechos sea necesario o conveniente que el tribunal examine por sí mismo algún lugar, objeto o persona».

En su virtud,

SUPLICO AL JUZGADO:

Que teniendo por presentada esta solicitud junto con sus documentos y copias de todo ello, se sirva admitirla y tenerme por personado y parte en la representación que ostento y por formulada petición de la prueba anticipada de reconocimiento judicial previo al JUICIO [ESPECIFICAR] contra don/doña [NOMBRE_PARTECONTRARIA], a quien deberá darse traslado de la presente solicitud y acordar el reconocimiento de [DESCRIPCIÓN] fijando fecha y hora para el mismo y a los efectos del artículo 356 de la Ley de Enjuiciamiento Civil si el mismo deberá practicarse con la concurrencia de la prueba pericial que expresamente se solicita.

Es justicia que se pide en [LOCALIDAD] a [DÍA] de [MES] de [AÑO].

Ldo.	Proc.
[NOMBRE_ABOGADO_CLIENTE]	[NOMBRE_PROCURADOR_CLIENTE]

---

(1) Según el 294 LEC deberán exponerse las razones en las que se apoya la petición en la proposición de la prueba anticipada. Si el Tribunal estimare fundada la petición, dispondrá por medio de providencia, que las actuaciones se practiquen cuando se considere necesario, siempre con anterioridad a la celebración del juicio o vista, realizándose por el Letrado de la Administración de Justicia, el oportuno señalamiento.

Solicitud de prueba anticipada. Declaración testifical

AL JUZGADO DE PRIMERA INSTANCIA DE [LOCALIDAD]

Don/Doña [NOMBRE_PROCURADOR], procurador/a de los tribunales, en nombre y representación de don/doña [NOMBRE], mayor de edad, con DNI [NÚMERO], domiciliado en [DOMICILIO], según acredito mediante copia de escritura pública que acompaño documento n.º [NÚMERO] y que ruego me sea devuelta por necesitarla para otros asuntos, bajo la dirección letrada de don/doña [NOMBRE_ABOGADO] colegiado n.º [NÚMERO] del ICA de [LOCALIDAD] comparezco ante el juzgado y como mejor proceda en derecho

DIGO

Que mediante este escrito presento **solicitud de prueba anticipada**, previa al correspondiente juicio ordinario que se interpondrá en su día contra don/doña [NOMBRE], con DNI [DNI] y domiciliado en [DOMICILIO], en reclamación de [DESCRIPCIÓN] y en base a los siguientes:

HECHOS

PRIMERO.- Esta parte presentará en su día demanda de [DESCRIPCIÓN] contra don/doña [NOMBRE_PARTE_CONTRARIA]. Como documento n.º [NÚMERO] se adjunta [DOCUMENTO], a efectos probatorios.

SEGUNDO.- El/La testigo don/doña [NOMBRE], del que esta parte intentará su declaración por ser el/la único/a conocedor/a directo/a de los hechos, se encuentra en un delicado estado de salud que le impide ausentarse de su domicilio y existe riesgo evidente, dada su enfermedad de [DESCRIPCIÓN], de que no pudiera asistir al correspondiente acto de juicio, siendo su declaración fundamental para los intereses de esta parte (1).

Para probar este hecho se adjunta como documento n.º [NÚMERO], el [DOCUMENTO].

TERCERO.- [ESPECIFICAR_MOTIVOS] (2)

Que el Juzgado al que me dirijo tiene competencia objetiva y territorial para el conocimiento de la futura demanda. Como fundamento de los anteriores hechos se adjuntan a la presente solicitud los siguientes DOCUMENTOS [DOCUMENTO]

A los anteriores hechos son de aplicación los siguientes:

FUNDAMENTOS DE DERECHO

PRIMERO.- En el artículo 293 de la Ley de Enjuiciamiento Civil se prevé que:

«1. Previamente a la iniciación de cualquier proceso, el que pretenda incoarlo, o cualquiera de las partes durante el curso del mismo, podrá solicitar del tribunal la práctica anticipada de algún acto de prueba, cuando exista el temor fundado de que, por causa de las personas o por el estado de las cosas, dichos actos no puedan realizarse en el momento procesal generalmente previsto.

2. La petición de actuaciones anticipadas de prueba, que se formule antes de la iniciación del proceso, se dirigirá al tribunal que se considere competente para el asunto principal. Este tribunal vigilará de oficio su jurisdicción y competencia objetiva, así como la territorial que se fundase en normas imperativas, sin que sea admisible la declinatoria. Iniciado el proceso, la petición de prueba anticipada se dirigirá al tribunal que esté conociendo del asunto».

SEGUNDO.- El artículo 294 de la Ley de Enjuiciamiento Civil prevé que la proposición de pruebas anticipadas se realizará conforme a las dispuestas en esta Ley para cada una de ellas, exponiendo las razones que en las que se apoye la petición.

TERCERO.- Según el artículo 364 de la Ley de Enjuiciamiento Civil:

«1. Si por enfermedad u otro motivo de los referidos en el párrafo segundo del apartado 4 del artículo 169, el tribunal considerare que algún testigo no puede comparecer en la sede de aquél, podrá tomársele declaración en su domicilio bien directamente, bien a través de auxilio judicial, según que dicho domicilio se halle o no en la demarcación del tribunal.

A la declaración podrán asistir las partes y sus abogados, y, si no pudieren comparecer, se les autorizará a que presenten interrogatorio escrito previo con las preguntas que desean formular al testigo interrogado.

2. Cuando, atendidas las circunstancias, el tribunal considere prudente no permitir a las partes y a sus abogados que concurran a la declaración domiciliaria, se dará a las partes vista de las respuestas obtenidas para que puedan solicitar, dentro del tercer día, que se formulen al testigo nuevas preguntas complementarias o que se le pidan las aclaraciones oportunas, conforme a lo prevenido en el artículo 372» (3).

En su virtud,

SUPLICO AL JUZGADO:

Que tenga por presentada esta solicitud junto con sus documentos, este juzgado los admita, y tenga por formulada **SOLICITUD DE PRUEBA ANTICIPADA DE DECLARACIÓN TESTIFICAL** previa al JUICIO ORDINARIO contra don/doña [NOMBRE], a quien deberá darse traslado de la presente solicitud y acordar el interrogatorio domiciliario del/la testigo/a don/doña [NOMBRE], ante la autoridad judicial competente, en presencia del letrado de la Administración de Justicia, y de esta parte, salvo que el tribunal acuerde que dicho interrogatorio se celebre sólo a presencia del tribunal y del letrado de la Administración de Justicia, en cuyo caso se solicita expresamente se de traslado de la resolución pertinente para presentar pliego de preguntas (4).

Es justicia que pido en [LOCALIDAD] a [DÍA] de [MES] de [AÑO].

<table>
<tr><td>Ldo.</td><td>Proc.</td></tr>
<tr><td>[NOMBRE_ABOGADO_CLIENTE]</td><td>[NOMBRE_PROCURADOR_CLIENTE]</td></tr>
</table>

---

(1) Opción a consignar en caso de tratarse de solicitud de prueba anticipada de interrogatorio de parte: «SEGUNDO. Que el futuro demandado se encuentra en un estado de salud delicado, por lo que no puede salir de su domicilio, lo que le impedirá acudir al juicio, algo que perjudicará al proceso ya que su declaración es fundamental para el mismo. Para probar este hecho se adjunta como documento n.º 2, el [DOCUMENTO]».

(2) Según el 294 LEC si el Tribunal estimare fundada la petición, dispondrá por medio de providencia, que las actuaciones se practiquen cuando se considere necesario, siempre con anterioridad a la celebración del juicio o vista, realizándose por el letrado de la Administración de Justicia, el oportuno señalamiento.

(3) Opción a consignar en caso de tratarse de solicitud de prueba anticipada de interrogatorio de parte: Según el artículo 311 de la Ley de Enjuiciamiento Civil: «1. En el caso de que por enfermedad que lo impida o por otras circunstancias especiales de la persona que haya de

contestar a las preguntas no pudiera ésta comparecer en la sede del tribunal, a instancia de parte o de oficio, la declaración se podrá prestar en el domicilio o residencia del declarante ante el Juez o el miembro del tribunal que corresponda, en presencia del letrado de la Administración de Justicia. 2. Si las circunstancias no lo hicieran imposible o sumamente inconveniente, al interrogatorio domiciliario podrán concurrir las demás partes y sus abogados. Pero si, a juicio del tribunal, la concurrencia de éstos y aquéllas no resultare procedente teniendo en cuenta las circunstancias de la persona y del lugar, se celebrará el interrogatorio a presencia del tribunal y del letrado de la Administración de Justicia, pudiendo presentar la parte proponente un pliego de preguntas para que, de ser consideradas pertinentes, sean formuladas por el tribunal».

(4) Opción a consignar en caso de tratarse de solicitud de prueba anticipada de interrogatorio de parte: «SUPLICO AL JUZGADO, que teniendo por presentada esta solicitud, junto con sus documentos y copias, se sirva admitirla y tenerme por personado y parte en la representación que ostento y por formulada petición de prueba anticipada de interrogatorio de parte previo al JUICIO ORDINARIO contra don/doña [NOMBRE_PARTE_CONTRARIA], a quien se le dará traslado de esta solicitud y se acordará el interrogatorio domiciliario de [ESPECIFICAR], ante el juez y ante el letrado de la Administración de Justicia, y de esta parte, salvo que el tribunal acuerde que el interrogatorio se celebre solo a presencia del propio Tribunal».

Solicitud de nuevo señalamiento de la prueba

Procedimiento [ESPECIFICAR]

AL JUZGADO DE PRIMERA INSTANCIA N.º [NÚMERO] DE [LOCALIDAD]

Don/Doña [NOMBRE_PROCURADOR_CLIENTE], procurador/a de los tribunales, en nombre y representación de don/doña [NOMBRE_CLIENTE], con DNI [NIF_CIF_DNI_CLIENTE] y domicilio en [DOMICILIO_CLIENTE], según tengo acreditado en autos y bajo la dirección letrada de don/doña [NOMBRE_ABOGADO_CLIENTE], ante el juzgado comparezco y como mejor proceda en derecho,

DIGO

Que, habiéndose notificado, con fecha [FECHA], por el letrado de la Administración de Justicia a esta parte la imposibilidad de la práctica de la prueba el día de la vista, dentro del plazo legal de tres días, por la presente formulo **solicitud de nuevo señalamiento para la práctica** de la prueba testifical/pericial de don/doña [NOMBRE] acordada, en base a los siguientes,

HECHOS

PRIMERO.- Esta parte presentó el día [DÍA] de [MES] de [AÑO] demanda contra don/doña [NOMBRE_PARTE_CONTRARIA] en reclamación de [DESCRIPCIÓN].

SEGUNDO.- Se señaló para el día [DÍA] de [MES] de [AÑO] a [HORAS] la celebración de la vista, sin embargo, el testigo/perito ha comunicado al juzgado su imposibilidad de asistir a la misma por motivos de fuerza mayor al [ESPECIFICAR].

TERCERO.- No interesando a esta parte la suspensión de la vista dado que [ESPECIFICAR_MOTIVOS], y con base en lo dispuesto en el art. 183.5 de la LEC, traslada su voluntad de que el testigo/perito sea citado para la práctica de la actuación probatoria fuera de la vista señalada.

En su virtud,

SUPLICO:

Que, teniendo por presentado este escrito en tiempo y forma, lo admite y acuerde un nuevo señalamiento para la práctica de la prueba testifical/pericial de don/doña [NOMBRE], fuera de la vista señalada, conforme a lo dispuesto en el art. 183.5 de la LEC.

Es justicia que pido en [LOCALIDAD] a [DÍA] de [MES] de [AÑO].

Ldo.

[NOMBRE_ABOGADO_CLIENTE]

Proc.

[NOMBRE_PROCURADOR_CLIENTE]

Solicitud de prueba testifical (diligencias finales)

PROCEDIMIENTO: [ESPECIFICAR]

AUTOS: [NÚMERO]

AL JUZGADO DE PRIMERA INSTANCIA N.º [NÚMERO] DE [LOCALIDAD]

Don/Doña [NOMBRE_PROCURADOR_CLIENTE] procurador/a de los tribunales, en nombre y representación de don/doña [NOMBRE_CLIENTE] con DNI [NIF_CIF_DNI_CLIENTE] según tengo acreditado en los presentes autos y bajo la dirección letrada de don/doña [NOMBRE_ABOGADO_CLIENTE] ante el juzgado comparezco y como mejor proceda en derecho

DIGO

Que mediante el presente escrito **formulo solicitud de diligencias finales** según lo previsto en el artículo 435 y 436 de la Ley de Enjuiciamiento Civil, con base a los siguientes,

HECHOS

PRIMERO.- Esta parte propuso prueba testifical de don/doña [NOMBRE] con DNI [DNI] domiciliado en [DOMICILIO], la cual no llegó a ser practicada, ya que el testigo se negó a declarar en el último momento. Esa negación se sabe ahora que fue por miedo a posibles represalias, aunque nadie lo había amenazado. Por ello no se pudo tomar declaración de forma útil y completa en su momento.

SEGUNDO.- Ahora, cuando el proceso se encuentra en el momento en el que el juez va a emitir sentencia, el testigo ha decidido que sí va a declarar, por ello es necesario suspender el plazo de tiempo del juez para dictar sentencia para poder practicar dicha prueba, la cual aportará algo novedoso e importante al proceso.

Estos hechos se basan en los siguientes,

FUNDAMENTOS DE DERECHO

PRIMERO.- En base a lo previsto en los artículos 435 y 436 de la Ley de Enjuiciamiento Civil, es posible que se puedan practicar las diligencias finales en casos como el presente. En este caso, han aparecido, una vez ya practicadas las pruebas correspondientes, una novedad, en relación con una de las pruebas propuestas por esta parte, ya que el testimonio que dio uno de los testigos no fue completo. Ahora el testigo ha decidido completar su declaración, por lo que va a aportar datos novedosos y muy importantes al caso. Existe por tanto justificación suficiente para solicitar la práctica de diligencias finales, se cumplen todos los requisitos previstos en la Ley de Enjuiciamiento Civil.

SEGUNDO.- La práctica de la diligencia final se llevará a cabo dentro del plazo de veinte días y en la fecha que establezca el letrado de la Administración de Justicia. Una vez se haya practicado, las partes presentarán, dentro del quinto día, escrito de valoración de la prueba.

En virtud de lo expuesto,

SUPLICO AL JUZGADO:

Que el juzgado tenga por presentado y admita este escrito de **petición de diligencias finales** y se acuerde la práctica de la prueba testifical de don/doña [NOMBRE] que se propone, con la suspensión previa del plazo para dictar sentencia.

Es justicia que pido en [LOCALIDAD] a [DÍA] de [MES] de [AÑO].

Ldo.   Proc.

[NOMBRE_ABOGADO_CLIENTE]   [NOMBRE_PROCURADOR_CLIENTE]

Escrito de desistimiento de la práctica de una prueba

PROCEDIMIENTO: [ESPECIFICAR]

AUTOS: [NÚMERO]

AL JUZGADO DE PRIMERA INSTANCIA N.° [NÚMERO] DE [LOCALIDAD]

Don/Doña [NOMBRE_PROCURADOR_CLIENTE], procurador/a de los tribunales, en nombre y representación de don/doña [NOMBRE_CLIENTE], con domicilio en esta ciudad [DOMICILIO_CLIENTE], como consta acredita en los presentes autos como demandante en el procedimiento referenciado seguido ante este juzgado y bajo la asistencia del/de la letrado/a don/doña [NOMBRE_ABOGADO_CLIENTE], como más procedente sea en derecho ante el juzgado comparezco y,

DIGO

Que esta parte propuso, y fue admitida, la prueba de [ESPECIFICAR]; y como quiera que con la ya practicada ha quedado esclarecido el hecho que con dicha prueba pretendíamos demostrar, en virtud de, la facultad que otorga el artículo 288.1 de la Ley de Enjuiciamiento Civil (1), esta parte renuncia a la práctica de la mencionada prueba que viene señalada para el día [DÍA], [MES], [AÑO].

Y por lo expuesto,

SUPLICO:

Que teniendo por presentado este escrito, lo admita y, conforme se interesa en el mismo, tenga por desistida a esta parte de la práctica de la prueba de [ESPECIFICAR].

Es justicia que pido en [LOCALIDAD], a [FECHA]

<table>
<tr><td>Ldo.</td><td>Proc.</td></tr>
<tr><td>[NOMBRE_ABOGADO_CLIENTE]</td><td>[NOMBRE_PROCURADOR_CLIENTE]</td></tr>
</table>

---

(1) El litigante por cuya causa no se ejecutare temporáneamente una prueba admitida será sancionado por el tribunal con multa que no podrá ser inferior a 60 euros ni exceder de 600, salvo que acreditase falta de culpa o desistiese de practicar dicha prueba si él la hubiese propuesto.

Solicitud de prueba documental (diligencias finales)

Procedimiento: [ESPECIFICAR]

Autos: [NÚMERO]

AL JUZGADO DE PRIMERA INSTANCIA N.º [NÚMERO] DE [LOCALIDAD]

Don/Doña [NOMBRE_PROCURADOR_CLIENTE], procurador/a de los tribunales, en nombre y representación de don/doña [NOMBRE_CLIENTE], con domicilio en esta ciudad [DOMICILIO_CLIENTE], y provisto de DNI número [NIF_CIF_DNI_CLIENTE] según consta acreditado en los presentes autos, bajo la asistencia del/de la letrado/a don/doña [NOMBRE_ABOGADO_CLIENTE], como más procedente sea en derecho ante el juzgado comparezco y,

DIGO

Que mediante el presente escrito formulo **solicitud de diligencias finales** según lo previsto en los artículos 435 y 436 de la Ley de Enjuiciamiento Civil, en base a los siguientes,

HECHOS

PRIMERO.- Esta parte propuso prueba documental de exhibición del contrato [DESCRIPCIÓN] la cual no llegó a ser practicada, ya que [ESPECIFICAR].

SEGUNDO.- Ahora, cuando el proceso se encuentra en el momento en el que el juez va a emitir sentencia, es posible la práctica de la prueba, por ello es necesario suspender el plazo de tiempo del juez para dictar sentencia para poder practicar dicha prueba, la cual aportará algo novedoso e importante al proceso.

Estos hechos se basan en los siguientes,

FUNDAMENTOS DE DERECHO

PRIMERO.- En base a lo previsto en el artículo 435 de la LEC, es posible que se puedan practicar las diligencias finales en casos como el presente. En este caso, la prueba no pudo practicarse debido a [ESPECIFICAR] siendo esta causa ajena a esta parte. Por ello, existe justificación suficiente para solicitar la práctica de diligencias finales y se cumplen todos los requisitos previstos en la Ley de Enjuiciamiento Civil.

SEGUNDO.- La práctica de la prueba deberá realizarse, conforme señala el art. 436 de la LEC, dentro del plazo de veinte días y en la fecha que señale el letrado de la Administración de Justica. Una vez que la misma se haya practicado las partes podrán presentar escrito de valoración de la misma.

En virtud de lo expuesto,

SUPLICO:

Que el juzgado tenga por presentado y admita este escrito de **petición de diligencias finales** y se acuerde la **práctica de la prueba documental** que se propone, con la suspensión previa del plazo para dictar sentencia.

Es justicia, que pido en [LOCALIDAD] a [FECHA]

Ldo.   Proc.

[NOMBRE_ABOGADO_CLIENTE]   [NOMBRE_PROCURADOR_CLIENTE]

Escrito de proposición de prueba en el procedimiento administrativo

Expediente número: [NÚMERO]

Asunto: [NOMBRE]

Procedimiento: [NOMBRE]

AL [INSTRUCTOR DEL PROCEDIMIENTO]

Yo, **don/doña** [NOMBRE], con DNI [NÚMERO] y domicilio, a efectos de notificaciones, en C/[CALLE], n.º [NÚMERO] de [LUGAR], actuando en mi propio nombre y derecho,

EXPONGO

Siendo interés de esta parte y considerando que resulta de especial transcendencia para la resolución del procedimiento, vengo a proponer la práctica de las siguientes pruebas:

PRIMERA.- Documental pública: consistente en que por la Administración de [NOMBRE], se expida certificación acreditativa sobre los siguientes documentos que obran en sus archivos:

1. [NOMBRE].

2. [NOMBRE].

3. [NOMBRE].

SEGUNDA.- Documental privada: consistente en reconocimiento legal del documento suscrito entre don/doña [NOMBRE] y don/doña [NOMBRE], que obra en el expediente para que se reconozca su validez, a cuyo efecto se debe citar a las partes implicadas y para el caso de que no reconozcan sus firmas, se propone el cotejo de letras por perito caligráfico.

TERCERA.- Pericial: consistente en que por un perito experto del Colegio de [CIUDAD], se dictamine sobre veracidad de los hechos alegados por esta parte, que no han sido reconocidos como ciertos por esa Administración.

CUARTA.- Inspección ocular: consistente en que por el instructor del expediente se examine personalmente la certeza de los hechos alegados objeto de discrepancia, siguientes: [DESCRIPCIÓN].

QUINTA.- Testifical: consistente en la declaración de los testigos de la lista que se acompaña, quienes deberán responder las preguntas del interrogatorio que adjunto a este escrito, así como a las que el instructor del procedimiento y los demás interesados puedan realizarles en el momento de la declaración.

En su virtud,

SOLICITO:

Admita las pruebas propuestas y acuerde su práctica en el expediente de referencia, según lo establecido en el art. 77 de la LPAC.

En [LOCALIDAD], a [DÍA] de [MES] de [AÑO].

Fdo.

[NOMBRE]

Escrito de proposición de prueba en el orden civil

En el juicio ordinario, la audiencia previa se llevará a cabo, conforme a lo establecido en los artículos 414 y siguientes de la Ley de Enjuiciamiento Civil, para intentar un acuerdo de las partes que ponga fin al proceso, examinar las cuestiones procesales, fijar con precisión el objeto y, **proponer y admitir la prueba**.

A este respecto, y en virtud de lo establecido en el artículo 429.1, párrafo segundo, es obligación de las partes aportar en el acto de la vista, independientemente de que se haga una lectura de la misma, un escrito detallado de ésta (pudiéndose completar durante el propio acto).

La omisión de esta presentación no da lugar a la inadmisión de la prueba, si bien queda la misma condicionada a que se presente en el plazo de los dos días siguientes.

Si el tribunal considera insuficiente la prueba propuesta lo pondrá de manifiesto a las partes, que en este caso podrán completar o modificar sus proposiciones de prueba a la vista de lo manifestado por el tribunal.

En todo caso, para la citación de testigos en el juicio verbal habrá de estar a lo dispuesto en el artículo 440 de la LEC, en cuya virtud, dentro en el plazo de los cinco días siguientes a la recepción de la citación, deben indicar las personas que, por no poderlas presentar ellas mismas, han de ser citadas por el letrado de la Administración de Justicia a la vista para que declaren en calidad de parte, testigos o peritos.

En el juicio verbal, por disposición del artículo 443.3 de la LEC:

> «Si no se hubieran suscitado las cuestiones procesales a que se refieren los apartados anteriores o si, formuladas, se resolviese por el tribunal la continuación del acto, se dará la palabra a las partes para realizar aclaraciones y fijar los hechos sobre los que exista contradicción. Si no hubiere conformidad sobre todos ellos, se propondrán las pruebas y se practicarán seguidamente las que resulten admitidas.
>
> La proposición de prueba de las partes podrá completarse con arreglo a lo dispuesto en el apartado 1 del artículo 429».

Procedimiento número: [NÚMERO]

AL JUZGADO DE PRIMERA INSTANCIA N.º [NÚMERO] DE [LOCALIDAD]

Don/Doña [NOMBRE_PROCURADOR_CLIENTE], procurador/a de los tribunales, con n.º de colegiado/a [NÚMERO_COLEGIADO_PROCURADOR/A_CLIENTE] en nombre y representación de **don/doña** [NOMBRE_CLIENTE], con domicilio en esta ciudad [DOMICILIO_CLIENTE], y provisto de DNI número [NIF_CIF_DNI_CLIENTE], lo que acredito mediante escritura de poder general para pleitos, para su unión a los autos por copia testimoniada con devolución de aquella, previo testimonio en autos / mediante poder *apud acta*, con la asistencia del/de la letrado/a don/doña [NOMBRE_ABOGADO_CLIENTE], con n.º de colegiado/a [NÚMERO_COLEGIADO_ABOGADO_CLIENTE], ante este juzgado comparezco, y, como mejor proceda en derecho,

DIGO

Que por medio del presente escrito y siguiendo lo preceptuado en el art. 429 de la Ley de Enjuiciamiento Civil (1), vengo a proponer la prueba de la que se intenta valer esta parte,

INTERESANDO

I.- INTERROGATORIO DE PARTE

Concretamente de los demandados/demandantes don/doña [NOMBRE] y don/doña [NOMBRE], los cuales quedarán citados en este acto por medio de su representación procesal, en virtud del apartado 6 del artículo 429 de la LEC.

II.- DOCUMENTAL

Tener por reproducida la aportada con el escrito de demanda/contestación a la demanda.

Con base en el artículo 426.5 de la LEC, se aporta el siguiente documental: (2)

Se aportan los documentos [NÚMERO] y [NÚMERO] sobre [DESCRIPCIÓN].

III.- PERICIAL

De don/doña [NOMBRE], [CATEGORIA_PROFESIONAL], que ha emitido el dictamen pericial que se adjuntó en la demanda/contestación a la demanda y comprometiéndose esta parte a presentarlo personalmente en el acto de juicio.

De don/doña [NOMBRE], [CATEGORIA_PROFESIONAL] a los efectos de [EXPLICAR], solicitando la citación judicial del mismo.

IV.- PERICIAL JUDICIAL

Solicita esta parte sea nombrado perito a los efectos de que realice informe sobre [EXPLICAR], así como que sea citado para el acto de juicio.

V.- TESTIFICAL

De don/doña [NOMBRE], con domicilio en [LUGAR], a los efectos de [EXPLICAR]. Comprometiéndose esta parte a presentarlo personalmente

De don/doña [NOMBRE], con domicilio en [LUGAR], a los efectos de [EXPLICAR]. Solicitando que el mismo sea citado judicialmente. (3)

VI.- AUXILIO JUDICIAL (4)

Solicitamos auxilio judicial de [JUZGADO], a los efectos de [EXPLICAR].

También se solicita auxilio judicial del Colegio de Abogados de [LOCALIDAD], a los efectos de [EXPLICAR].

Por ello,

SUPLICO A LA SALA:

Tenga por presentado el presente escrito, lo admita y tenga por propuesta la práctica de dichas pruebas.

En [LOCALIDAD], a [DÍA] de [MES] de [AÑO].

Ldo.	Proc.
[NOMBRE_ABOGADO_CLIENTE]	[NOMBRE_PROCURADOR_CLIENTE]

(1) A tenor del art. 429 de la Ley de Enjuiciamiento Civil, la prueba se propondrá de forma verbal, sin perjuicio de la obligación de las partes de aportar en el acto escrito detallado de la misma, pudiendo completarlo durante la audiencia.

(2) En el acto de la audiencia, las partes podrán aportar documentos y dictámenes que se justifiquen en razón de las alegaciones complementarias, rectificaciones, peticiones, adiciones y hechos nuevos (art. 426 de la LEC).

(3) Tal y como se expone en el art. 429.5 de la LEC, las partes deben indicar qué testigos van a acudir voluntariamente (esto es, citados por la propia parte), y cuales deben ser citados por el juzgado.

(4) Las partes deberán señalar qué declaraciones e interrogatorios consideran que han de realizarse a través del auxilio judicial, dándoseles un plazo de tres días a los efectos de que presenten, cuando fuere necesario, una lista de preguntas. Pudiendo interesar, asimismo, las declaraciones por videoconferencia.